세상 도처에 가득 찬 우쭐거림과 냉소, 혐오와 적대감이 우리에게서 참된 쉼을 앗아간다. 머뭇거림은 무능으로 취급되고 다정함이 유약함으로 받아들여지는 세상은 모든 이를 외롭게 한다. 뿌리 뽑힘, 고향 상실, 안식 없음이야말로 우리 시대의 표상이다. 환대에 대한 논의가 도처에서 터져 나오는 것은 그런 현실을 반영한다.

그리스도인에게 환대는 윤리적 당위가 아니다. 받은바 은혜에 대한 반응이다. 은총은 삼위일체 하나님이 이루신 공간 속으로 우리를 초대한다. 『환대의 신학』에서 전개된 환대에 대한 정밀한 신학적 논의는 미궁 속에 갇힌 듯 갈피를 잡지 못하는 오늘의 한국 교회에 건네는 아리아드네의 실이라 여겨진다.

김기석 청파교회 원로 목사, 『최소한의 품격』 저자

근래에 강연, 방송, 설교, 언론 기사 등 이곳저곳에서 환대라는 단어가 들린다. "반갑게 맞이하여 정성껏 후하게 대접"한다는 평이한 의미를 지닌, 이 특별할 것 없는 단어가 근래 자주 회자되는 것은 시장 자본주의 체제하에서 극단적인 세속화, 개인화, 편의화를 경험하는 오늘날 남을 환영하고 대접하는 행위가 타자뿐만 아니라 자신 또한 풍요롭게 만드는 필수 요소임을 현대인이 다시금 자각하기 때문일 것이다.

환대는 기독교 신앙에서도 절대 중요한 요소였음을 기독교 역사의 오래된 여러 문헌과 전통이 증언한다. 신학자 김진혁은 더는 특별히 언급할 것 없어 보이는 식상한 신학 개념을 되살려 풍성하고 다채로운 맛을 보도록 인도하는 재능을 가진 마스터셰프 같은 재능을 지녔다. 이번에도 그는 현대 인문학의 모든 학문 분과와 서비스 계열 학과에서 주목하는 주제를 신학으로 끌어와 더할 나위 없이 풍요로운 신학적 환대 논의라는 만찬상을 차려 냈다.

이재근 광신대학교 역사신학 교수

찰스 킴볼은 『종교가 사악해질 때』에서, 인간이 저지르는 최악의 행동들과 종교가 직접 관련된 경우가 많았다는 것이 분명 역사의 교훈이라고 일갈하였다. 인류 역사상 그 어떤 세력보다 종교의 이름으로 치러진 전쟁이 많고 종교의 이름으로 더 많은 악행이 저질러져 왔다는 것이 슬프지만 엄연한 사실이라는 킴볼의 비판은 21세기인 지금에도 여전히 현실적인 지적이다.

관용이 엘리트의 미덕인 시대도 있었으나, 이제 우리는 편협함과 우월감을 감출 생각도 없이 의도적으로 배타와 혐오를 드러내는 시대를 살아가고 있다. 이것은 인간의 근거 없는 확실성(certainty)에서 비롯된다. 자신의 종교적·정치적 신념만이 옳다는 강고한 확신은 타자의 존재와 가치를 인정하는 물리적·정신적 공간을 제공하지 않는다. 그리스도를 주로 고백하는 이들은 이러한 확실성이 아니라 창조와 십자가를 통해 피조물이요 죄인인 우리에게 자리를 내어 주시고 환대하신 예수 그리스도에 대한 믿음으로 이웃을 만나야 한다.

김진혁 교수는 『환대의 신학』을 통하여, 혐오와 배타로 인해 신앙과 인류애를 찾아보기 어려운 시대 속 그리스도인들에게 창조와 십자가와 사랑의 연합으로 우리를 환대하신 삼위일체 하나님을 바라보게 한다. 그분을 통하여 우리도 환대의 삶을 살도록 유려한 신학적 언어로 친절히 초대하며 권면한다.

김아영 횃불트리니티신학대학원대학교 선교학 교수, 한국이슬람연구소 소장

20세기 후반부터 일반 철학자들의 담론에서 환대의 중요성을 주목하고 강조할 때, 기독교 신앙과 교리는 얼마나 더 그렇게 했어야 했는가? 하지만 안타깝게도 우리의 현실은 그렇지 못하다. 그런 점에서 저자는 철학, 사회학, 정치학, 문학, 인류학과 대화하면서 기독교 진리에 대한 논의를 폭넓은 이해로 확장해 줄 수 있는 보기 드문 신학자다.

실제로 나에게 환대라는 주제는 가벼운 마음으로 논할 수 있는, 사역 현장에 필요한 작은 팁을 던져 주는 해결 창구 같은 것이 결코 아니었다. 하나님의 충만한 사랑에 근거하여 자기 인격의 개방에서 오는 불안과 고통을 두려워하지 않고, 자연스럽게 나의 경계와 대결하며 누군가의 절박한 상황을 응시하고 그에 응답하는 삶의 변화를 말하는 것이었다. 그러나 바쁜 일상과 타자로부터 끊임없이 저항을 받는 긴장의 연속인 생활 세계 안에서 환대의 긍정적 의미를 발견하기란 말처럼 쉬운 일이 아니었다. 그때마다 저자는 격의 없는 대화와 본질을 직관하는 통찰로 '환대의 공간'의 존재를 긍정해 주었다. 파스칼이 주장하듯, 진리를 통찰하는 안목은 예리한 이성보다 감정의 섬세한 느낌에 있다.

이 책은 현장 선교사들과 교회 사역자들의 미묘한 감정을 알아채는 섬세한 마음으로 저자가 자신의 내공을 녹여 환대에 대해 쉽고도 전문적으로 풀어낸 책이다. 바라기는 독자들이 책의 내용을 이해하는 데서 더 나아가 몸으로 익혔으면 좋겠다. 나를 개방하여 '오는' 선물을 받는 환대를 체험하는 것이다.

김효경 산돌교회 목사, 환대의 공간 레미제라블 대표

환대의 신학

IVP(InterVarsity Press)는
캠퍼스와 세상 속의 하나님 나라 운동을 지향하는
IVF(InterVarsity Christian Fellowship)의 출판부로
생각하는 그리스도인을 위한 문서 운동을 실천합니다.

이 책은 횃불트리니티신학대학원대학교의
2024년 교내 연구비 지원을 받아 집필하였습니다.

환대의 신학

그리스도인은 타자를 환대할 수 있는가?

김진혁

IVP

차례

들어가는 말 **이웃과 나그네** 11

1장 환대란 무엇인가 21
배제에서 환대까지 | 환대의 신적 아우라 | 아브라함, 환대의 조상
이스라엘, 환대하는 백성 | 예수 그리스도, 환대하는 하나님
제자 공동체, 환대하는 스승을 따르는 무리 | 교회, 성령과 함께하는 환대
더 생각할 거리 환대에 대한 믿음과 희망 53

2장 환대와 공간 57
타자를 위한 자리 만들기 | 피조물을 향한 삼위일체 하나님의 환대
손님과 주인의 자리 바꾸기 | 성령 안에서 자리 바꾸기 | 성령, 환대의 영
더 생각할 거리 혐오하는 하나님, 환대하는 이방인 88

3장 환대와 선물 93
선물 교환과 사회적 관계 | 선물 교환과 그리스도인의 삶
선물의 사회적 역할 | 선물의 상호성과 일방성
하나님의 선물과 인간의 선물 | 마르틴 루터 신학에서 하나님의 선물
더 생각할 거리 감사라는 영혼의 노동 123

4장 환대와 성령의 집 127
사랑으로 정화된 선물 | 선물 교환과 성령의 집 | 집이라는 선물
성령의 집에 들어가기 | 환대의 식탁에 둘러앉기 | 환대의 식사인 성찬
환대의 공간을 떠날 때
더 생각할 거리 환대, 머무름의 제자도 159

5장 **환대와 사람** 163
'너'라 부르기 | 타인의 얼굴 마주하기 | 인간이 지닌 하나님의 형상
그리스도의 형상, 우리 안의 타자성 | 사람됨의 궁극적 목표
더 생각할 거리 환대의 인간론과 선교적 신화 195

6장 **경계 넘기** 199
환대의 한계와 경계 | 무조건적 환대의 불가능성과 필요성
무조건적 환대를 윤리화하기 | 무조건적 환대의 폭력성
타인을 향한 무한한 책임
더 생각할 거리 죄인이자 의인으로서 환대하기 231

나가는 말 **환대의 문 열기** 235
문지방 앞에서 | 비관주의와 이상주의 사이에서
더 생각할 거리 "내가 무엇을 하여야 영생을 얻으리이까?" 244

주 249
참고 문헌 287
주제 찾아보기 300
인물 찾아보기 306

들어가는 말
이웃과 나그네

기독교 신앙의 중심에는 '하나님 사랑과 이웃 사랑'이 있습니다. 예수 그리스도는 이 둘을 온 율법과 선지자의 강령이라고 말씀하십니다(마 22:34-40). 사도 바울은 "피차 사랑의 빚 외에는 아무에게든지 아무 빚도 지지 말라"라며 '이웃 사랑'을 율법의 정수로까지 내세웁니다(롬 13:8). 그런데 성경은 더 급진적인 명령을 할 때도 있습니다. 영연방 연합 히브리 회중 최고 랍비 조너선 색스는 그것이 바로 '나그네 사랑'이라 주장합니다.

여러분이 "이웃 사랑하기를 네 몸과 같이 하라"라는 성경의 명령을 아시리라 확신합니다. 이 명령이 히브리 성경에 몇 번이나 나올까요? 레위기 19:18 딱 한 번입니다. 이 사실에 랍비들이 매우 놀라 성경을 다시 꼼꼼히 읽으며 확인해 봤습니다. 솔직히 말씀드리자면 저도 세어 봤지만 똑같은 답을 얻었습니다. 성경은 이웃을 사랑하라고 한 번 말했지만, 나그네를 사랑하라고는 서른여섯 번이나 명령합니다.[1]

색스가 나그네 사랑에 의미 부여를 크게 한 이유로 그가 랍비로서 히브리 성경, 즉 기독교의 구약성경을 주로 연구했음을 들 수 있습니다. 반면, 신약성경을 보면 이웃 사랑이 큰 무게감을 가지고 자주 언급되는 것을 볼 수 있습니다. 그렇다고 반대급부로 나그네에 대한 사랑이 그리스도인의 삶에서 덜 중요해지는 것은 아닙니다. 신약성경의 여러 책에서는 여전히 나그네를 사랑하고 잘 대접하라고 가르칩니다(딤전 3:2; 딛 1:8; 히 13:2 등). "형제 곧 나그네 된 자들에게" 베푸는 것은 신실한 행위로 칭송받습니다(요삼 1:5). 심지어 하나님의 아들은 직접 나그네가 되어 타인의 환대에 의지하여 주린 배와 타는 목을 달래셔야 했습니다(마 25:35).

이웃을 사랑하기도 쉽지 않은 인간에게 하나님은 피부색도 문화도 언어도 신앙도 다를 수 있는 나그네를 사랑하라고 반복해서 명령하십니다.[2] 그런 만큼 나그네로 대표되는 타자가 우리 앞에 예기치 않게 나타났을 때 그를 어떻게 대하느냐는 기독교 신앙에서도 절대 부차적 문제가 아닙니다. 심히 놀랍고 부담스러울 수밖에 없습니다. 말끔한 옷을 입고 여권과 신용카드를 들고 여행하는 세상에 살다 보면 '나그네 사랑'이 현실성 없는 옛날 말로 들리기까지 합니다. 하지만 알고 보면 나그네 사랑은 오늘날에도 꽤 인기 있는 개념입니다. 그리스어로 나그네(xenos)와 사랑(philia)을 하나로 압축한 단어가 현대인의 입에도 자주 오르내리는 '환대'(philoxenia)이기 때문입니다.

나그네에 대한 사랑, 즉 환대는 지난 2,000여 년 동안 기독교의 정체성을 구성하는 핵심어였습니다. 복음이 세계 곳곳으로 전파되는 과정에서 환대가 없었더라면 교회는 새로운 종교를 경계하던 이방 땅에서 뿌리내리기 힘들었을 겁니다. 교회는 낯설다 못해 때론 적대적이기까지 했던 환경에서 오히려 타자를 환대하며 교회됨의 의미를 몸소 보여 줬습니다. 물론 안타깝게도 그리스도인이 환대에 실패한 사례는 수없이 많고, 신앙을 내세우며 타자를 배제하고 혐오하던 모습도 적잖이 보였습니다. 하지만 환대가 왜곡된 적은 있어도 환대의 중요성이 퇴색된 적은 없었습니다. 우리가 연약하고 이기적이었을 때도 하나님의 은혜는 환대에 대한 무기력증 대신 희망을 불러일으켰습니다. 폭력의 힘과 효율성에 쉽사리 현혹될 것 같은 때에도 관대함과 친절함을 더 신뢰하도록 이끌었습니다. 그런 만큼 눈앞에 보이는 실망스러운 현상만으로 환대에 대한 기대를 내려놓거나 기독교가 사랑의 종교가 아니라고 섣부르게 판단을 내릴 필요는 없습니다.

종교가 사회 전체에 큰 영향을 미쳤던 고대와 중세 시대와 달리, 근대 세계에서는 종교 없이 세상만사를 설명하려는 세속화가 진행되었습니다. 또한, 전 세계적으로 도시화 현상이 광범위해지고 가속화되며, 남녀노소 불문하고 각계각층의 사람이 도시로 유입되었습니다. 도시는 부유함이 넘치고 다양성이 공존하는 공간이 되었지만, 가난과 범죄와 차별과 혐오와 소외를 수시로 접하는 곳도 되었습니다.[3] 세속화가 정점에 이르고 도시 중심으로 삶의 상당 부분이 재편되자 근대 사회에서 사용되던 제도나 사상만으로는 일상적으로 경험하는 다문화·다인종 현상을 온전히 해석하거나 그런 현상에 적절히 대응하기가 힘들어졌습니다. 그 결과 과거

에는 종교적 아우라를 지녔던 환대 개념이 공적 영역에서 새로이 주목받는 반전이 일어났습니다.[4]

환대는 오늘날 이전에 없던 강조점 및 중요성과 함께 정치학, 법학, 철학, 사회학, 인류학, 경영학, 문화학, 건축학 등에서 거론되고 있습니다. 다양한 타자와 조우하고 공생하기 위한 지혜가 필요한 상황에서 환대의 이상을 이론화·제도화함으로써 공적 차원에서 실천하려는 시도도 다채롭게 진행하고 있습니다. 이러한 시대적 분위기를 타고 등장한 각종 출판물과 미디어에 영향을 받으며 환대에 관한 그리스도인의 이론적·실천적 관심도 증대하였습니다. 이주민, 빈민, 난민, 고아, 한부모 가정 등을 위한 사역이 환대 개념을 중심으로 재구성되기도 했습니다. 그런 만큼 최근 교회의 설교, 교육, 봉사 등 다양한 맥락에서 환대라는 단어가 빈번히 등장하고 있습니다.

그리스도인 사이에서 환대를 언급하고 논의하는 빈도가 늘었지만, 환대가 무엇인지를 놓고 여전히 많은 사람이 고민합니다. 환대라는 개념의 외연이 워낙 넓어서 똑 부러지게 정의하기가 힘들고, 예전부터 해 오던 교회의 선교나 구제 등과 어떤 차이가 있는지도 불명확합니다. 이웃 사랑이라는 좋은 말이 있음에도 개역개정 성경에 나오지도 않는 환대라는 단어를 굳이 사용해야 하는지도 의문입니다. 그래서인지 환대에 관한 글을 쓴다니 지인들이 보인 반응도 각양각색이었습니다. 중요하고 까다로운 주제를 다룬다는 격려도 있었지만, 솔직히 냉소적인 말을 훨씬 많이 들었습니다. 환대에 대해 다들 이러쿵저러쿵하는데 그 실체를 잘 모르겠다, 환대에 들인 노력에 비해 결실이 없어 많이 지친다, 환대와 관련한 책이 아직도 필요하다는 생각 자체가 구리다, 이미 환대를 잘하고 있는데 환대를 다시 개념화할 필요가 있는지 모르겠다, 환대의 이상은 아름다워도 한국 교회에서 실현 가능성이 작아 허무하다, 사회적 약자에게 무조건 베풀자는 것이 사회주의적 발상처럼 들린다, 교회에서 봉사를 더 하도록 만들고자 도입한 전략이다 등 사람들의 인식은 생각보다 부정적이었습니다.

집필 기간 마주한 여러 반응 덕분에 막연했던 생각이 정리되고 동기 부여도 되었지만, 종종 이런 책을 왜 쓰는지 회의에 빠지고 용기를 잃을 때도 있었습니다. 그러면서 독자들이 환대라는 주제에 관해 '굳이' 신학자에게 기대할 바가 무엇일지 고민했고, 기독교 신앙과 그리스도인의 환대 사이에 벌어진 불필요한 '간격'이 없는지부터 살폈습니다. 그러던 중 오늘날 교회가 환대를 이해하는 방식에서 삼위일체 하나님에 대한 교리가 크게 이바지하는 바가 없다는 사실이 무엇보다 눈에 걸렸습니다. 환대에 관한 현대 철학적 담론을 신학자와 사역자들이 많이 참고하는 만큼 철학의 언어와 신앙고백의 언어를 어떻게 중재할지도 문제였습니다. 죄인에 대한 하나님의 무조건적 용납이라는 복음과 환대의 구현인 선교의 관계도 질문해야 했습니다. 교회가 계속해 오던 전도와 봉사 사역을 다문화·다인종 시대에 환대라는 빛 아래서 새롭게 접근할 필요도 있었습니다. 성도의 교제가 가진 구심력과 타인에 대한 환대에서 발생하는 원심력 사이의 긴장도 무시할 수 없었습니다. 환대에 대해 처음 가졌던 기대감과 환대 사역에 탈진해 버린 현실 사이에서 발생한 사역자들의 고충과 피로감도 어깨를 꽤 눌렀습니다.

지금껏 환대와 관련하여 출간된 신학 저술들은 주로 성경에 나오는 윤리적 명령을 현대적 감각으로 재해석하고, 역사적 예수의 가르침과 사역으로 환대의 중요성과 상징적 의미를 풀이하며, 환대에 관한 현대 철학자들의 이론을 기독교적으로 전유하곤 했습니다. 크게 보아 『환대의 신학』도 이러한 작업과 궤를 함께하지만, 환대의 이론과 실천을 둘러싸고 지금껏 경험된 간격들 사이에 '다리'를 놓는 데 초점을 두었습니다. 그런 만큼 기독교의 핵심 교리를 선별해 철학, 사회학, 정치학, 문학, 인류학과 대화하면서 신앙의 알짬을 환대라는 관점에서 재해석하고, 역으로 신학적 통찰을 가지고 기존의 환대 담론을 풍성하게 만들고자 했습니다. 무엇보다도, '성령론적 강조'와 함께 접근하면 삼위일체 하나님의 사랑과 선교라는 더 큰 맥락 가운데 환대를 이해할 수 있음을 보여 주고자 애썼습니다. 성령은 하나님의 자비를 우리에게 선물하고, 인간 사이에 사랑의 관계를 창조하며, 불완전한 나와 너를 그리스도의 형상으로 빚어 가십니다. 이러한 성령의 사역과 환대의 관계를 살펴봄으로써 죄 용서와 타자를 환대하는 역량 사이의 관계가 명확해지고, 환대를 실천하는 개인에게 쏠렸던 시선을 교회론적이고 종말론적인 지평까지 확장하리라 기대합니다.

환대와 결부된 여러 주제를 글로 담아내려면 책의 목적에 들어맞으면서도 논의를 자연스럽게 흐르게 할 틀이 필요합니다. 환대 문화가 발전한 고대 문명에서 기독교가 탄생한 만큼, 책의 구조를 짜며 손님을 모시는 유목민의 전통에 따라 핵심 주제를 배치했습니다. 과거 중동의 유목민들은 손님이 오면 자기 집 안에 편히 머물 자리를 마련하고, 값진 선물을 선사하고, 음식을 나눴습니다. 심지어 손님에게 주인의 명예를 나눠 줄 좋은 옷을 입혔습니다. 이로써 그 손님이 주인의 벗임을 가시적으로 인정받았습니다. 집안 구성원은 낯선 이를 보고도 경계하지 않고 그를 주인처럼 극진히 대우할 수 있었습니다. 이러한 환대 풍습의 다채로운 무늬가 자연스레 입히도록, 이 책에서는 성경을 중심으로 환대가 무엇인지 성찰한 이후 환대의 공간 열기, 선물 수여하기, 성령의 집에 들어가 먹기, 사람으로 대우하기, 조건 없이 환대하기를 하나씩 차례대로 살필 예정입니다.

한정된 지면 안에서 부족한 필력으로 환대의 다채로운 면모를 신학적으로 설명하려다 보니 부족함이 여럿 있습니다. 각 교리를 충실하게 설명하지 못할 때도 있고, 소개하는 여러 이론의 복잡함과 깊이를 제대로 표현하지 못하기도 했습니다. 조직신학을 전공한 이가 글을 쓰다 보니 현장에 계신 분들의 갈급함을 채우기에 부족합니다. 여러 약점과 한계가 있음에도, 독자들이 기독교 신앙의 핵심에 환대가 있고 타 학문의 환대 담론과 신학이 공명을 일으키는 지점이 있음을 발견하기를 기대하며 글을 썼습니다. 교리와 실천의 분리 문제가 조금이라도 개선되고, 독자가 몸담은 사역과 활동에 자부심을 조금이나마 더 느끼게 되었다면 이 책은 저자의 역량 이상으로 공헌한 셈입니다.

한 권의 책이 나오려면 어설픈 글을 받아 만져 주고 인쇄하고

유통하고 구매하고 읽어 주고 소개하는 여러 사람의 환대가 필요합니다. 또한, 오랜 기간 갈고 닦은 생각을 후하게 나눠 주는 수많은 연구자와 작가의 관대함이 없다면 저 같은 사람이 책을 쓴다는 것 자체가 불가능했을 겁니다. 환대를 베푼 은인 한 분 한 분께 고마움을 표해야 마땅하나, 이 자리를 빌려 부족하나마 몇 분께라도 감사의 말을 남기고자 합니다. 먼저 팬데믹 이후 뒤숭숭한 상황에서 '성령과 함께하는 환대'라는 주제로 23 Malaga Gathering에 초청해서 강의하게 해 주신 프론티어스의 이현수 대표님과 횃불트리니티 한국이슬람연구소의 김아영 소장님께 깊은 감사를 드립니다. 두 분이 검증되지 않은 강사를 초청하는 모험을 하지 않으셨다면 환대에 관한 생각을 정리하지도 못했을 것이고, 다른 사람과 공유할 엄두는 더더욱 내지 못했을 겁니다.

말라가에서 한 주간 함께하며 영글지 않은 생각을 인내하며 들어 주고, 선교 현장에서 겪었던 다채로운 경험을 나눠 주셨던 서른다섯 분의 한인 이슬람권 사역자께도 고마움을 표합니다. 말라가에서 했던 여섯 번의 강의 녹취록은 한국이슬람연구소에서 발행하는 「이스마엘 우리의 형제」 2023년 가을호에 실려 있습니다.[5] 『환대의 신학』을 원래 강의 녹취록을 보충하는 수준으로 기획했다가 내용과 형식이 매우 달라져 버린 만큼, 이 책에서 전개한 환대의 신학이 지닌 원래의 실천적·선교적인 모습을 보고 싶다면 「이스마엘 우리의 형제」를 참고하시면 되겠습니다. 아울러, 초고 완성 후 시간이 흐르는 동안 3-4장의 내용과 인용문 일부가 논문으로 출간되기도 했습니다.[6]

출판에 그다지 관심 없던 강연 주제를 발전시켜 책을 낸 데에는 종교개혁주일이라는 소중한 시간에 '선물'을 주제로 강의할 기회를 주셨던 경동교회 임영섭 목사님의 격려가 결정적 역할을 했습니다. 또한 책 출간에 선물처럼 선뜻 응해 주신 IVP의 정모세 대표와 이종연 전 편집장, 이성민 현 편집장께 감사를 드립니다. 난삽하고 어색한 글을 어여쁘 다듬고 근사한 모양을 입혀 주신 설요한 편집자와 한현아 디자이너께도 고마움을 전합니다. 글의 방향성, 밀도, 난이도 등에 자신이 없어 갈팡질팡하던 이른 시기에 원고를 읽고 귀한 조언을 해 주신 김주희·신예원 두 분도 빼놓을 수 없습니다. 횃불트리니티신학대학원대학교의 2024년도 교내 연구비 지원 덕분에 큰 어려움 없이 이 책을 집필할 수 있었음에 감사합니다. 격려와 지원을 아끼지 않는 카리타스선교회, 특별히 조태민·김경희 선생님께 고마운 마음을 전하고 싶습니다.

끝으로, 세상에 존재하는 것은 누군가의 환대 덕분에 가능하고, 그렇기에 존재 자체를 선물로 볼 때 세상이 얼마나 빛나는지를 사유로 혹은 삶으로 보여 주신 수많은 분께 감사를 드립니다. "나는 또한 이제는 당신에게 / 좋은 선물이었으면 합니다"라던 나태주 시인의 시구처럼, 이 책도 누군가에게 좋은 선물이었으면 합니다.

2025년 4월 양재동에서
김진혁

1장

환대란 무엇인가

> 손님 대접하기를 잊지 말라. 이로써 부지중에
> 천사들을 대접한 이들이 있었느니라.
>
> 히브리서 13:2

> 가난한 사람에 관하여 필요 이상 알려고 하지 말고
> 이처럼 행하기를 바랍니다. 가난한 사람은 궁핍하다는
> 사실만으로도 자선을 받을 자격이 있습니다.
>
> 요한 크리소스토무스[1]

우리가 일상에서 사용하는 단어 중 입에 올리는 것만으로 그 나름의 품격을 느끼게 되는 것들이 있습니다. 현대인이 즐겨 사용되는 환대(歡待)도 그중 하나가 아닐까 생각합니다. 환대는 한자어 그대로 "반갑게 맞이하여 정성껏 후하게 대접"한다는 뜻입니다.[2] 타인에게 호의로 베푸는 친절함과 관대함의 표현으로서 환대는 인간의 존엄함과 도덕성을 함께 보여 줄 수 있는 개념입니다. 환대

는 고대부터 지금까지 인간의 사회적 삶을 고유한 방식으로 형성해 왔고, 앞으로도 풍요로운 공동체를 만들어 가는 데 꼭 필요합니다.

오늘날 세계가 다원화되면서 낯선 이와 교류가 급속도로 늘어나고 있습니다. 사회의 안정을 유지할 법과 제도는 정교해지지만, 오히려 갈등과 폭력은 곳곳에서 끊이지 않습니다. 그러다 보니 20세기 중반 이후 철학, 종교학, 정치학, 법학, 인류학, 문학 등에서 인류의 오랜 지혜인 환대 개념을 가지고 타자와 삶의 영역을 공유하는 것의 가능성, 중요성, 위험, 한계 등에 관한 논의를 다각도에서 진행하고 있습니다.[3] 다문화주의, 이주민 정착, 난민 수용, 빈자 구제 등의 문제를 다루는 활동가들도 현장에서 환대를 실천하고자 다양한 실험과 창조적 모험을 감행하고 있습니다.

현대 사회에서 환대에 관한 연구와 실천이 왕성하게 이루어지는 또 다른 중요한 영역이 있습니다. 관광학, 외식경영학, 레저학, 호텔경영학 등으로 구성된 환대산업 분야입니다. 오늘날 환대의 상업화를 두고 어떤 이는 타인을 기꺼이 환영하고 대접한다는 환대의 원래 의미와 정신이 왜곡되었다고 생각하기도 합니다. 하지만 환대를 뜻하는 영어 단어 hospitality는 '손님을 받아들이고 임시로 필요한 숙박을 제공하는 것'을 의미하는 중세 영어 *hospitalite*(호스피탈리테)에서 왔습니다.[4] 즉, 옛날부터 있던 환대 문화의 다양한 모습 중 음식과 숙소 제공 등이 전문화되고 발전한 것이 현대의 환대산업인 셈입니다.

고대인이나 중세인들에게는 집을 떠났을 때 호텔이나 여관 같은 숙박 시설을 이용하는 일이 자연스럽지 않았습니다. 당시 사람들 대다수는 자기가 태어났던 땅을 벗어나지 못하고 죽었던 만큼, 일반인이 외지인을 만날 기회도 흔하지 않았습니다. 어쩌다 찾아오는 이방인을 환영하는 것은 소중한 일이었고, 개인이나 공동체가 '비체계적'이고 '비상업적'인 방식으로도 손님의 필요를 채워 줄 수 있었습니다. 여행자들이 묵어갈 여관은 있었지만, 그곳의 먹거리는 형편없고 잠자리는 거칠기 일쑤였습니다. 생판 모르는 사람들끼리 한 공간에 거하는 일은 때로 노숙보다 더 위험할 수 있었습니다. 그렇기에 낯선 이가 집 문을 두드리면 손님으로 환영하고 도움을 제공하는 것은 사람으로서 마땅히 할 일이라는 생각도 퍼져 있었습니다.

현대 사회에서는 이민, 관광, 사업, 유학, 망명, 취업 등의 이유로 고향을 떠나 타 문화권에서 살아가는 사람도 갈수록 늘어나고 있습니다. 현지인이 제공할 수도 있고 그렇지 않을 수도 있는 환대를 기대하고 낯선 땅에서 생활하거나 생존하기가 힘듭니다. 수많은 외지인의 필요와 요구를 개개인의 선행으로 충족시킬 수도 없습니다. 대신 손님이 '소비자'로서 필요한 서비스를 직접 선택하고 구매하는 '산업으로서 환대'가 본격화되었습니다. 과거에는 환대의 혜택을 누리려면 문을 두드리고 손님으로 환영받으면 되었지만, 현대 사회에서는 서비스 비용을 감당할 경제적 능력이 있어야 합니다. 과거에는 어쩌다 찾아온 "이방인이 자신의 집에 있는 것처럼 어색함과 불편함을 느끼지 않는 것이 최고의 환대"였다면,[5] 환대산업은 필요한 음식과 잠자리만이 아니라 잘 대접받는 느낌까지 상품화합니다. 이를 위해 환대산업 종사자들은 손님의 만족도를 높일 방법을 연구하고, 집에서는 누릴 수 없는 특별한 오락거리를 만들어 냅니다. 정부가 요구하는 기준과 법을 따르고, 서비스를 대가로 발생한 수입에 대해 세금도 냅니다.

환대가 무엇인지 질문하고 그 속에 얽힌 복잡한 의미를 밝히려면 환대에 대한 상업화된 이해부터 내려놓아야 합니다. 안 그러면 환대의 의미가 손님에게 밥을 잘 대접하고 며칠 묵어가게 방을 내주는 관대한 배려 정도로 협소해집니다. 교회의 환대는 다른 곳에서는 유료인 혜택을 공짜로 누리게 해 주는 것 정도로 쪼그라들어 버립니다. 환대의 참 의미와 중요성을 알아 가려면 예로부터 인간은 이동하고 낯선 이들과 만나고 교류하며 문명을 이루었다는 사실부터 직시해야 합니다. 나약한 존재로서 타인들 사이에서 쉼을 얻고 안정감을 느끼려면 공간이 필요함을 인정해야 합니다. 사회 구성원 가운데서도 다수의 냉대, 무관심, 편견으로 주변화되고 소외된 사람이 있음을 봐야 합니다. 살다 보면 자연재해, 전쟁과 테러, 개인적 참사, 내란과 폭동 등 원하지 않는 이유로 삶의 터전을 잃고 낯선 땅으로 이주할 가능성도 불편하지만 열어 두어야 합니다.

이방인과 원주민, 손님과 주인, 외부인과 내부인, 타자와 주체는 충분히 서로를 경계하거나 적대시할 수 있습니다. 환대는 양자의 관계를 배제와 폭력 대신 호의와 신뢰로 정의하도록 이끌어 온 놀라운 삶의 방식입니다. 그렇기에 영문학자 왕은철은 심지어 "삶의 바다는 언제나 환대의 물결로 넘실댄다"고 말합니다.[6] 이러한 환대의 지혜는 다문화사회로 진입하고, 다양한 형태의 갈등이 만연하며, 국가나 가족의 돌봄을 제대로 받지 못하는 이들이 늘어나는 현대 사회에 꼭 필요합니다. 이번 장에서는 환대가 무엇인지 알아보기 위한 사전 작업으로, 낯선 이를 대하고자 인류가 발전시킨 방식을 유형별로 소개합니다. 그 후 고대 그리스 신화에서 환대의 중요성을 살펴보고, 성경에서 환대가 차지하는 위상을 탐구하고자 합니다.

배제에서 환대까지

인간은 홀로 살아갈 수 없기에 다른 이와 더불어 사회를 이룹니다. 각 사회는 나름의 규율, 전통, 역사, 문화를 가짐으로써 다른 사회와 구분되고 개인은 그 속에서 정체성을 형성합니다. 그런 만큼 우리는 다른 지역에서 온 사람이나 이질적 배경을 지닌 무리를 마주하면 본능적으로 어색함을 느끼고 기존의 삶의 방식이 도전받는다고 생각합니다. 이방인을 어떻게 대하고 그와 어떻게 권력 관계를 설정하느냐는 문제는 예전부터 인류의 고민거리였습니다. 타자의 존재를 인정하고 수용하는 방식도 여러 갈래로 나뉘었습니다. 이를 사회과학자들은 배제, 차별, 동화, 관용, 인정, 환대로 범주화하곤 합니다.[7]

우선, 배제(exclusion)는 혈연, 종교, 신념, 문화가 다른 사람에게 내가 속한 공동체나 사회, 국가에 들여올 여지를 전혀 주지 않습니다. 이는 역사적으로 순혈주의, 소수민족 강제 추방, 인종 학살, 쇄국주의 등 여러 형태로 나타났습니다. 하지만 이런 가시적이고 적극적인 배제 외에 은밀하지만 더 파괴적인 배제도 있습니다. 일례로 근대 유럽인은 사회 내 서로 다른 신념과 종교가 갈등 없이 어울리기를 강조했지만, 비유럽적인 것은 야만적인 것으로 규정하고 식민화하였습니다. 아르헨티나 출신 철학자 엔리케 두셀이 쓴 『아메리카의 발명』(The Invention of the Americas)의 부제 "타자의 은폐와 근대성의 신화"(The Eclipse of the Other and the Myth of Modernity)가 보여 주듯, 계몽과 진보의 역사가 진행될수록 타자에 대한 억압과 배제도 광범위하게 일어났습니다.[8]

둘째, 차별(discrimination)은 성별, 종교, 피부색, 출신 등 타자의 다름을 근거로 그가 가진 권리를 제한하거나 인간으로서 가치를 인정하지 않는 행위나 태도를 일컫습니다. 1928년 이전 영국에서 여성이라는 이유로 선거권이 제한되거나, 1950-1960년대 흑인 민권운동 이전 미국 남부에서 흑인들이 학교, 버스, 식당 등의 공간을 백인들과 함께 사용하지 못한 것이 대표적입니다. 평등한 민주 사회에서도 법적 근거 없이 불법적으로 일어나는 사회적 차별이 있지만, 한 집단에서 각 구성원이 받게 될 서로 다른 대우를 규정으로 명시하기도 합니다. 남녀 간 임금 격차나 승진 기회 차이가 발생하는 것이 전자의 예라면, 대학원 졸업생이 근속 기간이나 업적과 무관히 학부생보다 더 많은 임금을 받도록 한 사규가 후자의 예입니다.

셋째, 동화(assimilation)는 소수자 집단이 주류 집단의 신념, 문화, 정체성, 언어 등을 수용하게 하는 방식입니다. 오랜 기간 자연스럽게 일어나는 동화도 있지만, 의도적으로 유도하거나 정책적으로 강제한 동화도 있습니다. 대한민국의 역사에도 일제 강점기 때 내선일체라는 명목 아래 이뤄진 민족 말살 정책 같은 극단적 사례가 있었고, 최근에는 정부가 다문화 정책을 펴며 외국인 노동자와 결혼 이주 여성에게 한국 문화 수용을 강요한 예도 있습니다. 동화는 소수자로서 배제와 차별을 피하는 길이지만, 동화로 인해 자신이 원래 지녔던 문화, 정체성, 신념 등을 억누르거나 포기하게 될 수 있습니다. 그렇기에 주류 문화를 대변하는 사람들은 동화가 포용적 입장이라고 생각해도, 소수 문화에 속한 사람은 굴욕을 느낄 수 있습니다.[9] 타자와 평화로이 공존하는 길인 것 같지만, 타자에 대한 억압과 폭력이 되기도 합니다.

넷째, 관용(tolerance)은 타자가 고유한 정체성을 유지하면서 나와 같은 공간에 존재할 수 있도록 허용하는 윤리적 태도입니다. 관용은 특히 근대 유럽에서 주목받았습니다. 중세까지 삶의 기준이 되었던 성경과 교회의 권위가 허물어지며 새로운 윤리적 가치가 요구되었습니다. 그런데 17세기에 일어난 30년 전쟁은 유일신에 대한 헌신이 타자에 대한 폭력을 조장할 수 있음을 보여 주었습니다. 이에 계몽주의 사상가들은 관용을 근대 세계의 우선적 가치로 삼았습니다. 프랑스의 철학자 볼테르는 관용을 의인화하여 다음과 같이 칭송합니다.

당신네 [인간] 모두는 연약하고 무지한 존재로 태어나서, 이 땅 위에서 짧은 시간을 살다가 죽어 그 육체로 땅을 비옥하게 할 것이오. 당신들은 연약한 존재이니 그런 만큼 서로를 도우시오. 당신들은 무지하니 그런 만큼 서로를 가르치고 용인하시오.…나는 당신들 인간에게 땅을 경작할 팔을, 그리고 스스로를 인도해 줄 한 줌의 이성을 부여해 주었소. 나는 당신들 각자의 가슴에 서로를 도와 삶을 견디어 나갈 수 있도록 동정심의 싹을 심어 주었소. 이 싹을 꺾거나 썩히지 마시오.[10]

이처럼 관용은 계몽주의 시대에 합리적 인간이 갖추어야 할 덕목으로 부상했고, 지금도 여전히 타자를 존엄하게 대하는 태도를 부르는 포괄적 단어로 사용됩니다. 하지만 근대 유럽에서 관용은 자비를 베풀 힘을 가진 주체가 약자인 타자의 다름을 허용한다는 권력의 역설 위에 서 있었습니다. 즉, 사회적 주류 혹은 강자가 관용의 방식과 정도를 결정한다는 힘의 비대칭성을 암암리에 전제했습니다.[11] 그 결과 관용은 인간의 존엄과 가치를 조건 없이 인정하기보다는, 기존 사회가 승인하는 '관용의 한계선' 내에서 타자를 환영하였습니다. 역사적으로 관용의 시대라 불렸던 18-19세기가 비유럽적인 것이 타자화되며 억압당하던 식민주의 시대였다는 사실은 의미심장합니다.[12]

다섯째, 인정(recognition)은 타자가 자기 모습대로 살도록 그가 가진 고유한 정체성을 존중하고 거기에 맞게 대우하는 일입니다. 다른 동물과 달리 인간은 자신의 욕구와 성취에 대한 타인의 인정을 통해 사회적 존재로 살아갑니다. 전근대 사회에서는 태어나며 부여받는 신분이 삶을 거의 결정했기에 인정이 덜 부각되었습니다. 하지만 이러한 경직된 세계관이 근대화와 함께 붕괴하며 사회적 인정은 개인이 정체성을 찾아 나가는 데 중요한 토대가 되었습니다.[13] 사회가 복잡하고 다양해지면서 구성원이 가진 차이가 도드라지자, 인정은 각자의 고유한 정체성을 존중하면서 더 나은 사회를 이룰 대안으로 더 크게 주목받게 되었습니다. 상대가 이질적이고 소수일지라도 정체성을 버리도록 요구하지 않고, 나도 정체성을 억지로 바꾸지 않으며 공존을 추구하도록 하는 만큼 다문화 시대에 적합하다는 평가도 받았습니다. 하지만 정체성을 인정하는 일은 타자를 진실하게 알아 가고 공동선을 추구하려는 노력과 함께해야 합니다. 그렇지 않고 모두가 자기 정체성만 앞세우면 사회에 혼란과 갈등이 일어나고, 극단화된 정체성 정치에 의해 오히려 역차별 현상이 일어날 우려도 있습니다.

끝으로, 환대(hospitality)는 수천 년 동안 인류가 더불어 사는 데 중요한 역할을 해 왔고, 특별히 다양성의 시대가 도래하며 재조명받고 있습니다. 타인을 주체로 존중하고 타자성에 대한 부정적 인식을 멈추게 하기에 윤리적 함의도 풍부합니다. 독일의 사회학자 게오르크 짐멜이 관찰했듯, 이방인은 고유한 삶의 이야기를 지닌 개별적 존재로 인정받기보다는 그의 출신과 배경에 기초한 '낯선 이'라는 모호한 범주에 묶입니다.[14] 실제 각 사람의 이름이 흑인, 여자, 난민, 무슬림, 유대인, 극우, 좌익, 자유주의자, 근본주의자 등과 같은 추상화된 호칭에 덮여 버릴 때 타인에 대한 언어적·신체적 폭력이 쉽사리 정당화됩니다. 이러한 추세에 대항하여 환대는 타인의 고유한 사람됨과 필요에 반응하며 그가 자신의 사람됨을 자유롭게 드러낼 공간을 마련해 주는 일입니다. 그런 만큼 환대는 추상화·비인간화되었던 타자들이 개별적 존재로 개성과 욕구를 되찾게 하고, 주체와 타자의 관계를 새로운 차원에서 맺어 줍니다. 환대에 관해서는 앞으로 더 설명할 예정이기에 이 정도에서 설명을 멈추겠습니다.[15]

이처럼 타자를 수용하고 대하는 기본 방식은 배제, 차별, 동화, 관용, 인정, 환대에 이르기까지 다양합니다. 어쩌면 배제에서 환대까지가 인류의 윤리 의식이 발달하는 순차적 단계처럼 보일지도 모릅니다.[16] 하지만 이들의 의미가 일상에서는 다르게 사용되고, 사람 혹은 문화마다 이들을 개념화하거나 범주화하는 방식에 차이가 있을 수 있음을 유념해야 합니다. 어떤 사람은 환대라 말하면서 소수자를 자기 기준에 맞게 동화시키려 합니다. 관용을 주장하고는 실제로 환대를 지향하기도 합니다. 한 사회 내에서 이 모든 유형이 동시에 관찰되기도 하고, 실용적으로 상황에 따라 이방인을 대하는 방식을 달리하기도 합니다. 예를 들어, 외국인이라는 큰 범주 아래에서도 난민, 유학생, 관광객, 이민자, 투자자, 연예인, 외교관이 가진 권리는 다릅니다.[17] 합법적 이민자라는 신분이 있어도, 어느 나라 출신이고 무슨 언어를 사용하며 어떤 종교를 가졌는가에 따라 받는 대우가 달라집니다. 외국인이나 이민자에 관한 국가 정책도 누가 대통령이고 어디가 다수당이냐에 따라 크게 바뀝니다.

현실에서 타자와 관계 맺는 방식이 여러 갈래로 나뉘어도, 우리는 참 사람됨의 실현과 더 나은 사회를 꿈꾸며 그중 하나에 더 큰 가치를 부여합니다. 이 책은 그 가운데 환대의 중요성과 필요성에 집중하고자 합니다. 제도와 실천의 영역에서 발생하는 모든 문제를 환대로 단번에 해결할 수는 없습니다. 하지만 타자와 공존을 도모하면서 상호 성숙할 계기를 마련하고 평화로운 공동체를 형성하는 데서 환대만의 매력과 장점은 분명 있습니다.

환대의 신적 아우라

고대 문명에서는 도움이 필요한 이방인을 만나면 집 안으로 들이고, 나도 타지에서 현지인의 보호와 환대를 받기를 기대하는 일이 개인 생존과 문명 유지에 필요했습니다. 그런 만큼 환대는 "우주가 지탱되는 도덕성의 기둥 중 하나"로 기능했습니다.[18] 고대 문헌이나 구전되던 가르침에서는 환대의 의무를 저버리는 행동을 비인간적이라고 엄중히 경고합니다. 심지어 환대는 낯선 '사람'을 향한 호의를 넘어 '신'에 대한 의무로 여겨졌습니다.

한국어로 환대에 해당하는, 고대부터 사용하던 그리스어 단어는 *philoxenia*(필록세니아)입니다. 이 단어는 '손님'(*xenos*)과 '사랑'(*philia*)이라는 두 단어가 합쳐져 만들어진 만큼, '이방인을 친절히 대하기'라는 뜻을 가집니다. 그런데 환대와 관련한 고대 신화에서는 주인이 접대한 이방인이 사실 신적 존재인 경우가 종종 있습니다. '낯선 이로 위장한 신'에게 음식과 공간을 제공하는 행위는 결국 '신에 대한 환대'(*theoxenia*) 혹은 '신에게 베푼 사랑'(*philotheos*)인 셈입니다.[19] 신화의 결말부에서 신은 자신을 환영해 준 주인에게 크고도 영광스러운 선물로 보답합니다. 낯선 이를 받아들이지 않았다면 이는 신을 매몰차게 박대한 일로 여겨져 벌을 받습니다.

고대 그리스 신화를 예로 들자면, 만물의 아버지요 올림포스의 신 중 최고 신인 제우스는 '나그네들의 수호신 제우스'(Zeus Xenios)라고도 불렸습니다. 기원전 8세기경 활동했던 호메로스는 『오뒷세이아』(Odýsseia)에서 제우스를 이렇게 소개합니다. "제우스께서는 탄원자들과 **나그네들의 보호자**시며, 존중받아 마땅한 손님들과 동행하시는 **손님의 신**이시오."[20] 호메로스의 서사시에 나타난 고대의 영웅들은 적이 자신을 찾아오면 창과 칼을 내려놓고 포도주와 고기를 내어놓으며 손님으로 대접합니다. 환대를 베푸는 사람과 환대를 받는 사람 사이의 신의를 깨는 행동을 어느 한쪽이라도 저지르는 것은 신의 분노까지 불러일으킬 악행이요, 국가의 운명에 영향을 끼칠 정도의 심각한 사건입니다.[21] 예를 들면, 호메로스의 『일리아스』(Ilias)를 보면 그리스와 트로이의 전사들만이 아니라 신들까지 편을 갈라 트로이 전쟁에 참여합니다. 인간 사이의 전쟁이 거대한 우주적 전쟁으로 규모로 확장된 원인은 단순합니다. 트로이 왕자 파리스가 스파르타 왕이 환대를 베풀었음에도 스파르타 왕비 헬레네를 트로이로 데려갔고, 이로써 손님과 주인 사이에 지켜야 할 환대의 문법이 깨졌다는 것입니다.[22]

기원 전후로 활동했던 로마 시인 오비디우스의 『변신 이야기』(Metamorphōsēs)에는 나그네의 수호신 제우스가 직접 손님이 되어 인간을 찾아가는 여행 이야기가 나옵니다.[23] 올림포스의 신 제우스와 헤르메스는 가난한 나그네 모습으로 한 마을을 방문합니다. 여러 집에서 박대받던 두 신은 결국 누추한 집의 문을 두드립니다. 필레몬과 바우키스라는 노부부가 그들을 환영하고, 소박하나마 극진히 음식을 대접합니다. 식사 중 바우키스는 포도주를 따라도 그 양이 줄지 않음을 발견하고는, 자신들 앞의 손님들이 신적 존재임을 알아차립니다. 놀라고 두려움에 휩싸인 노부부는 미천한 환대를 베풀었음에 용서를 구합니다. 하지만 제우스는 노부부만이 다른 사람과 달리 자신들을 진정으로 대접했다며 그들에게 높은 곳으로 올라가라고 말합니다. 집을 나와 언덕에 다다른 부부는 그새 마을이 신의 심판을 받아 물에 잠긴 것을 발견합니다. 그들의 작은 집만이 물에 잠기지 않았고 오히려 영광스러운 신전으로 변해 있었습니다. 환대에 대한 보답으로 제우스가 초라한 집을 성소로 바꿔 준 것입니다. 제우스는 노부부에게 원하는 바를 하나 더 말하라고 합니다. 그러자 그들은 다음과 같이 소원을 빕니다.

> 청컨대 우리는 그대들의 사제가 되어 그대들의 신전을 지키게 해 주소서. 그리고 두 사람의 인생을 화목하게 살아온 만큼 한날한시에 죽어 내가 아내의 무덤을 보지 않게 해 주시고, 또 아내의 손에 내가 묻히는 일이 없게 해 주소서![24]

이에 제우스는 둘이 죽지 않고 평생 함께 신전을 지키는 영광과 행복을 누리도록 두 그루의 나무가 되게 합니다.

고대 헬레니즘 사회에서 환대에 신적 후광이 강하게 드리워졌음은 그리스어로 기록된 구약성경에서도 확인할 수 있습니다. 개신교 정경 목록에는 들어 있지 않지만 가톨릭과 정교회에서는 제2경전으로 인정받는 마카베오서에서는, 기원전 2세기에 일어났던

셀레우코스 제국에 대한 유대인들의 독립 투쟁 역사를 기록하고 있습니다. 여기서 침략자들의 신인 제우스는 '나그네의 수호신'으로 소개되어 있습니다.[25] 이처럼 고대 그리스-로마 문명에서는 최고신을 환대의 신으로 볼 만큼, 환대를 단지 약자를 돕는 선행 정도로 보지 않았습니다. 환대는 사회에서 높은 가치를 부여받은 덕목이자 종교적 경건, 신성한 의무, 문화적 규칙이었습니다. 모든 사람이 무턱대고 찾아온 눈앞의 나그네를 신으로 볼 정도로 신심이 깊지는 않았지만, 신에 대한 경외감은 낯선 이를 향한 호의와 관대함의 근거가 되었습니다.[26]

   헬레니즘 문화권 가운데 살면서 그리스어를 사용했던 신약성경의 저자와 독자에게도 환대 개념은 중요했습니다. 초기 기독교 공동체가 지중해 지역의 대도시 중심으로 세워지고 성장했던 만큼 신자들은 그들이 속했던 그리스-로마 문명의 문화적 문법에 영향을 받지 않을 수 없었습니다. 하지만 고대교회에서 보여 줬던 환대의 모습이 단지 헬레니즘 문화에서 유래했다고 말하기는 무리가 있습니다. 신약성경의 여러 저자는 그리스의 환대 풍습과는 다른 의미와 강조점에서 환대를 베풀기를 강조합니다. 대표적으로 다음 두 구절을 보면 환대는 성령 안에서 살아가는 그리스도인의 삶의 모습으로 제시됩니다.

> 소망 중에 즐거워하며 환난 중에 참으며 기도에 항상 힘쓰며 성도들의 쓸 것을 공급하며 손 대접하기를 힘쓰라. (롬 12:12-13)

형제 사랑하기를 계속하고 손님 대접하기를 잊지 말라. 이로써 부
지중에 천사들을 대접한 이들이 있었느니라. (히 13:1-2)

두 본문에서 '손 대접', '손님 대접'이라고 번역한 단어가 앞서 살펴
본 *philoxenia*, 즉 환대입니다. 심지어 히브리서에서는 그리스도인
이 환대를 실천해야 할 이유를 설명하며 나그네로 변장한 천사들
을 환대한 구약성경의 인물들을 언급합니다. 이는 고대 그리스 신
화에 나왔던 신에 대한 환대(*theoxenia*)와 얼핏 비슷해 보입니다. 하
지만 구약성경에서는 환대 개념을 전혀 다른 '신학적' 맥락 속에
위치시킵니다. 그 차이를 알기 위해 믿음의 조상이라 불리는 아브
라함을 볼 필요가 있습니다.

아브라함, 환대의 조상

사도 바울이 갈라디아 교회에 보내는 편지는 현존하는 초기 교
회 문서 중 가장 이른 시기에 기록된 것으로 추정됩니다. 거기서
바울은 아브라함을 유대인만이 아니라 하나님을 믿는 '모든 사람
의 조상'이라고 부릅니다(갈 3:6-7). 그런 만큼 그리스도인들은 아브
라함의 믿음이 두드러진 이야기, 특히 창세기 15장(아브람)과 21장
에 각각 나오는 아브라함이 하나님과 언약을 맺고 아들인 이삭을
제물로 바치는 바치려던 장면을 선호합니다. 그 대신 두 본문 사이
의 창세기 18장에 나오는, 아브라함이 세 손님을 접대하는 장면은
덜 중요하게 여기곤 합니다. 하지만 아브라함의 환대는 이후 구약

성경과 신약성경을 관통하는 놀랍고 중요한 주제를 품고 있습니다.

몹시 더운 날 상수리나무 근처 장막 문에 앉아 있던 아브라함은 지나가는 세 나그네를 보고는 달려 나가 그들을 영접합니다. 그는 손님들이 발을 씻고 편히 쉬게 하고, 온 식솔이 먹을 정도로 음식을 풍족히 준비하면서까지 그들을 극진히 대접합니다. 이는 고대 문명, 특히 유목민 사회에서 보여 줄 수 있는 아주 높은 수준의 접대입니다.[27] 그런데 이야기의 흐름이 10-14절에서 이상하게 전개됩니다. 9절까지는 아브라함이 맞이한 손님 수가 셋으로 나왔지만, 갑자기 손님을 가리키는 주어가 단수로 바뀝니다. 심지어 신비로운 손님의 정체가 하나님임이 드러납니다. (앞서 본 환대의 신 제우스와 달리) 손님이신 하나님은 환대에 대한 보답으로 물리적 선물을 주시지 않습니다. 대신 백 세를 향해 가던 사라가 아들을 낳으리라고 말씀하십니다.[28] 아브라함의 만찬에 손님으로 오셨던 하나님은 아브라함을 통해 큰 민족이 이뤄지고 모든 족속이 복을 받게 하려는 오랜 뜻을 현실화하십니다.

여기서 주목할 점이 있습니다. 하나님은 은혜를 베푸시는 분입니다. 하지만 아브라함이 환대를 제공했기에 하나님이 아브라함에게 보상할 의무가 생긴 것은 아닙니다. 오히려 이 장면은 근본적으로 환대의 손님과 주인, 심지어 하나님과 인간의 관계가 일방적이 아닌 '상호적' 교제로 해석되어야 함을 보여 줍니다. 환대의 자리에서는 대접받는 이와 베푸는 이 모두가 가시적·비가시적 선물을 주고받는 신비로운 경험을 합니다. 이러한 자발적이고 관대한 교환을 통해 새롭고 엄청난 일이 삶 가운데 일어날 수 있습니다. 환대의 식탁에서 누가 먼저 혹은 누가 더 베풀었는지 따질 수는 있습니다. 하지만 그러한 선후 관계나 관대한 정도를 헤아린다고 환대가 품은 상호성의 신비와 풍요로움이 다 설명되지는 않습니다. 이를 신학자 크리스틴 폴은 다음과 같이 설명합니다.

> 환대하는 사람들 대부분은 환대가 상당히 큰 노력을 요하지만, 또한 자신을 매우 풍성하게 해 준다는 사실을 안다. 나그네의 필요를 일방적으로 채워 주기만 하는 경우는 드물다. 환대 관계에서 주인은 종종 깊은 축복을 경험한다. 환대는 하나님의 더 큰 환대에 참여하며 그것을 반영하는 것이다. 따라서 환대는 신적인 것, 거룩한 땅과 연관을 맺고 있다.[29]

믿음의 조상 아브라함이 하나님께 베푼 만찬 덕분에 환대는 고대의 문화적·윤리적 풍습을 넘어 영속적 중요성을 얻게 되었습니다. 환대는 단지 척박한 환경에서 생존을 위해 개발한 상부상조의 풍습을 넘어선 중요한 가치를 품고 있음이 알려졌습니다. 하나님이 인간의 환대를 받으시는 분이라는 것 자체가 하나님에 대한 이해마저 새롭게 형성하였습니다. 환대함과 환대받음은 하나님의 약속과 신실하심을 삶 가운데서 경험하고 상기하고 가리키는 매개가 되었습니다. 이후 아브라함의 환대는 고대 유대교와 기독교 문헌에서 반복해서 다뤄지면서, 신앙인들이 환대를 이해하고 실천하는 데 결정적인 패러다임이 됩니다.[30]

이스라엘, 환대하는 백성

구약성경은 환대를 베푼 여러 믿음의 사람 이야기로 채워져 있습니다. 천사들을 영접하고 보호한 소돔의 롯(창 19:1-11), 적에게까지 문을 열어 준 여리고의 라합(수 2:1-24), 모압 여인 룻을 보살펴 준 베들레헴의 보아스(룻 2:1-23), 엘리야에게 먹을거리를 준 사르밧 여인(왕상 17:8-24), 엘리사에게 머물 공간을 제공한 수넴 여인(왕하 4:8-37) 등은 잘 알려진 환대의 인물입니다. 이들은 자기 처지가 부유하든 가난하든 상관없이 다른 문화와 지역에서 온 이방인을 관대하게 맞아들였습니다.

하나님은 "고아와 과부를 위하여 정의를 행하시며 나그네를 사랑하여 그에게 떡과 옷을 주시"기 원하시는 분입니다(신 10:18). 그분의 뜻은 이스라엘의 환대를 통해 역사 한가운데서 실현되었습니다. 하나님은 낯선 이를 환영하는 이스라엘의 열린 마음과 관대한 베풂을 통해 개인의 삶, 공동체의 운명, 인류 역사를 예기치 못한 방향으로 이끄셨습니다. 심지어 가부장적 사회에서 이름도 안 알려진 여인들의 환대로 이스라엘의 정체성을 환기하고 구원을 일으키셨습니다. 성경에 등장하는 환대의 인물 하나하나를 자세히 소개하면 좋겠지만, 지면 한계상 여기서는 구약성경에 나온 환대의 특징 몇 가지에 주목하고자 합니다.

첫째, 아브라함과 롯의 환대 이야기 이후 하나님이 나그네로 변장하여 환대받는 사례가 급격히 줄어듭니다(창 18-19장). 그 대신, 폭력적이고 척박한 역사의 무대에 환대의 공동체로서 이스라엘이 중요 '등장인물'처럼 활동합니다. 하나님은 아브라함과 맺은 언약을 기억하시고는 이집트에서 노예 생활하던 이들을 부르십니다. 그리고 모세를 통해 하나님의 백성으로 살아가기 위해 예배와 삶에서 지켜야 할 계명들을 알려 주십니다. 이는 과부와 고아와 나그네에게 관대하고 그들을 존중하기를 강조하는 환대의 정신이 깊게 배어 있는 계약 법전(출 20-23장), 성결 법전(레 17-26장), 신명기 법전(신 12-26장)에 집약되어 있습니다. 이방인 보호, 약자들에게 먹을거리 제공, 외지인 차별 금지 등에 관한 안식일 계명, 추수 규정, 약자 보호법 등은 인간의 보편적 권리에 익숙한 현대인이 보기에도 놀랍습니다(신 5:14-15; 24:14-22 등).

둘째, 이스라엘이 타자를 환대해야 할 이유는 특정 역사적 사건과 결부됩니다. 바로 이집트에서의 해방입니다. 이스라엘의 환대는 나그네에 불과한 자신들을 나그네를 환영하는 이로 변화시키신 분이 하나님이라는 역사적 체험과 기억에서 나왔습니다(출 22:21; 신 10:19; 레 19:34 등). 그런 관점에서 보자면, 애초에 환대를 베푸는 이와 받는 이의 위치와 역할은 고정되어 있지 않습니다. 환대의 밑바닥에는 나도 누군가에게 나그네였고 환대가 없었다면 존재도 생존도 불가능했다는 인식이 있습니다. 이는 환대를 베풀면 손님이나 신이 보상해 주리라는 순진한 기대를 넘어, 하나님이 먼저 베푸신 은혜에 대한 반응으로서 우리는 타인을 환영한다는 상상력 전환을 일으켰습니다.

셋째, 이스라엘의 환대 이면에는 하나님과 아브라함이 맺은 언약이 있었습니다. 구약성경은 하나님의 언약이 성취될 미래를 성

대한 '환대의 잔치'로 묘사합니다. 이사야 24:21-26:6에는 하나님이 왕이 되실 새로운 세상의 모습이 나옵니다. 하지만 바로 그 앞에서는 하나님께 등 돌리고 살다 피폐해져 버린 백성들의 삶을, 잔치의 기쁨을 나눌 포도주가 사라진 팍팍한 땅에 비유합니다(사 24:7-11). 비록 지금의 삶은 이토록 궁핍하고 비참해도, 하나님은 오랜 계획에 따라 대적자들을 심판하고 주님을 의지하는 이들을 구원하실 것입니다. 주님의 날에 찾아올 해방과 구속은 고갈된 포도주와 삭막한 연회의 상징을 놀라운 방식으로 전복합니다.[31]

> 만군의 여호와께서 이 산에서 만민을 위하여 기름진 것과 오래 저장하였던 포도주로 연회를 베푸시리니 곧 골수가 가득한 기름진 것과 오래 저장하였던 맑은 포도주로 하실 것이며 또 이 산에서 모든 민족의 얼굴을 가린 가리개와 열방 위에 덮인 덮개를 제하시며 사망을 영원히 멸하실 것이라. 주 여호와께서 모든 얼굴에서 눈물을 씻기시며 자기 백성의 수치를 온 천하에서 제하시리라. 여호와께서 이같이 말씀하셨느니라. (사 25:6-8)

여기서 하나님의 모습은 신하들에게 대접받는 권위 있는 군주, 인간이 자신에게 빚진 것을 엄격하게 따지는 채권자, 인간이 율법을 잘 따르는지 감독하고 심판하는 법 집행자가 아닙니다.[32] 하나님은 연회를 준비하고 손님을 맞이하는 관대한 주인으로, 그분께서 준비하시는 회복은 백성을 향한 주님의 최상급 환대로 그려집니다. 물론 구약성경에서 약속의 성취 혹은 주님의 날이 묘사되는 방식은 여러 가지입니다. 하지만 하나님이 주인 되신 잔치로 우리가 초청되고 대접받는다는 주제가 신약성경까지 계속 이어지는 것만 보더라도, 이는 다른 구원론적 이미지와 비교해 중요한 위치를 점한다고 말할 수 있습니다.[33]

이스라엘은 하나님을 환대하시는 주님으로 믿고, 하나님을 환대한 아브라함을 믿음의 조상으로 삼았습니다. 아브라함은 지나가는 여행자를 넉넉히 대접할 여유가 있던 부유한 유목민이었습니다. 반면 이스라엘은 자기 땅도 없고 모든 것이 불확실한 상태에서 하나님의 부름을 받고 환대의 백성으로 규정되었습니다. 이스라엘은 곤경과 궁핍 가운데서도 나그네로서 집단 기억을 지켰고 하나님의 환대를 강조하며 가난하고 소외된 이들에 대한 자신들의 태도를 결정하였습니다. 환대의 의무를 저버리고 나그네와 사회적 약자를 야박하게 대한다면, 그것은 공동체 전체가 타락했거나 하나님에게서 멀리 떨어졌음을 판별하는 기준으로 여겼습니다 (창 19:13; 삿 20:1-16; 삼상 25:2-42 등). 이처럼 환대를 실천하는 삶은 곧 하나님과 맺은 언약을 다지는 하나님 백성의 방식이었습니다.

예수 그리스도, 환대하는 하나님

구약성경을 토양 삼아 자라고 영근 환대의 다양한 주제는 기독교 신앙으로 이어집니다. 신약성경에 여러 책이 있는 만큼 각 저자가 강조하는 환대의 이유와 모습에는 조금씩 차이가 있습니다. 하지만 무엇보다 중요한 것은 백성을 환대하고자 하는 하나님, 더 나아가 사랑 그 자체이신 하나님이 1세기 팔레스타인 한가운데서 인간이 되셨다는 사실입니다(요 1:1, 14; 요일 4:15-16). 예수께서는 인간이 되신 자비의 하나님이자, 인류를 환영하는 하나님의 계시입니다. 그분의 가르침과 활동의 핵심에도 환대가 놓여 있었습니다. 그분의 환대 사역은 공생애를 시작하실 때 회당에서 읽으신 이사야서 말씀에 압축되어 있습니다.[34]

> 주의 성령이 내게 임하셨으니 이는 가난한 자에게 복음을 전하게 하시려고 내게 기름을 부으시고 나를 보내사 포로 된 자에게 자유를, 눈먼 자에게 다시 보게 함을 전파하며 눌린 자를 자유롭게 하고 주의 은혜의 해를 전파하게 하려 하심이라 하였더라. (눅 4:18-19)

기독교 신앙에서 환대는 선량한 행위 혹은 도덕적 의무 이상의 신학적 중요성을 지닙니다. 하지만 예나 지금이나 일상은 배려와 포용보다는 갈등과 경쟁으로 지탱되는 것처럼 느껴집니다. 오늘은 어제와 별반 다르지 않은 무의미한 만남으로 채워집니다. 잔뜩 긴장하지 않고는 살아남기 힘들고, 인간관계가 꽤 권태롭다는 사실에 익숙해져 있습니다. 이런 상태에서 환대를 하나님과 인간과 세계를 이해하는 핵심어로 삼으려면, 관대한 마음만이 아니라 타인과 만날 때 예기치 못하게 일어날 일에 대한 경이와 기대감이 있어야 합니다. 그래서인지 복음서에서는 예수께서 사람들을 환영하시면서 여러 기적으로 놀라움까지 선사하셨음을 종종 보여 줍니다.

예수께서 사람들 앞에서 보여 주신 첫 기적은 갈릴리의 가나에서 열린 결혼 잔치에서 물을 포도주로 변화시키신 일이었습니다. 잔칫상에 포도주가 다 떨어지자 예수께서는 물을 포도주로 바꾸심으로써 연회의 풍요로움과 기쁨이 마르지 않게 하셨습니다.[35] 자연법칙을 거스르는 이 엄청난 기적은 그분의 신적 영광에 대한 증거로 인용되곤 하지만(요 2:11), 그 깊은 의미는 구약성경에 나왔던, 하나님이 베푸실 종말론적 환대를 배경 삼아 봐야 드러날 수 있습니다.

앞서 살펴보았듯, 이사야 24장에서는 하나님에게서 멀어진 백성들의 비극적 상태를 포도주와 잔치의 기쁨이 사라진 황량한 상태로 묘사합니다. 뒤따라 이사야 25장에서는 주님의 날을 하나님이 백성에게 직접 포도주를 따르고 기름진 고기를 구워 주시는 연회로 그려 냅니다. 풍요로운 식사 뒤로 하나님이 사망을 영원히 멸하시리라는 약속이 따릅니다. 여기서 '깨어진 삶으로부터 회복'과 '죽음으로부터 건져짐'이라는 두 구원론적 주제가 하나님이 백성을 환대의 식탁으로 초청하고 위로하시는 장면에서 결합합니다(사 25:6-7).

가나에서 일어난 기적 이야기는 이사야 24-25장에 담긴 여러 주제를 흥미로운 방식으로 엮어서 보여 줍니다.[36] 포도주가 없어 축제의 기쁨이 고갈된 이사야 24장 상황을 연상시키듯 마리아는 예수께 "저들에게 포도주가 없다"라고 말합니다(요 2:3b). 예수께서는 '이 일이 자기와 무관'하며 '자신의 때는 아직 오지 않았다'고 답하십니다. 하지만 곧 돌 항아리의 물을 포도주로 바꿔서 손님들에게 대접하십니다. 당시 유대 사회에서는 결혼 잔치의 주인인 신랑이 손님들에게 포도주를 제공하는 것이 관례였습니다. 손님에 불과한 예수께서 값진 포도주를 주셨다는 것은 그분이 실제로는 환대를 베푸는 주님임을 상징적으로 보여 줍니다. 이로써 이사야가 꿈꿨던, 하나님이 백성에게 직접 포도주를 따라 주실 주님의 날이 1세기 어느 날 가나에서 열렸던 결혼 잔치에서 가시화하였습니다(사 25:6).[37]

가나의 혼인 잔치 이후 짧았던 예수 그리스도의 공생애 기간은 하나님의 환대를 사람들이 오감으로 직접 경험했던 특별한 역사였습니다.[38] 결국 그분은 십자가와 부활을 통해 인류를 죽음으로부터 구원하셨고, 이로써 이사야가 예언했던 사망을 영원히 멸망시키심으로써 백성을 회복하려는 하나님의 뜻을 성취하셨습니다(사 25:7-8).[39] 달리 말하면, '오래 저장되었던 포도주로 연회를 베푸는' 주님과 '사망을 영원히 멸하실' 주님의 모습이 1세기 팔레스타인에서 참 하나님이자 참 인간(vere Deus vere homo)이 되신 분 안에서 현실화하였습니다.

제자 공동체, 환대하는 스승을 따르는 무리

공생애 초기 예수께서는 열두 제자들을 부르셨고 그들과 함께 팔레스타인 땅 이곳저곳을 다니시며 하나님 나라를 선포하셨습니다. 그분은 가난하거나 배척당하는 이들에게 특별한 관심을 보이셨고, 약하고 병들어 사회에서 소외된 이들을 치유하셨습니다. 하나님 나라를 가르치실 때도 결혼식, 잔치, 포도주, 빵 등 환대와 관련한 소재를 자주 사용하셨습니다. 갈등과 분열로 갈라지고 대립하는 사람들에게 폭력을 폭력으로 갚지 말고 서로 용서하는 것이 제자로 사는 길임을 보여 주셨습니다.

예수께서는 제자들과 길을 걷다 타지에 도달하면 기꺼이 그곳 집주인의 초청에 응하셨습니다. 식탁에서는 자신이 마치 주인인 양 사회적 배경이나 성별을 가리지 않고 다양한 이들을 초청하고, 그들과 거리낌 없이 음식을 나누심으로써 사람들을 놀라게 하셨습니다(마 11:19; 눅 7:33-35 등). 평등을 중요시하는 현대인도 어느 정도 경제력, 사회적 지위, 교육 수준, 관심사 등이 비슷한 이들과 주로 식사합니다. 하지만 과거에는 누구와 함께 식사하느냐를 나누는 경계가 훨씬 엄격했습니다. 타고난 신분이나 사회경제적 위상이 크게 차이 나는 사람과 식탁에 함께 앉는 것은 터부시되었습니다. 아브라함을 조상으로 삼던 고대 유대인들마저 환대의 대상을 잘 고르는 것을 지혜로 여겼습니다. 신구약 역사 중간기에 쓰였고 지금도 가톨릭과 정교회 성경에 들어 있는 집회서에는 이런 구절이 있습니다. "아무나 네 집에 불러들이지 말아라. 악인들의 사기와 술수는 헤아릴 수 없다"(집회 11:29, 공동번역).

사람들이 실천하는 환대에 모두 한계가 있게 마련이지만 1세기 유대 사회에는 환대에 제약을 가하던 특이한 종교적 기제도 있었습니다. 당시 로마 식민지였던 팔레스타인으로 그리스-로마 문화와 이주민이 상당히 유입되었습니다. 일반적인 유대인들은 먹고 살려면 어쩔 수 없이 이방인들과 접촉하고, 그들을 위해 일하다 율법을 어겨야 하는 상황이 종종 벌어졌습니다. 그 결과 이들은

'율법에 따라' 부정한 자로 규정되었고, 율법을 잘 지키던 정결한 유대인과 식사 자리를 함께하기가 힘들었습니다. 약자를 향한 관심이 지대한 하나님이 정하신 율법이 예수께서 활동하던 당시에는 역설적으로 약자들을 배제하고 있었던 셈입니다.[40]

이 같은 문화적·종교적 배경 가운데 예수께서 식탁을 급진적으로 개방하신 것은 특별한 일이었습니다. 제자들은 그 자리에 환대의 하나님이 현존하시며 비루함에 빠졌던 사람들의 존엄과 가치가 회복되는 것을 목격했습니다. 하나님은 거룩하게 구별된 예루살렘 성전이 아니라 환대가 일어나는 삶의 현장에 계셨습니다. 특별한 조건을 충족하거나 제물을 바쳐야 하나님께 용납되는 것이 아니었습니다. 하나님 아들의 초청에 감사와 기쁨으로 응하는 것으로 충분했습니다. 신약학자 김호경은 그 의미를 다음과 같이 설명합니다.

> 예수가 있는 곳에는 예수의 식탁도 있다.…어디서나 누구와도 먹을 수 있는 식탁, 그것은 성전의 고정성을 벗어난 놀라운 예수의 구원이다.…예수의 식탁에서 그들은 어떤 말이나 제의 없이, 하나님의 사랑스러운 피조물이 된다. 사람들이 그들에게 붙여 준 죄인이라는 이름이 무색해지는 순간, 그들이 자신들의 원래적 모습을 발견하는 순간, 그들은 하나님 앞에 선 자신들의 모습을 발견할 것이고, 하나님 앞에 서 있다는 것 자체로 자신들의 구원을 의심하지 않을 것이다.[41]

예수께서 제자들, 지역 주민들과 함께 어울려 음식을 나누신 식탁에 오순절 성령께서 오시며 탄생할 교회의 모습이 시간을 앞질러 어른거리는 것 같습니다. 당시 제자들은 예수께서 보이신 급진적 환대의 의미를 온전히 이해하지 못했습니다. 하지만 그 자리에서 그들은 환대의 공동체를 탄생시키고자 그들을 먼저 환대하신 하나님의 자비에 흠뻑 노출되었습니다.

복음서에 나오는 열두 제자를 생각할 때 잊지 말아야 할 점이 있습니다. 예수께서는 1세기 유대 사회의 상식적 기준에서 볼 때 이질적인 사람들로 제자 공동체를 구성하셨다는 사실입니다.[42] 당시 세리와 어부와 혁명당은 쉽게 어울릴 수 없던 부류였지만, 예수 그리스도를 따르는 것을 공통의 목표로 삼아야 했습니다. 제자들은 낯선 이들에게 기꺼이 환대를 받고 타인에게 관대하게 베푸는 스승과 함께 다니며 환대의 의미와 실천 방식을 익혀 나갔습니다. 동시에 이들은 서로의 낯섦과 다양성 때문에 내부에서 계속 환대하고자 노력을 기울여야 했습니다. 복음서에서는 제자들 사이에서 종종 갈등이 발생했다고 보고하는데(막 9:33-37; 10:35-45 등), 이 역시 공동체 외부의 낯선 이들을 환영하고 포용할 수 있는 존재로 성숙하기 위해 꼭 필요한 과정이었습니다.

예수께서 부활하고 승천하신 후에도 제자들은 공동체를 이루어 기도하고 선포하며 예배하는 가운데 스승에 대한 기억을 보존하면서 그분의 환대하는 삶을 이어 갔습니다.[43] 구약성경에서 '이스라엘'이 나그네를 영접하는 공동체라면, 이제 제자들의 공동체로서 '교회'가 낯선 이를 환대하는 하나님의 새로운 백성이 되었습니다. 그런데 궁금증이 하나 남습니다. 이스라엘도 교회도 모두 환대의 공동체가 되도록 부름을 받았다면, 환대라는 관점에서 교회는 이스라엘과 어떤 차이가 있을까요?

교회, 성령과 함께하는 환대

부활하신 예수께서 승천하시고 난 후 이 땅에 남은 제자들은 하나님 나라의 복음을 그들의 말과 행동으로 선포해야 했습니다. 하지만 제자들은 예수 그리스도가 아니었습니다. 이들은 주위 압박에 굴하지 않으며 복음을 전하거나 아무 선입견이나 조건 없이 낯선 이들과 약한 이들을 환영할 정도로 자유롭지도 못했고 용기가 있지도 않았습니다. 하지만 승천하시기 전 예수께서는 연약한 제자들을 위해 성령을 보내 주시겠다고 말씀하셨습니다(눅 24:49; 요 16:7). 그리고 제자들은 성령의 능력 안에서 서로를 용납하고 진심으로 돌보는 환대의 존재로 빚어졌습니다.

오순절에 약속대로 성령께서 오시자 모여 있던 제자들은 각기 다른 말로 이야기하기 시작했고, 이 놀라운 현상에 사람들은 혼란스러워했습니다. 베드로는 이 사건이 '자녀와 부모, 젊은이와 늙은이, 자유인과 노예, 남자와 여자'의 경계를 뛰어넘어 모두가 성령을 받으리라는 옛 예언의 성취라고 설교했습니다(행 2:17-18; 욜 2:28-29). 성령께서 오순절에 일으키신 기적은 단지 언어의 차이를 초월한 방언 사건에 한정되지 않았습니다. 그날 거기서 사람들이 목격한 것은 인간 사이를 수천 년간 가로막던 사회적 규정, 문화적 편견, 타자에 대한 낙인을 넘어선 성령의 자유로운 활동이었습니다.

성령의 능력 안에서 제자들은 복음을 받아들이기 원하는 수많은 사람을 자신들의 공동체로 환영했습니다. 그날 일어났던 일은 한 문장으로 요약될 수 있습니다. "그들이 사도의 가르침을 받아 서로 교제하고 떡을 떼며 오로지 기도하기를 힘쓰니라"(행 2:42). 이 구절에 따르면 교회는 '말씀'과 '기도'만이 아니라, '교제'와 '음식' 나누기로 대표되는 환대의 실천과 함께 탄생하였습니다. 교제와 식사는 일상에서도 늘 일어나는 활동이지만, 오순절에 성령께서 오시며 이러한 평범한 활동에 새로운 의미와 중요성이 더해졌습니다.

'교제'로 번역된 *koinonia*(코이노니아)는 신약성경에서 특별한 의미를 지닙니다. 이 단어는 단지 인간관계를 윤활하게 해 주는 사교 활동을 가리키는 것이 아니라, 서로 관대하게 나누고 우호적으로 교류하는 가운데 하나님의 거룩한 사역에 참여한다는 뜻입니다.[44] 실제로 그날 성령을 받은 제자들은 서로를 영접하고 타인을 초청함으로써 인류를 향한 하나님의 환대에 참여하였습니다. 또한 '음식'을 놓고 각계각층의 사람들이 둘러앉았던 예수 그리스도의 식탁처럼, 로마 제국 여러 지역에서 모인 유대인과 비유대인이 한 자리에서 함께 식사했습니다. 놀랍게도 제자들은 포도주와 빵을 나눌 때 자신들만이 아니라 성령을 통해 그리스도께서 식탁에 현존하심을 믿었습니다(마 26:26; 고전 10:16; 11:23-25). 이후에도 성찬을 나눌 수만 있다면 그곳이 어디든 예수 그리스도가 만찬의 주인이 되시는 환대의 식탁을 경험하였습니다.

예수께서 조건 없이 각계각층의 사람들을 환대하셨듯, 제자들은 성령의 인도 아래서 유대인들이 소중히 하던 경계를 넘어서며 교제의 폭을 급진적으로 확장했습니다. 광야로 가라는 하나님의 말씀을 듣고 길을 나선 빌립이 만난 사람은 놀랍게도 에티오피아 내시, 즉 구약성경에 따르면 하나님의 총회에 들어오지 못하는 거세된 자였습니다(행 8:26-40; 신 23:1). 베드로는 기도 중에 '부정한 음식을 먹으라'는 음성을 듣고는, 유대인은 이방인과 어울리지 않는다는 금기를 깨고 로마 군인 고넬료의 집에 들어가 여러 이방인을 만났습니다(행 10:9-48). 두 이야기 모두 제자들이 당시 관습과 율법 해석을 넘어 비유대인과 교제하고 그들에게 세례를 주며 끝맺습니다. 신약학자 조슈아 지프는 제자들, 특히 원시 기독교 공동체에서 수장이었던 베드로가 이방인을 만난 것이 "경계를 허물고, 낙인과 고정 관념을 전복하며, '타자들'로 인해 오염되거나 전염된다는 신념을 무시하는 것이 교회의 정체성의 일부로 제도화된" 사건이라고 높이 평가합니다.[45]

예루살렘에서 교회가 탄생한 이후 그리스도인들은 로마 제국 곳곳으로 뻗쳐 나갔습니다. 이들이 환대를 통해 공동체 정체성을 다지고, 낯선 이들을 환영하며, 음식을 나누고, 약한 자들을 돕는 가운데 교회가 함께 자랐습니다.[46] 하지만 안타깝게도 이 같은 환대 활동은 공동체 내부에서 쉽게 조화되기 어려웠습니다. 교제와 식사를 어떻게 할지를 놓고 갈등이 일어났습니다. 공동체의 정체성을 유지하는 일과 외부인을 환대하는 일 사이에서 긴장이 발생했습니다. 한정된 자원으로 구제에 힘써야 한다는 어려움도 있었습니다. 하지만 현실적 문제가 여럿 있었음에도 그들은 환대하는 삶을 포기할 수 없었습니다. "빵을 떼는 곳에, 그리고 절망한 사람들 가운데에…그리스도가 거기에 계신다는 약속"이 성령을 통해 이미 성취되었고, 지금 성취되고 있으며, 장차 성취되리라 믿는 사람이 모여 교회가 되었기 때문입니다.[47]

∧∧∧

환대는 복음의 정신을 잘 보여 주는 핵심어이자, 교회가 지중해 전역으로 퍼져 나갈 수 있는 동력이었습니다. 물론 낯선 이에 대한 환대를 신적 명령으로 받아들였던 고대 문화 가운데서 기독교가 발생했기에 기독교에서 환대를 그토록 강조한다고 말할 수도 있습니다. 하지만 성경에 나오는 인물들은 하나님의 구원 역사 속에서 그들만의 특별한 이유와 방식으로 환대하는 삶의 모범을 보여 줬습니다. 길 가는 이로 위장한 하나님을 그냥 보내지 못했고(아브라함의 환대), 나그네였던 때를 기억하며 나그네를 환대했으며(이스라엘의 환대), 인류를 회복하기 원하시는 하나님의 급진적 사랑을 환대로 계시하셨고(예수 그리스도의 환대), 그리스도를 뒤따르며 환대하는 존재로 거듭났으며(제자 공동체의 환대), 성령의 인도 아래 유대인과 이방인이 교제하고 음식을 나누었습니다(성령과 함께하는 환대). 환대의 공동체로서 교회를 탄생시킨 성령은 지금도 우리 가운데 활동하시며 우리를 환대하는 삶으로 이끄십니다.

이 모두가 고대부터 지금까지 그리스도인이 환대가 무엇인지를 이해하고 교회가 환대를 실천하는 데 필요한 자양분이 되었습니다. 그런데 여기서 근원적 질문을 던질 필요가 있습니다. 환대가 중요한 것은 알겠는데, 과연 이처럼 독자적으로 다뤄질 만한 신학적 무게감을 지닌 개념일까요? 환대에 너무 방점을 두다가는 믿음만이 아니라 행위도 그리스도인의 구원에 이바지한다는 왜곡된 신앙 형태를 만들어 내지 않을까요? 고대인의 생존에 중요했던 환대를 사회 복지와 서비스 산업이 발달한 현대 사회에서 교회가 담당해야 한다고 주장한다면 이는 시대착오이거나 신앙으로 포장한 아마추어리즘 아닐까요?

더 생각할 거리
환대에 대한 믿음과 희망

공동체나 국가를 멸망에 이르게 할 큰 위기는 어떤 것일까요. 외적의 침입, 경제적 불황, 자연재해 등을 꼽을 수가 있을 것 같습니다. 고대 지중해 세계의 중심으로 영원히 영광이 지속할 것 같던 로마도 410년 서고트족에 침략을 당했습니다. 예상치 못한 참사에 사람들은 충격에 빠졌습니다. 로마에서 멀리 떨어진 베들레헴에 거주하던 히에로니무스는 이렇게까지 말했습니다. "모든 세계를 비추던 밝은 빛이 꺼졌다.…한 도시 안에서 모든 세계가 멸망했다."[a] 이 전례 없는 사건을 해석할 이론이 없었기에 사람들은 그 이유를 놓고 갑론을박에 빠졌습니다.

당시 북아프리카 히포에 있던 아우구스티누스는 다른 사람이 상상치도 못한 답변을 내어놓았습니다. 그가 볼 때 도성이 멸망하는 것은 성벽이 아니라 내부의 '윤리적 방어벽'이 먼저 허물어졌고, 적군이 도성에 불을 놓아서가 아니라 구성원의 '왜곡된 욕망'이 불타올랐기 때문입니다.[b] 부가 넘쳐나고 군사력이 강하며 인재가 많다고 공동체나 사회가 풍요롭고 안정적인 것은 아닙니다. 사회에는 사람과 사람 사이를 단단히 이어 주고, 함께 사는 것의 가치와 의미를 발견하게 도와줄 윤리적 자원이 필요합니다. 법적·경제적·정치적 한계가 뚜렷이 있음에도 환대라는 오랜 이상과 관습에 사람들이 관심을 가지고 희망을 거는 이유도 여기에 있습니다.

연대 미상의 한 설교에서 아우구스티누스는 환대를 가능하게 하는 힘으로 타인의 어려움과 필요에 공감하는 '자비'를 거론하였습니다. 하나님과 이웃 사랑이라는 그리스도인의 사랑은 자비로운 마음을 형성하고, 이로부터 타인을 향한 관대한 행위가 나오기 때문입니다.

> 자비를 뜻하는 라틴어 *misericordia*는 '비참한 사람의 슬픔'에서 유래된 말입니다. 이는 '비참한'(*miser*)과 '마음'(*cor*), 두 라틴어 단어로 이루어져 있습니다.…다른 사람의 비참함이나 슬픔이 당신 마음을 미어지게 하고 아프게 할 때 그것을 자비(*misericordia*), 혹은 마음의 아픔이라고 부릅니다.…우리가 하나님과 이웃을 사랑한다면 [선행을] 마음의 고통 없이 할 수는 없습니다.ᶜ

자비는 고통받는 사람과 연대하고 그의 아픔에 공감하는 사랑입니다. 타인의 고통과 삶의 무게를 짊어지는 자비는 환대와 폭력이 뒤범벅된 세상에서 환대의 정신을 현실화하는 동력입니다. 자비는 이타성과 헌신과 자기희생으로 이루어지지만, 무엇보다도 타인의 처지와 자신을 '동일시'하는 감정적 유대를 만듭니다. 따라서 타인을 향한 환대와 자비가 동의어는 아니지만 둘은 떼어 놓기 힘든 "아주 가까운 친구"라 부를 법합니다.ᵈ

아우구스티누스는 이러한 자비의 길이 쉽지 않다고 경고합니다. 그런 의미에서 자비의 실천은 이중적으로 "눈물을 흘리며 씨를 뿌리는" 일이라 할 수 있습니다(시 126:5). 한편으로 타인의 고통을 내 것처럼 여기며 눈물이 흐르게 되지만, 다른 한편으로는 추운 겨울 날씨에 씨를 뿌리는 농부의 노동처럼 고단하고 힘들기에 눈물을 흘립니다. 하지만 이러한 눈물 속에서도 잉태되는 결실에 대한 믿음과 희망이 있기에 자비는 절대 무의미하지 않습니다.

그는 수확을 볼 수 있을까요? 아닙니다. 그저 그는 씨가 자라날 것이라 믿습니다. 이미 곡식을 거두고 있을까요? 아닙니다. 그는 수확할 것이라 희망합니다. 이 믿음과 희망으로, 그는 차가운 날씨라는 힘듦에도 불구하고 땅에 씨를 뿌리는 자신을 격려합니다. 그러면 하나님의 자비하신 도우심을 통해, 그의 수고에 걸맞은 풍성한 수확을 얻으리라는 확신을 가질 수 있기 때문입니다.[e]

a   『에스겔 주석』 서문 문장을 다음에서 재인용했다. "Christian Apologia for the Sack of Rome," https://penelope.uchicago.edu/~grout/encyclopaedia_romana/greece/paganism/apologia.html(2025. 4. 2. 최종 접속).
b   Augustinus, *De civitas Dei*, II.2.
c   Augustinus, *Sermo*, CCCLVIII/A1. 다음 영역본에서 중역하였다. Augustine, "SERMON 358A: Discourse of Saint Augustine on the Value of Being Merciful," in *Sermons III/10: Sermons 341-400*, ed. John E. Rotelle, O.S.A., trans. Edmund Hill, O.P. (Hyde Park, NY: New City Press, 1995). p. 196.
d   왕은철, 『환대예찬』, p. 133. 레비나스와 데리다 등 환대의 철학

자는 사랑이나 자비 같은 모호하고 종교적 함의가 있는 단어를 애용하지는 않는다. 하지만 이들 작품에서 환대와 사랑의 의미가 적잖게 중첩된다.

e Augustine, "SERMON 358A," p. 197.

2장

환대와 공간

태초에 하나님이 천지를 창조하시니라.

창세기 1:1

아주 참을성이 있어야 해.…처음에는 나한테서
조금 떨어져서 그렇게 풀밭에 앉아 있어.

여우[1]

『클레멘스 1서』(Κλήμεντος πρὸς Κορινθίους)라는, 초기 교회 때 작성된 편지가 있습니다. 언제 기록되었는지는 학자에 따라 70-100년 경까지 다른 의견을 내지만, 신약성경을 제외하곤 가장 이른 시기에 등장한 기독교 문서라는 데 대부분 동의합니다. 제4대 교황이기도 했던 저자 클레멘스를 초기 교부들은 '사도들의 계승자' 혹은 '베드로가 직접 안수한 제자' 등으로 소개합니다.[2] 이로 보아 『클레멘스 1서』는 신구약 정경에 들어가지 않았지만 원시 기독교의 모습을 이해하는 데 틀림없이 중요한 책입니다.

믿음의 사람 목록으로 유명한 히브리서 11장처럼 『클레멘스 1서』에서는 믿음의 선조를 여럿 소개하고 그 이유를 제시합니다. 저자는 흥미롭게도 아브라함, 롯, 라합 세 명을 특정하고는, 이들이 믿음만이 아니라 낯선 이에게 베푼 '환대'로 구원받았다고 말합니다.[3] '오직 믿음으로'를 강조하는 개신교 신앙에 익숙한 사람의 귀에는 거북하게 들릴지 모르겠습니다. 게다가 히브리서 목록에는 등장하지 않는 롯이 거론된 것도 기이합니다.

아브라함의 조카 롯에 대해 알려진 바가 그렇게 많지는 않습니다. 창세기에 따르면, 롯은 하나님 말씀에 순종하여 아브라함(아브람)과 함께 고향 땅을 떠났고 나그네가 되었습니다. 신약성경에서 그는 아브라함처럼 의인으로 소개됩니다(벧후 2:6-8). 유목민으로 남았던 아브라함과 달리, 롯은 타락했던 도성 소돔에 정착했습니다(창 12:4-5; 13:11-13). 생활 환경은 크게 달라졌음에도 그들이 공유한 바가 있습니다. 그것은 바로 낯선 이에 대한 환대입니다. 아브라함이 장막 문에 앉아 있다가 지나가는 세 사람을 보고서 장막으로 초청했듯, 롯도 성문에 앉아 있다가 나그네들을 발견하고는 강권하듯 집으로 모셨습니다(창 19:1-11).

하지만 롯에게는 아브라함이 경험하지 않은 끔찍한 도전이 기다리고 있었습니다. 어둠이 깔리면서 소돔의 폭력적인 주민들이 롯의 집으로 몰려가 손님들을 내놓으라며 소란을 일으켰습니다. 그러자 그는 손님들을 보호하고자 자기 딸을 대신 내어놓겠다고 협상을 시도했습니다. 극단적 상황에서 자기 살붙이까지 희생시키면서 환대의 의무를 다하려는 모습은 현대인의 관점에서 도무지 이해하기 힘듭니다. 그래서인지 환대의 철학을 전개하는 현대 사상가들은 아브라함 대신 롯의 사례로 환대의 가능성과 불가능성을 논하기도 합니다.[4]

롯의 환대는 확실히 대단하지만, 여기서 짚고 넘어가야 할 근원적 문제가 있습니다. 과연 환대가 구원의 토대가 될 수 있을까요? 믿음과 환대의 관계를 놓고 개신교와 초기 교회가 보이는 곤란한 견해차를 어떻게 이해해야 할까요? 클레멘스가 정통 교리 확립 전인 1세기에 활동했기에 모호한 태도를 보였을까요?[5] 베드로의 후계자로서 로마 교회의 제도화에 이바지했던 그가 믿음과 선행을 함께 강조하는 가톨릭적 구원론을 발아시킨 것은 아닐까요? 이런저런 추측은 가능하지만 1세기 문서를 읽을 때 현대인의 관점을 지나치게 투영하는 것은 조심해야 합니다. 오히려 '오직 믿음' 원리에 충실하다 성경으로부터 이어 오던 중요한 유산을 개신교회가 간과하지는 않는지 역으로 반성해 볼 필요도 있습니다.

성경을 선입견 없이 보면 환대는 단순히 믿음이란 필수 조건 뒤에 따라올 선택 사항이 아닙니다. 예수께서는 가난하고 도움이 필요한 이들을 대접하는 것이 곧 자신을 영접하는 것이라고 말씀하십니다(마 25:31-46). 여기서 환대는 심지어 하나님이 그분의 종말론적 심판 때 고려하시는 핵심 요소입니다. 야고보서는 '의로움'을 얻은 사람으로 이삭을 제물로 바치는 아브라함과 더불어 낯선 정탐꾼들을 영접한 라합을 언급합니다(약 2:21-26). 그런 만큼 믿음과 환대를 떼어 놓거나, 둘의 선후 관계를 자의적으로 설정하는 것은 조심해야 합니다.[6] 이 책이 구원론에 관한 전문 서적이 아니기에 여기서 믿음과 환대의 관계를 교리적으로 따지지는 않겠습니다. 그 대신 다음 질문과 함께 논의를 발전시키고자 합니다. 예수 그리스도와 제자들, 그리고 그들에게서 가르침과 안수를 받았던 교부들이 믿음과 환대를 거의 동등하게 다룬 것은 환대가 은혜의 문법을 온전히 반영하기 때문은 아닐까요? 환대가 하나님의 자비로우신 본성을 탁월하게 가리키는 개념이라면 믿음과 환대의 차이를 과하게 대조하는 것이 무익하지는 않을까요?

이러한 궁금증과 함께 이번 장에서는 환대의 심층 의미를 삼위일체 하나님의 본질과 사역이라는 맥락 가운데서 살펴보고자 합니다. 이로써 우리를 위한 하나님의 은혜가 어떻게 환대를 통해 드러나는지 보여 주면서도, 다른 한편 '믿음과 환대로 구원받는다'라던 초기 교회의 가르침이 '환대로도 구원받는다'라는 섣부른 주장으로 비약하는 것을 막고자 합니다. 하지만 이런 주제를 다루기 전에 선행할 작업이 있습니다. 바로 우리가 환대라고 할 때 머릿속에 무엇을 떠올리는지 따져 보는 일입니다.

타자를 위한 자리 만들기

환대는 개념화하기가 어려운 단어입니다. '반갑게 맞이하고 후하게 대접하기'라는 사전적 의미 안에도 여러 활동이 담길 수 있습니다. '손님 대접'이 기본 뜻이겠지만, 직접 요리하고 잠자리를 마련하는 '손대접'을 뜻할 수 있습니다. 유형무형의 '선물' 주고받기를 가리킬 수도, 타자를 존중하고 존엄하게 대하는 '태도'를 의미할 수도 있습니다. 성경적 언어를 사용하면 '이웃 사랑'이 되겠지만, 과부와 고아와 나그네 등에 대한 '구제'도 포함합니다. '친숙한 사람'과 우정을 돈독히 하는 것도, '외부인'을 환영하는 것도 모두 환대입니다. 공동체에서 '식사'와 '교제'를 나누는 활동도 되겠지만, 낯선 땅에 머무는 사람이 누릴 '권리'나 서로 다른 이들이 어울리는 '공존' 같은 보다 추상적인 개념으로 설명될 수도 있습니다.

환대라는 개념의 외연이 넓은 만큼 그 의미는 하나로 고정되지 않고 맥락에 따라 조금씩 달라집니다. 그렇지만 환대의 복잡한 뜻과 다양한 실천 방식을 포괄할 정도로 품이 넉넉한 정의 하나를 꼽으라면 '타인을 위해 자리 내어 주기'라고 할 수 있을 것 같습니다. 환대에는 여러 모습이 있지만 대부분의 경우 타인이 머물 공간을 만들어 준다는 공통점이 있습니다. 여행객이 낯선 땅에 도착하면 안전하게 지낼 곳이 필요합니다. 손님으로 초청되면 주인과 집이라는 공간을 함께 씁니다. 사회적 약자는 돈이나 생필품만이 아니라 인간으로서 존엄을 느끼고 기본적인 의식주를 해결할 터가 있어야 합니다. 식사는 음식만이 아니라 식탁을 둘러싼 물리적 공간을 나눔으로써 이루어집니다. 사랑, 우정, 교제를 나누려면 타인에게 자기 곁을 내줘야 합니다. 현대 신학과 교회가 환대를 재발견하는 데 크게 이바지한 폴의 『손대접』 원서 제목인 "자리 만들기"(Making Room)가 보여 주듯, 타인을 위해 장소를 마련하는 실질적 노력과 구체적 활동 없이 환대가 성립하거나 가시화하기 힘듭니다.[7]

우리가 환대를 이해하고 실천할 때 공간을 가치 중립적인 물리적 개념으로 한정해서는 안 됩니다. 예부터 공간은 그 안에서 다양한 상호작용이 일어나고 거기에 대한 복잡한 가치 부여가 일어나기에 풍성한 상징적 차원과 윤리적 함의를 지녔습니다.[8] 예를 들면, 인간에게는 먹고살기 위한 땅이 필요하지만, 자신을 '가시화할' 공간을 배경 삼아 사회적 존재로 살아갈 땅도 필요합니다. 공간이 없음은 사회에서 낯선 이, 심지어 폭력에 노출되어도 자기방어를 할 수 없는 취약한 자가 되었음을 뜻합니다. 4세기에 활동한 주교이자 신학자 나지안조스의 그레고리오스는 가난한 자들을 다음과 같이 묘사합니다.

> [가난한 사람들]은 도성에서 추방되고, 집과 공공장소와 회중과 길거리와 축제와 잔치에서 내쫓깁니다. 아, 이 얼마나 비참한 일입니까!…우리는 그들을 마치 범죄자인 양 쫓아내고 결백하게 되어 돌아오라고 강요합니다. 하지만 실제로 우리는 할 수 있는 만큼도 그들에게 집이나 양식이나 치료를 제공하지 않습니다.…이 불행한 사람들은 그들 자신이 사람이라는 사실 그 자체를 부끄러워합니다. 그래서 그들은 차라리 산속에, 바위틈에, 숲속에, 어둔 밤하늘에 숨어 있는 것이 더 낫지 않을까 생각하기도 합니다.…하지만 그들 모두는 자신의 고통을 보여 줄 때 사람들이 조금이라도 친절과 연민을 품어 주길 바라면서 예배 모임에 찾아옵니다.[9]

가난한 사람들은 도성 안에 자신이 인정받을 공간이 없는 이들입니다. 타인들 눈에서 사라진 그들은 산과 숲과 암흑을 집 삼아 살아가는 들짐승과 다를 바 없습니다. 하지만 고대의 신학자는 선포합니다. 예배는 이들을 비가시성의 세계에서 가시성의 세계로 끌어냄으로써 인간으로서 지닌 가치를 되찾아 주는 장소라고. 이 설교는 환대를 공간이라는 상징을 중심으로 생각하게 해 주는 중요한 사례입니다.

이로부터 수백 년의 시간이 흐르는 동안 국경을 넘어 이동하는 사람이 늘어났고, 인간의 권리나 존엄에 관한 생각도 서서히 발전했습니다. 근대 세계가 도래하며 중세까지 서유럽을 단단히 묶어 주던 기독교 문명이 와해되며 민족국가가 여기저기 생겼습니다. 유럽인들은 아프리카와 남아메리카를 점령하며 식민지 경쟁을 펼쳤습니다. 이로써 나라와 나라 사이를 오가고 이방인을 맞이하는 일은 예전과 다른 정치적·윤리적 문제를 일으켰습니다. 변화한 시대 한가운데서 환대에 관한 새로운 논의의 장을 예비한 사람은 독일의 철학자 임마누엘 칸트입니다.[10] 1795년에 출간한 『영구 평화론』(*Zum ewigen Frieden*)에서 그는 국제 평화를 위한 조건 중 하나로 환대를 제시합니다.[11] 여기서 환대는 "외국인이 어떤 타국의 영토에 도착했다고 해서 이 국가에 의해 적대적으로 취급되지 않을 외국인의 권리"로 정의됩니다.[12] 달리 말하면, 현지인은 이방인을 지구라는 공간을 공유한 세계시민으로, 즉 자기 나라 밖 어디라도 방문할 권리를 가진 사람으로 대해야 합니다. 대신 이방인은 타국에 머무는 동안 평화롭게 처신해야 합니다. 이렇게 손님과 주인이 환대의 권리와 의무로 묶이게 될 때 평화의 초석이 놓입니다.

이상의 단순 요약으로 칸트의 사유가 가진 정교함과 깊이를 보여 주기는 부족하지만, 그에 의해 환대가 단지 개인의 호의나 관대함이 아니라 인간으로서 누릴 권리라는 보편적 지평을 얻게 되었음은 최소한 확인할 수 있습니다. 환대의 권리가 부여될 수 있는 것은 인류가 지구 표면을 '공동으로 소유'하기 때문입니다. 땅이 무한하지 않은 이상 타인이 내 영역에 등장하는 것도 내가 타인의 영역에 들어서는 것도 완벽히 막을 수는 없습니다. 이러한 한계 조건 때문에 환대가 필요합니다. 앞 장에서 보았듯 고대에는 이방인을 환대해야 할 절대적 이유로, 신이 손님으로 변장하고 찾아오는 이야기나 약자를 보살피라는 종교적 가르침을 들었습니다. 이러한 신화적이고 신학적인 설명이 힘을 잃은 시대에 칸트는 낯선 이를 환대할 의무와 이방인으로 환대받을 권리를 지구 표면이라는 '공간'을 통해 단단히 엮었습니다. 덕분에 환대는 세계시민의 권리와 의무라는 세속화된 기반에 기초하게 되었고, 국제 평화를 이루기 위한 기초로까지 의미가 격상되었습니다.

환대의 중요성과 필요성을 근대적 세계의 도래에 맞게 제시한 칸트의 업적이 중대했던 만큼 그의 제안이 가진 한계에 관한 논의도 뒤따랐습니다. 환대를 일시적인 체류자의 권리와만 연결하였다는 비판도 있고,[13] 사회 내 함께 살아가는 사회적 약자나 소수자나 난민 등의 권리가 환대와 어떻게 연결될지에 관한 문제도 제기됩니다. 환대의 배경이 되는 정치 체제를 공화국으로 한정하기도 했고, 이상적인 세계시민법과 각 국가의 이민법 사이의 간격을 매울 실제적 방안은 세밀하게 제시하지 못했다는 지적도 있습니다. 하지만 여기서는, 칸트가 환대의 권리를 성찰하는 근거로 지구 '표면'을 삼다 보니 인간과 인간의 만남이 내포한 상징적 의미를 담아낼 '깊이'가 상실되었다는 점을 지적하고자 합니다.

칸트는 이성적 사람이라면 납득할 수 있는 '보편적이고 필연적인' 이유에 환대의 권리를 정초하려 했습니다. 그 결과 지구라는 한정된 공간을 많은 사람이 공유한다는 누구도 부인 못 하는 사실에 집중했습니다. 하지만 공간은 평면적으로 납작한 물리적 실체만은 아닙니다. 사회학자 마티나 뢰브가 말했듯 공간은. 물질성, 구조, 행위의 상호작용 속에 생기는 구성물인 만큼, 여러 사회적 생산물과 사람들이 배치되고 서로 관계를 맺으며 만들어집니다.[14] 그렇기에 유클리드 기하학의 3차원적 공간 개념으로는 사회적 활동의 복잡성을 설명하기 어렵고, 각 사람의 삶이 어떻게 자기 공간과 긴밀하고 고유하게 결합하는지 말해 줄 수도 없습니다.

공간이 물리적 차원과 인간 활동이 함께 엮여 만들어지는 관계적이고 유동적인 구성물이라면, 각기 다른 모습으로 사회 내에 현존하는 개개인이 공간과 맺는 관계는 균일할 수가 없습니다. 그런 만큼 누군가의 사람됨 혹은 권리를 논할 때 사회적 삶의 배경이 되는 공간을 빼놓고 이야기하기 힘듭니다. 사회적 약자들은 경제적 이유로 자신이 거할 '물리적 공간'을 확보하기도 어렵지만, 사람들의 상호작용으로 형성된 '관계적 공간' 내에서도 위치가 쪼그라듭니다. 이런 맥락에서 인류학자 김현경은 환대를 장소와 결부하면서 인문학에서 주로 거론되던 환대 개념에 사회과학적 통찰을 덧입힙니다.[15] 그에게 환대란 사회 내에서 자신의 정체성과 역할을 인정받지 못하는 사람들을 위해 장소를 마련함으로써, 그 자리와 결부된 권리를 부여하고 사회 구성원으로서 자신의 사람됨을 인정받게 하는 일입니다.

> 사람이라는 것은 어떤 보이지 않는 공동체—**도덕적** 공동체—안에서 성원권을 갖는다는 뜻이다. 즉 사람됨은 일종의 자격이며, 타인의 인정을 필요로 한다. 이것이 사람과 인간의 다른 점이다.…인간이라는 것은 자연적 사실의 문제이지, 사회적 인정의 문제가 아니다.…반면에 어떤 개체가 사람이 되기 위해서는 사회 안으로 들어가야 한다. 사회가 그의 이름을 불러 주어야 하며, 그에게 자리를 만들어 주어야 한다.[16]

이 인용문이 보여 주듯, '사람'과 '장소'와 '환대' 개념은 연동되어 있습니다. 여기서 주목할 점은 인간과 사람의 개념적 차이입니다. 김현경에 따르면, '생물학적'인 인간은 '사회적' 인정을 통해 사람다운 삶을 영위할 권리와 자격을 부여받습니다. 그렇다면 환대란 개개인의 호의나 선행에 그치지 않고, 사회 내에 사람됨을 드러내고 누릴 장소를 만들어 주는 정치적 행위이기도 합니다. 실제 오늘날 자신이 속한 곳이 어딘지 모르고 머물 장소도 찾기 힘들어 하는 난민과 이주민, 일용직 노동자, 빈민 등이 늘어나는 추세인 만큼 이들을 위한 자리를 어떻게 마련할지 논의하고 결정하는 정치적 판단과 법률적 해석에서 환대의 역할이 커졌습니다.

21세기 다문화·다인종 사회가 도래하며 '장소 마련하기'라는 환대의 전통적 의미가 예전과는 다른 강조점과 맥락을 가지고 재발견되고 있습니다. 여기서 환대 개념을 누가 먼저 만들었는지 혹은 더 잘 개념화하였는지 따지는 비생산적 논의는 피하고자 합니다. 그 대신 강조하려는 것은, 환대 개념에 대해 오늘날 고조된 관심은 기독교 전통을 바라보는 새로운 통찰을 제공할 수 있다는 사실입니다. 놀랍게도 오래전부터 기독교는 삼위일체 하나님의 사역을 '피조물을 위한 자리 만들기'라는 관점에서 이해했기 때문입니다. 한마디로, 환대는 하나님의 은혜의 신비 속으로 인도하는 중요하고 적절한 단어입니다.

피조물을 향한 삼위일체 하나님의 환대

1장에서 환대의 주제가 어떻게 성경을 관통하는지 살펴볼 때 그 배경은 삼위일체 하나님의 존재와 사역이었습니다. '성부' 하나님은 아브라함의 환대를 받으셨고, 이집트에서 나그네였던 이스라엘을 불러내 환대의 공동체로 만드셨습니다. 성육신한 '성자' 하나님, 즉 나사렛 예수께서는 환대의 하나님을 계시하셨을 뿐만 아니라 식탁으로 사람들을 차별 없이 초청하셨습니다. '성령' 하나님은 제자들의 무리를, 환대를 실천하는 하나님의 새로운 백성으로 빚으셨습니다. 여기서 더 나아가 성부와 성자와 성령의 고유한 활동을 '자리 만들기'라는 관점에서 보면, 삼위일체 교리가 환대의 신학에 깊이와 의미를 더하는 것을 발견하게 됩니다.

환대를 뜻하는 *philoxenia*가 한국어 신약성경에서 '손님 대접'으로 번역될 만큼(히 13:1), 한국 교회에서는 환대를 다른 사람을 후하게 대접하는 관대한 행위로 이해하는 경향이 큽니다. 타인을 극진히 영접하고 필요한 것을 제공하는 것이 환대의 중요 요소이지만, 이렇게만 이해할 경우 환대의 뜻이 봉사와 섬김 정도로 한정되어 버릴 수도 있습니다. 영성 신학자 헨리 나우웬은 환대의 본질을 이렇게 설명합니다.

> 환대는 우선적으로, 낯선 사람이 들어와서 적이 아닌 친구가 될 수 있는 **자유로운 공간을 만들어 주는 것**을 의미합니다. 또한 사람을 변화시키는 것이 아니라 **변화가 일어날 수 있는 자리**를 그들에게 주는 것입니다.…환대는 주인의 생활 방식을 받아들이라는 미묘한 권유가 아니라 손님이 자신의 생활 방식을 발견할 수 있는 기회를 주는 것입니다.[17]

이러한 관점에서 환대의 신학적 의미를 심층적으로 살펴보고자, 삼위일체 하나님의 사역을 '피조물을 위한 자리 만들기'라는 관점에서 재해석하고자 합니다. 이로써 삼위일체론에 대한 신학적 상상력이 풍성해지고, 다른 한편으로는 환대의 깊은 뜻도 드러나리라 기대합니다.

첫째, 성부 하나님은 세상을 '무(無)로부터 창조'(creatio ex nihilo) 하셨습니다. 하나님은 자존(自存)하시기에(self-sufficient) 존재하기 위해 다른 피조물에 의존할 필요가 없습니다(출 3:14).[18] 무로부터의 창조란 '하나님 아닌 무엇'이 존재하게 된 기적이자, 원래 무에 불과했던 피조물이 존재할 배경인 '공간'을 만드신 사건이기도 합니다. 즉, 태초의 창조에서 삼라만상은 자신의 존재뿐만 아니라 자기만의 고유한 매력과 특성을 교류하면서 생명의 신비를 경축할 장소를 선물받았습니다. 이 놀라운 신비를 설명하고자 독일의 신학자 위르겐 몰트만은 유대 신비주의에서 하나님이 '자신을 거둬들임'으로 태초에 피조물을 위해 시공간을 마련하셨다는 통찰을 빌려옵니다.

> 하나님의 바깥을 생각할 수 있는 하나의 가능성이 있다. 그의 창조를 선행하는 하나님의 자기 제한을 인정하는 것만이 하나님의 신성과 모순 없이 결합될 수 있다. 자기 자신의 밖에 있는 하나의 세계를 창조하기 위하여 무한한 하나님은 그 이전에까지 자신 속에 있는 공간을 유한성에게 양보할 수밖에 없었다.…전능하고 어디에나 현존하는 하나님이 자기의 현존을 거두어들이고 자기의 힘을 제한함으로써 그의 '무로부터의 창조'를 위한 '무'가 생성된다.[19]

피조물은 자기의 노력이나 계획이 아니라 하나님의 은혜로 존재하게 되었습니다. 개신교 배경의 독자들은 구원이 은혜로 '조건 없이' 주어진다는 신앙의 문법에 익숙할 텐데, 사실 창조 역시 "[우리를 존재하게 하는] 사랑을 '사서 얻거나' 공로로 얻지 못함"을 보여 줍니다.[20] 한마디로, 태초의 창조는 무에 불과했던 피조물 하나하나에 대한 성부 하나님의 무조건적 환대를 보여 주는 은혜의 사건입니다.

둘째, 영원한 성자는 성육신하셔서 하나님이 세상과 화해하게 하셨습니다(고후 5:18; 엡 2:13-16; 골 1:20 등). 역사적 예수의 지상 사역의 핵심에 소외당하고 차별받는 사람들에 대한 환영과 치유가 있었지만, 성자 하나님의 존재와 사역 그 자체가 '우리를 위해'(*pro nobis*) 자리를 만드시는 하나님의 급진적 환대로 이해되어야 합니다.

- 태초에 말씀과 하나님이 함께 계셨는데, 이 말씀이 곧 나사렛 예수셨습니다(요 1:1-18). 영원한 삼위일체 교제에 예수께서 계신다는 것은 창조 이전부터 하나님은 인간을 환영하고 인간과 함께하시기로 한 분임을 뜻합니다. 스위스의 신학자 칼 바르트의 말대로, "[하나님의] 신성 안에는 인간과 교제를 나눌 수 있는 넉넉한 공간"이 있습니다.[21]
- 예수께서는 우리 죄의 용서를 위해 십자가에 달리셨습니다. 십자가의 궁극적 목표는 죄인과 하나님의 화해입니다. 볼프가 잘 표현했듯, "십자가의 핵심에는, 타자가 적으로 남아 있도록 내버려두지 않을 것이며 자신 안에 가해자가 들어올 수 있는 공간을 마련하겠다는 그리스도의 태도가 자리 잡고" 있습니다.[22]
- 신약성경에서는 부활과 승천의 종말론적 의미를 설명할 때도 공간 이미지를 많이 사용합니다. 예수께서는 제자들에게 승천을 예고하며 이렇게 말씀하십니다. "내 아버지 집에 거할 곳이 많도다…내가 너희를 위하여 거처를 예비하러 가노니"(요 14:2).

부활하고 하늘로 올라가신 예수께서는 하나님 우편에 앉으시고, '그곳'에서 우리를 위해 성부께 중보하십니다. 그곳은 그리스도와 연합한 인류가 거할 자리이기도 합니다(히 6:20; 7:25-28; 8:1-6). 개신교 구원론에서 그리스도의 대속적 죽음이 아무리 중요하더라도, 그분의 사역이 인간이 하나님과 함께할 장소를 만들어 내었음을 간과해서는 안 됩니다.[23] 종교개혁자 장 칼뱅도 하나님 오른편이 부활하신 예수께서 성부께 받은 통치권을 의미하지만 다른 한편으론 우리를 환영하는 천상의 공간을 가리킨다고 설명합니다. "우리는 주 예수께서 승천을 통해 전에 아담 때문에 닫혔던 문을 우리에게 열어 주셨음을 확인한다.…우리는 교회의 머리 되신 분 안에서 이미 하늘을 가지고 있다."[24] 이처럼 성부의 창조와 마찬가지로 성자의 구원 역시 '조건 없이' 우리를 환대하시는 하나님의 무조건적 은혜입니다.

셋째, 성령께서는 영원부터 성부와 성자와 함께 계시고, 천지가 만들어진 이래 온 우주에 현존하며 활동하시는 창조의 영이십니다. 또한 성령은 우리가 하나님의 자녀가 되도록 성자께서 보내 주신 성화의 영이십니다(행 2:1-4; 엡 4:1-16 등). 아들의 영이신 성령은 우리가 그리스도와 연합하여 하나님의 자녀가 되게 하십니다(롬 8:11-17; 갈 4:6-7; 엡 1:3-6 등). 이로써 부활하신 그리스도가 인류의 대표로 계신 그 자리인 하나님 우편으로 우리가 들어갈 길이 '조건 없이' 주어집니다. 이러한 하나님의 은혜를 보자면, 벨기에 출신 철학자이자 법학자 자끄 러끌레르끄의 말대로, "하나님께서는 세상과 당신 자신의 거리…를 당신 사랑의 품 안에 세상을 다시

안기 위해서 만들어 놓으신 것"처럼 보이기까지 합니다.[25]

또한, 성령께서는 교회 안에 현존하심으로써 지금 여기서 우리가 하나님과 사랑의 교제를 누리는 공간을 여십니다(고전 6:19-20). 예수께서 1세기 팔레스타인에서 환대하는 삶으로 하나님 나라를 보이셨듯, 그분의 몸인 교회는 폭력적인 세계 한가운데서 우리를 환대하는 하나님을 증언하는 가시적 실체입니다. 2세기에 활동한 변증가이자 순교자 유스티누스도 신적 환대가 구제와 교제에 힘쓰는 교회에서 드러난다고 말합니다.

> 부와 재산을 얻는 것을 무엇보다 중시했던 우리가 이제는 우리가 가진 것을 공유하고 곤궁한 모든 이와 그것을 나눕니다. 서로 미워하고 죽이며, 종족이나 관습이 다른 이들과 함께 살지 않으려 했던 우리가 그리스도께서 나타나신 후에는 그들과 함께 먹고, 원수를 위하여 기도하고, 부당하게 우리를 미워하는 이들이 그리스도의 좋은 계명을 따라 살아 만물의 지배자이신 [하나님께] 우리와 함께 같은 상급을 받도록 그들을 설득합니다.[26]

이처럼 성령께서 현존하시는 교회는 본질상 환대의 공동체입니다. 그래서 초기 기독교 이래 교회를 설명할 때 현실 한가운데 있으면서도 현실과는 차별화된 사회적 삶이 성령의 능력 안에서 이뤄지는 '장소'라는 점에서 도성(*civitas*)이라는 공간적 유비를 사용하기도 했습니다.[27]

지금까지의 논의를 정리하자면, 삼위일체 하나님의 사역인 창조와 구원과 성화 모두 우리가 존재하게 되고, 미성숙함에서 벗어나며, 깨어짐에서 회복하는 자리를 만들고 그 속으로 초청하는 신적 환대입니다. 무(無)가 아닌 생명으로, 죄인이 아닌 하나님 자녀로, 외로움이 아니라 관계 속에서 자기를 발견할 은혜의 장소가 '조건 없이' 주어졌습니다. 하지만 환대의 묘미는 단지 공간을 마련해 주는 데 있지 않습니다. 환대가 진실하게 이뤄지는지 알려면 그 속에서 어떤 일이 일어나는지를 봐야 합니다.

손님과 주인의 자리 바꾸기

앙투안 드 생텍쥐페리의 『어린 왕자』(*Le Petit Prince*)를 읽는 방식은 여럿이겠지만, 왕자가 낯선 공간에 손님으로 찾아가 길들임의 의미를 배워 가는 이야기로도 볼 수 있습니다. 그런 의미에서 『어린 왕자』는 인류 역사상 가장 규모가 큰 폭력이라고 불리는 제2차 세계대전 가운데 탄생한 환대의 텍스트라고 부를 수 있습니다. 특히 어린 왕자와 장미꽃의 미묘한 관계는 환대가 무엇인가를 생각하는 데 소중한 통찰을 선사합니다.[28]

어린 왕자가 사는 소행성 B-612에는 원래 한 겹의 꽃잎을 가진 소박한 꽃들이 살았습니다. 이들은 공간을 많이 차지하지도, 다른 이를 귀찮게 하지도 않았습니다. 어느 날 어딘가에서 씨앗이 날아 들어와서는 이전에 없던 화사함과 향기를 가진 장미꽃을 살포시 피워 냈습니다. 왕자는 자신의 공간을 찾아온 장미꽃의 아름다움에 곧 매혹되었습니다. 하지만 다른 꽃과 달리 장미꽃은 까탈

스러웠고, 허영심이 많아 거짓말까지 했습니다. 얼마 가지 않아 왕자는 "그의 사랑에서 우러나온 착한 마음에도 불구하고 그 꽃을 곧 의심하게" 되었고, "별것도 아닌 말을 심각하게 생각했고 그래서 아주 불행하게" 되었습니다.[29] 결국, 왕자는 장미꽃을 떠나 이별 저 별 떠돌아다니며 이런저런 부류의 별 주인들을 만났습니다. 그러다 지구에서 우연히 만난 여우에게 '길들이다'(apprivoiser)의 의미를 배웠습니다. 여우는 왕자에게 상대에게 길들려면 어떻게 해야 하는지 설명해 줬습니다.

> 아주 참을성이 있어야 해.…처음에는 나한테서 조금 떨어져서 바로 그렇게 풀밭에 앉아 있어. 난 곁눈질로 너를 볼 텐데, 너는 말을 하지 마. 말은 오해의 근원이야. 그러나 하루하루 조금씩 가까이 앉아도 돼.[30]

여우는 왕자에게 서로의 거리를 조율하며 공간의 의미를 읽어 내는 법을 익히게 합니다. 길들임의 의미를 배우자 왕자는 자신의 공간에 함께했던 한 송이 장미꽃이 왜 특별한지 깨닫습니다. 그리고 그 장미꽃이 있는 장소인 B-612로 돌아가기로 마음먹습니다.

　타인에게 장소를 마련해 주는 것은 그의 존재와 사람됨이 인정받을 조건을 만드는 일이기에 환대의 기본 행위입니다. 하지만 자기 공간으로 낯선 이를 받아들이는 것은 어렵고 불편하고 위험하기까지 합니다. 어린 왕자의 경우만 보더라도, 그는 초대 없이 찾아온 장미꽃을 견디기 힘들어 자기가 다스리던 B-612를 스스로 떠나 버렸습니다. 나약한 장미꽃 같은 존재도 나의 공간에 머물게 하려면 인내와 희생이 필요합니다. 우리가 속한 현실에서는 내 집에 도달한 이가 훨씬 위협적일 수 있습니다. 심지어 손님인지 적인지 정체도 모르고서 문을 열어 줘야 할 때도 있습니다.

환대를 뜻하는 영어 단어 hospitality의 라틴어 어원 *hostes*(호스테스) 혹은 *hostis*(호스티스)가 '손님'으로도 '적'으로도 번역될 수 있듯, 문지방 앞의 이방인이 실제 어떤 사람인지란 알기 힘듭니다. 타인을 환영하고 머물 공간을 내어 준다는 것은 자신을 위험 앞에 노출하는 모험을 요구합니다. 지금껏 누렸던 안정된 생활이 망가지고, 나의 정체성이 흔들리며, 내가 원하지 않는 방향으로 삶이 흘러갈 수도 있기 때문입니다. 그렇기에 현실에서 환대(hospitality)는 적대(hostility)와 뒤섞일 수밖에 없습니다. 이러한 환대의 이중적 모습을 표현하고자 프랑스 철학자 자크 데리다는 적환대(hostipitality)라는 단어를 주조하기까지 했습니다.[31]

본능적으로 사람들은 외부인을 환대하는 순간 느껴지는 불안을 잠재우려 합니다. 낯선 이를 자기 집이나 마을이나 국가로 들일 때 상대가 합의되었거나 상식적인 수준의 언행을 보여 주길 기대합니다. 편의를 제공하는 사람으로서 나는 타인에게 권력을 어느 정도 행사할 권리가 있고, 반대로 상대는 나를 존중할 의무가 있다고도 생각합니다. 밀라노의 주교 암브로시우스가 말했다고 알려진 "로마에 오면 로마인들이 하듯 하라"(*si fueris Romae, Romano vivito more*)의 의미를 고약하게 뒤틀어 환대의 조건으로 내걸기도 합니다.[32] 그러다 자칫 환대의 몸짓은 타자에 대한 억압으로, 상대를

75

향한 선의는 그를 통제하려는 욕망으로 변해 버릴 수 있습니다.[33]

물론 손님이나 이방인은 자신을 환대해 준 주인이나 현지인의 삶을 존중할 필요가 있습니다. 또한 외부인은 현지의 언어, 문화, 전통, 생활방식 등을 익힘으로써 새로운 환경에 잘 적응하게 됩니다. 하지만 문제가 되는 것은 손님이 낯선 언어로 말하고, 주인이 바라는 방식으로 생활하는 것이 환대의 조건이 될 수 있는가입니다.[34] 오히려 그러한 기대 때문에 환대가 친절함을 가장한 억압이나 교묘한 폭력이 되는 일이 빈번합니다.

환대가 이뤄지는 현장에서 한쪽은 장소, 생필품, 법적 지위, 도움 등을 제공합니다. 다른 한쪽은 자신의 생존, 권리, 안녕, 건강 등을 이러한 베풂에 의존합니다. 그 결과 환대를 베푸는 사람과 받는 사람 사이의 권력 비대칭이 형성됩니다. 이러한 관계가 경직되고 내면화되는 것은 환대를 받는 이에게나 베푸는 이 모두에게 부정적입니다. 도움을 받다 자립심이나 자긍심을 잃어버리기도 하고, 반대로 타인의 환대를 당연시하거나 악용하기도 합니다. 호의를 베풀다 상대를 통제하려는 욕망에 잠식되고, 자신의 의로움에 취해 환대로 위장된 나르시시즘에 빠질 수도 있습니다. 따라서 진정한 환대가 일어나려면 베푸는 쪽과 받는 쪽 사이의 왜곡된 권력 혹은 고착화한 관계가 해체되어야 합니다. 이를 강조하고자 데리다는 환대의 공간에서 '주인과 손님의 위치 교환'이라는 상징적 표현을 제시합니다.

나를 점령하고 내 안에 자리를 차지하라고. 이것은 나를 만나러

오거나 '내 집'에 오는 것에 만족하지 않고 동시에 내 자리를 차지하라는 것을 의미한다. 문턱을 넘는 것, 이는 단지 접근하거나 오는 것이 아니라 들어오는 것이다.…**마치** 그 이방인은, 따라서 통치자를 구하고 주인의 권력을 구원할 수 있을 것**처럼** 보이는 상황이다. 이는 마치 통치자인 한에서의 통치자가 자기 장소의 포로, 자기 권력의 포로, 자기의 자기성의 포로, 자기 주체성의 포로(그의 주체성은 인질이다)가 된 것**처럼** 보이는 상황이다.…손님, 초대받은 인질(guest)은 초대하는 자의 초대하는 자, 주인(host)의 통치자가 된다. 손님(guest)은 주인(host)의 주인(host)이 된다.[35]

진정한 환대는 대접받는 손님만이 아니라, 호의를 베푸는 주인에게도 근원적 변화를 일으킵니다. 타자를 들여놓음으로써 지금껏 자기가 통제하던 익숙한 공간과 그 속에서 행사하던 권력에서 낯설어지기 때문입니다. 환대함과 환대받음이 섞여 들어가면 인간관계를 단순히 주체와 객체로 구획화하는 습관도 허물어집니다. 이로써 주인의 집은 "주인이나 초대받은 자에 본래부터 속한 장소가 아니라 어느 한쪽이 다른 쪽 타자에 대한 환영[맞아들임]을…선사하는 몸짓에 속한 장소이기라도 한 것"처럼 됩니다.[36] 집의 '법적인' 소유권은 그대로 주인에게 있지만, '법을 넘어선' 주객 간의 교제와 우정의 가능성이 그 장소에서 탄생합니다. 환대가 현실의 물리적 공간에서 일어나지만, 그 공간은 소유와 권력으로 정의되는 현실을 초월합니다. 공간을 매개로 이루어지는 상호성과 변혁 가능성이 주인과 손님을 나눴던 경계를 상대화하며 관계에 질적 차원을 더합니다.

이처럼 놀라움과 당혹감을 일으키는 환대의 신비를 데리다는 시적으로 표현합니다. "주인은 **마치** 밖으로부터 오기라도 하는 것**처럼** 안으로부터 들어온다. 그는 방문자 덕택에, 자기 손님의 덕을 입어 그의 집에 들어온다."[37] 주인이 공간에 대한 배타적 통제력을 약화하고 손님과 위치를 바꾸려면, 타인을 잘 대접하는 것만이 아니라 자신을 부정하는 희생이 요구됩니다. 이러한 상호성에 대한 인식과 이를 위해 특권을 내려놓으려는 결단이 없다면, 구제하는 이는 그릇된 권력욕에 사로잡히거나 과도한 의무감에 짓눌립니다. 사회에는 값싼 동정이 넘치며 약자들에게 굴욕감과 분노를 안겨 줄 위험이 있습니다. 하지만 여기에 딸려 오는 질문들이 있습니다. 손님과 주인의 자리 바꾸기가 실제로 가능하기나 할까요? 힘으로 정립하고 욕망으로 굳힌 주객 관계를 인간이 자기 손으로 해체하기란 어려운 일 아닐까요? 이러한 이상주의적 제안은 종교나 문학적 상상력 가운데서나 찾아볼 수 있지 않을까요?[38]

성령 안에서 자리 바꾸기

성경은 타인을 환영해야 하는 이유로 환대가 손님만 아니라 주인의 삶도 풍성하게 한다는 다소 '실용주의적인' 가르침을 줍니다.[39] 그런데 더 놀랍게도 하나님이 인간을 찾아오는 '손님'이라고 알려주기까지 합니다. 먼 옛날 하나님과 천사는 나그네 모습으로 아브라함과 롯을 찾아가 대접받았습니다(창 18-19장). 예수께서도 환대와 도움이 필요한 주리고 목마른 자, 헐벗은 자, 병든 자, 옥에 갇힌 자가 곧 자신이라고 말씀하셨습니다(마 25:31-46). 그분은 함께 밥 먹자고 문을 두드리시기까지 합니다(계 3:20). 교회력에서 가장 중요한 절기인 성탄절과 부활절과 오순절 모두가 "신적인 나그네의 강림"에 관한 것도 의미심장합니다.[40]

환대의 '주인'이신 하나님이 '손님'으로 오시면, 우리는 하나님께 '환대받는 자'에서 하나님을 '환대하는 자'가 됩니다. 이로써 하나님과 인간의 주객 구도가 뒤바뀌는 신비한 일이 일어납니다. 하나님을 환영하는 환대의 주인이 됨으로써 우리는 타인도 포용할 내적 힘을 기르게 됩니다. 이러한 도발적 지혜는 하나님을 나그네로 묘사하는 성경의 가르침에서 일차적으로 확인되지만, 성령에 대한 교리적 성찰로도 그 저변에 깔린 논리를 확인할 수 있습니다. 이를 위해 아우구스티누스가 삼위일체를 설명하고자 썼던 사랑의 유비를 소개하겠습니다.

아우구스티누스에 따르면, 하나님은 사랑이신 만큼(요일 4:16), 삼위일체의 신비를 알고자 할 때 사랑의 역동성을 분석하면 도움이 됩니다.[41] 사랑이 성립하려면 '사랑하는 사람', '사랑받는 사람', 둘 사이에 오가는 '사랑'이라는 세 요소가 필요합니다. 두 사람이 사랑할 때 셋은 역동적이면서도 긴밀하게 결합합니다. 셋 중 하나만 없더라도 사랑 자체가 존재할 수조차 없습니다. 사랑은 성부와 성자와 성령이 구분된 가운데 서로 깊은 관계를 맺는다는 데서 삼위일체의 신비를 설명하는 데 아주 좋은 유비입니다.[42]

이에 따라오는 질문이 있습니다. 삼위일체의 각 위격은 '사랑하는 이', '사랑받는 이', '사랑' 중 어디에 대응할까요? 복음서를 보면 성부는 성자께 "너는 내 사랑하는 아들이요"라고 말씀하십니다(막 1:11). 이로부터 성부는 **사랑하는 하나님**이고 성자는 **사랑받는 하나님**이기에, 성령은 **사랑이신 하나님**이라고 부를 수 있습니다. 그런데 **사랑이신 성령**과 달리, **사랑하는 하나님**과 **사랑받는 하나님**은 고정되지 않습니다. 왜 그런지 간략히 설명해 보겠습니다.

- 성부(사랑하는 하나님)는 성자(사랑받는 하나님)에게 성령(사랑)을 선물하십니다.
- 사랑은 주고받는 것인 만큼, 성자는 성부께 사랑을 되돌려 주십니다. 이로써 서로의 위치가 바뀌어 성자가 '사랑하는' 하나님, 성부가 '사랑받는' 하나님이 됩니다.
- 성부와 성자 사이에 사랑의 선물인 성령이 오가며 '사랑하는' 하나님과 '사랑받는' 하나님의 자리와 역할이 계속 교환되며 교제는 깊어지고 기쁨은 흘러넘칩니다.

위 유비에서 성령은 성부와 성자 사이에 교환되는 '사랑'이자 '선물'입니다. 두 위격을 긴밀히 연결한다는 의미에서 성령을 '사랑의 끈'이라고도 부릅니다.[43] 그런데 여기서 아우구스티누스가 사용하지 않은 별명을 하나 더하자면, 성령은 '자리바꿈'의 영이라 할 수 있습니다. 삼위일체의 교제 가운데 성부와 성자는 사랑하는 이와 사랑받는 이의 위치를 성령을 통해 기쁨과 함께 오가십니다. 진심으로 사랑을 주고받는 연인 사이에서도 사랑하는 자와 사랑받는 자의 역할이 고정되지 않고, 서로 기쁨과 감사를 교환하는 가운데 사랑을 풍요롭게 만들어 갑니다.

흠결 없는 사랑이신 삼위일체 하나님의 관계에서는 사랑하는 자와 사랑받는 자가 완전한 조화와 동등함을 가지면서 자리와 역할을 바꿉니다. 반면, 인간은 타자에 대한 경계심과 권력에 대한 집착을 가진 만큼, 사랑하면서도 어느 한 편이 더 우월하거나 열등한 위치에 서며 사랑의 교환을 제대로 해내지 못합니다. 이러한 인간에게 하나님은 성령을 선물하십니다. "사랑 안에 두려움이 없고 온전한 사랑이 두려움을 내쫓나니"라는 말씀처럼(요일 4:18), 사랑이신 성령 안에서 우리는 자기 상실과 타자의 낯섦에 대한 막연한 공포에서 서서히 벗어나게 됩니다. 사랑의 끈이신 성령께서 우리를 사랑이신 하나님께 붙들어 맴으로써 우리의 이기적 욕망을 정화시키시고, 동시에 사람과 사람의 관계도 사랑으로 연결하십니다. 이처럼 자기 바꿈의 영이신 성령 안에서 우리 힘만으로는 해결하기 힘들었던 환대의 주인과 손님 사이의 권력 관계도 조금씩 해체될 수 있습니다.[44]

삼위일체론적, 특히 성령론적 은혜의 문법은 주인과 손님이 자리를 바꾸는 불가능한 이상을 지향하는 환대를 신학적으로 성찰하고 실천할 때 중요한 교리적 주제입니다. 성령께서 이기적인 우리 가운데 사랑하는 능력을 회복하실 때, 성령을 통해 우리가 사랑이신 하나님 안에 머물며 자비에 흠뻑 적셔질 때, 성부와 성자가 서로 자리를 바꾸시듯 사랑하는 자와 사랑받는 자의 위치 교환도 기쁨 가운데 일어날 가능성이 열립니다. 이 같은 삼위일체론적 전제를 깔고서 성령께서 우리의 환대를 어떻게 도우시는지 조금 더 구체적으로 살펴보겠습니다.

성령, 환대의 영

삼위일체론은 성부와 성자와 성령의 하나됨에 관한 사변적 이론이 아니라, 신적 교제로 인류를 초청하는 환대의 은혜에 관한 교리입니다.[45] 죄인이고 피조물인 인간은 삼위일체 하나님이 나누는 사랑의 사귐에 들어갈 능력도 자격도 없습니다. 어떻게 하나님께 말을 거는지도 모르고, 욕망을 다스리지 못해 일상에서 우왕좌왕합니다. 이러한 인간과 화해하고자 먼저 참 하나님이요 참 인간이신 예수께서 십자가에서 돌아가셨습니다. 그리고 죽음에서 부활하시고는 우리에게 성령을 선물하시고, 하나님 우편에서 우리를 위해 대제사장으로서 중보하십니다(히 8:1 등). 아들의 영인 성령께서는 우리 안에 거하시며 말할 수 없는 탄식으로 우리를 위해 성부께 간구하고 계십니다(롬 8:26-28).[46] 우리를 들어 올려 그리스도와 연합하게 하심으로 삼위일체의 친밀한 교제로 초청하십니다.

태초에 창조주 곁에서 낙원을 거닐었던 인간이 하나님의 은혜로 오랜 저주를 끊고 자비하신 하나님을 다시 마주하고 그분의 자비 안에 머물 가능성을 얻었습니다. 그렇다면 이 같은 복음은 환대하는 삶을 살아가는 데 어떤 실질적 통찰을 줄까요? 짧은 지면에서 이를 충분히 설명하기는 힘들지만, 성령의 사역을 중심으로 네 가지를 살펴보고자 합니다.

첫째, 성령은 그리스도와 우리를 연합하십니다. 덕분에 우리는 지금껏 살아온 관성에서 벗어나 그리스도의 생명을 품고 그분을 뒤따라 살게 됩니다. 나우웬이 말했듯, "그리스도를 본받는다는 것"은 "그리스도께서 사셨던 대로 사는 것이 아니라, 그리스도께서 자신의 삶을 진실하게 사셨듯이 우리도 우리의 삶을 진실하게 살아가는 것"을 뜻합니다.[47] 성령은 우리를 특정 방향으로 강제적으로 이끌어 가시기보다는, 삶을 변화시킬 역량을 북돋우시고 강화하심으로써 새로운 존재가 되게 하십니다. 그리스도를 모방하는 환대의 삶도 하나의 표준적 모습이 있다기보다는, 각자의 고민과 각기 다른 현장을 반영하며 다채로운 형태로 영글게 됩니다. 이는 타인을 향한 호의가 예측 불가능한 결과를 낳고, 심지어 우리의 환대가 실패하고 위험에 처할 수 있음을 뜻하기도 합니다. 하지만 기독교가 추구하는 것은 '정답과 함께하는 환대'가 아니라, 삶의 다채로움을 긍정하고 새로움에 개방적인 '성령과 함께하는 환대'입니다.

둘째, 환대가 인간으로서는 불가능할 것 같지만, 성령은 환대하는 삶을 방해하는 경직된 마음에서 자유할 힘을 주십니다. 타인을 환대하려면 자기를 지키려는 이기심과 낯선 이를 배척하게 하는 두려움만이 아니라, 환대를 완벽하게 하려는 강박에서도 벗어나야 합니다.[48] 이를 위해 성령은 우리를 먼저 그리스도 안으로 들어 올리심으로써 성부 하나님의 무한한 자비에 노출하십니다. 이로써 우리는 각자의 깨어짐과 불완전함 그대로 하나님께 용납되고, 동시에 불완전하나마 사랑할 수 있는 용기와 능력을 점차 회복하게 됩니다. 이런 관점에서 보자면 얼마나 세련되게 환대를 베풀고 주인과 손님 사이의 권력 관계를 성공적으로 허물었는지는 성령과 함께하는 환대에서 부차적 문제라고도 할 수 있습니다.

셋째, 성령은 어떻게 기도할 줄 몰라 헤매는 우리를 위해 친히 우리 안에서 기도하십니다. 영국의 신학자 새라 코클리가 말하듯, 성령에 이끌리어 자기를 비우고 말없이 기도함으로써 "하나님이 하나님 되시는 공간"이 우리 가운데 열립니다.[49] 기도 가운데 나의 의지와 언어가 내 삶을 더는 통제하지 않아도 될 때, 우리는 거친 현실 가운데서도 하나님의 뜻과 활동하심에 주의를 기울일 여백을 발견합니다. 이로써 폭력적으로 변질하기 쉬운 우리의 힘 대신, 평화와 정의를 만드는 하나님의 힘이 작동하는 공간을 삶의 한가운데 마련합니다. 하나님이 하나님 되시는 경이로운 공간을 먼저 체험함으로써 타인을 위해서도 공간을 마련할 자유와 힘도 기르게 됩니다.[50] 이처럼 성령과 함께하는 환대에서 기도는 피조물인 인간이 손님이신 하나님을 환대하고 하나님이 주인 되시게 할 수 있는 가장 근원적이고 적절한 방식입니다.

넷째, 신약성경에 따르면 성령은 공동체를 세우고 유지하고 파송하십니다. 하나님의 환대는 우리를 단지 의로운 개인이 아니라 예수 그리스도의 몸인 교회가 되도록 부르십니다.[51] 바울은 이러한 교회론적 이상을 우리가 "그리스도 예수 안에서 함께 지어짐"으로 "성령 안에서 하나님이 거하실 처소"가 된다고 표현합니다(엡 2:22). 성령과 함께하는 환대의 공간으로서 교회는 하나님에 대한 공동의 예배와 기도, 공동체 내부의 약자에 대한 돌봄, 외부인을 향한 친절과 관대함, 음식과 우정의 나눔이 일어나는 비옥한 터전입니다. 이러한 이유로 미국의 설교자 윌리엄 윌리몬은 여러 현실적 곤란함과 뼈아픈 실패가 있더라도 여전히 교회가 희망이라고 외칩니다. "오늘날 우리의 가장 큰 소망은 우리로 타자를 향한 환대에 동참하게 하시는 하나님의 섭리가 교회의 유전자 속에 깊이 새겨져 있다는 것이다."[52]

지금껏 환대의 신학이 왜 삼위일체론을 배경으로 하는지, 특별히 환대 개념은 왜 성령론적으로 접근해야 의미가 명료해지는지, 성령이 왜 환대의 영이라 불리는지 살펴봤습니다. 이러한 시도는 환대를 이해하고 실천하는 데 필요한 여러 통찰을 제공하지만, 무엇보다도 환대를 개인의 윤리적 실천이 아니라 공동체적 지평 가운데서 이해하도록 상상력을 재조정합니다. 교회(ekklesia)는 단지 타락한 세상'으로부터'(ek) '부름 받은'(kaleo) 공동체가 아닙니다. 자기 중심성에 사로잡혀 타자를 배제하고 혐오하는 것이 당연시되는 세계로부터 떠난 하나님의 백성입니다. 죄인을 환대하고자 죄인이 되신 그리스도께서 영으로서 현존하시는 곳인 만큼, 자기들끼리 환대하는 패거리 문화로부터 부름을 받은 하나님의 백성입니다.

∧∧∧

성부와 성자와 성령 하나님은 각각 고유한 방식으로 은혜의 공간을 우리에게 조건 없이 선물하십니다.[53] 하지만 하나님은 단순히 환대를 일방적으로 베푸는 전능자가 아닙니다. 하나님은 우리가 환대의 경험 가운데서 하나님이 바라시는 사람됨의 모습을 이뤄 가길 바라십니다. 폭력과 갈등과 기만으로 가득한 세상 가운데서 하나님이 마련하신 환대의 자리에 들어감으로 우리는 '나의 나 됨'을 참되게 발견합니다. 이로써 '너의 너 됨'을 인정할 수 있는 환대의 용기와 여유도 쌓아 가게 됩니다. 이처럼 하나님은 처음부터 끝까지 우리를 환대하시는 분이고, 하나님이 열어 놓으신 은혜의 공간에서 우리도 다른 이들을 환영하는 존재가 됩니다.

그런데 환대의 신학적 논리를 따져 보더라도 해결되지 않은 질문이 여전히 있습니다. 타인이 머물 자리를 마련하면 환대의 공간에선 실제 '어떤 일'이 일어날까요? 주인과 손님이 위치를 바꿀 때 무엇이 둘의 관계를 실질적으로 변화시킬까요? 질문에 대한 답의 실마리를 찾고자 『어린 왕자』로 돌아가겠습니다. 책 후반부에서 왕자는 지구를 떠나 장미꽃이 있는 소행성에 돌아가기로 결심합니다. 이제는 B-612의 주인이었던 어린 왕자와 손님이었던 장미꽃의 위치가 바뀌어, 왕자가 장미꽃의 환영을 받아야 할 처지가 되었습니다. 왕자는 기꺼이 이러한 환대의 모험을 하고자 합니다. 수많은 장미꽃 중 왜 유독 그 허영 많은 장미꽃이 자기에게 소중한지, 하늘을 수놓은 별 중 왜 그 장미가 있는 B-612가 특별한지 깨달았기 때문입니다. 그 깨달음의 이면에는 여우가 알려 준 환대의 비밀이 있었습니다.

> 사람들은 이 진실을 잊어버렸어.…그러나 너는 잊으면 안 돼. 네가 길들인 것에 너는 언제까지나 책임이 있어. 너는 네 장미한테 책임이 있어.[54]

길들임은 대상과 고유한 관계를 맺게 하고, 그렇게 일구어 낸 관계는 대상에 대한 책임을 불러냅니다. 그렇게 마음과 노력을 부은 대상에게는 값비싼 물건이 아니라 그 존재 자체가, 심지어 시원한 웃음소리처럼 일상적이고 사소한 것마저 보석처럼 빛나는 '선물'이 됩니다.[55] 그렇다면 나와 너의 관계를 아름답게 가꿔 주는 선물이란 무엇일까요? 선물은 어떻게 환대를 가능하게 하고 책임을 발생시킬까요? 선물에도 신학적 의미가 배어 있을까요?

더 생각할 거리

혐오하는 하나님, 환대하는 이방인

혐오 발언은 소수자에 대한 차별과 배제를 강화하고 확대하는 행위로서 한 사회의 갈등이 얼마나 높은지를 보여 주는 대표적 지표로도 손꼽힙니다. 혐오 발언이 주로 상대가 가진 특정 속성을 일반화하고 과장하며 일어나는 만큼, 피부색이나 인종, 지역, 성별, 사회적 지위 등을 멸시와 선동의 소재로 삼을 때가 많습니다. 그런데 복음서를 보면 예수께서도 사람의 출신을 가지고 혐오 발언 수준의 적나라한 언어를 쓰신 적이 있습니다.

때는 예수께서 주로 활동하던 지역을 떠나 페니키아 지역에 속한 두로에 가셨던 기이한 어느 날입니다. 다른 사람 눈에 띄지 않고 싶어 어떤 집에 조용히 머물고 계셨는데, 눈치도 없이 수로보니게 족속의 헬라인 여인이 예수께 와서 자기 딸이 귀신에 걸렸으니 치유해 달라고 간청합니다. 그때 자비로운 주께서 하신 말씀은 충격적입니다.

> 자녀로 먼저 배불리 먹게 할지니 자녀의 떡을 취하여 개들에게 던짐이 마땅치 아니하니라. (막 7:27)

당시 유대인들은 이방인들을 가리켜 개라고 비하하여 부르곤 했습니다. 유대인 예수께서 발 앞에 엎드린 여인의 면전에서 그 지역에서 통용되던 혐오 용어를 그대로 사용하신 셈입니다. 이토록 모욕적인 말을 들으면 보통은 자연스레 분노가 차오르거나 몸에 위축된 반응이 일어나게 마련입니다. 그런데 오히려 여인은 이렇게 차분하게 대답합니다.

> 주여, 옳소이다마는 상 아래 개들도 아이들이 먹던 부스러기를 먹나이다. (막 7:28)

이 말에 예수께서 여인의 딸에게서 귀신이 나가게 하시면서 이야기가 막을 내립니다. 어찌 보면 이른바 '해피 엔딩' 같아서 말을 더할 것도 없지만, 복음서에 예수께서 적대자가 아니라 도움을 구하는 사람을 직접 모욕하신 경우가 없기에 특이하다는 생각이 가시지는 않습니다. 그래서 예수와 여인의 대화를 어떻게 이해할지는 고대부터 지금까지 수수께끼처럼 남아 있습니다.

초기 교회부터 이 이야기는 이방인까지도 예수께서 사역의 대상으로 삼으셨다는 관점에서 복음의 보편성을 보여 주는 방식으로 해석되곤 했습니다.[a] 일례로, 남녀평등 개념에 익숙한 현대인이라면 갸우뚱할 수 있겠지만, 테르툴리아누스는 여성도 남성과 다를 바 없이 고귀한 본성을 가지고 있음이 드러났다고 주장했습니다. 오리게네스는 지역과 경계를 넘어 다른 민족도 구원을 받을 것이고, 우리도 믿지 않는다면 페니키아 사람처럼 이방인이 될 것이라는 영적 해석을 제시했습니다.

환대하는 삶의 필요성이 커진 오늘날에도 이 본문은 새롭게 해석되기를 기다리고 있습니다. 본문을 분석해 보면, 여인은 '너는 개야'라는 예수의 말씀을 곧바로 받아치거나 자기 목적을 이루려 억지를 쓰지 않습니다. 이런 수용적 모습을 가지고, 상대의 혐오 발언을 일단 참고 수용해야 공존의 계기가 생긴다는 그릇된 일반론을 만들어서는 절대 안 됩니다. 오히려 여인의 지혜와 용기는, 말씀에 따라 자신의 처지를 개와 동일시한 '이후에' 자신의 관점을 '더해' 개가 어떤 동물인지 실재를 '충실히' 반영하며 답변하는 데서 발견됩니다. 이로써 배제와 선동이 일어날 법한 아슬아슬한 상황이 허물어졌고, 유대인과 이방인을 나누던 선입견까지 상대화되었습니다.

여기에 더해 우리가 주의를 기울일 점이 하나 더 있습니다. 예수 그리스도의 행동에 변화가 일어난 맥락입니다. 어딜 가더라도 풍성한 연회를 즐기시던 예수께서는 이상하게 두로 지역에서는 조용히 집 안에만 계시려 합니다. 이런 무미건조한 상황에 걸맞게 예수께서는 자신을 찾아온 절박한 여인의 요청마저 매몰차게 거부하십니다. 하지만 놀랍게도 그 상황에서 여인은 잔치가 벌어지고 거기서 아이와 개들이 잔치 음식을 먹는 상황을 펼쳐 보입니다. 그러고는 그 상상의 공간 속으로 예수 그리스도를 초청하고 예수께서 잔치의 주인답게 행동하시도록 상황을 열어 둡니다. 이에 예수께서 진실하게 반응하시며 여인의 딸을 치유하십니다. 이로써 이스라엘을 위해 풍성한 잔치를 여시고, 가나의 혼인 잔치에서 자신을 연회의 주인으로 드러내시며, 언제나 식탁을 개방해 다양한 사람들과 교제하시던 환대의 하나님의 모습이 유대 땅 너머에까지 계시되었습니다.

신약학자 루돌프 불트만이 언급했듯 수로보니게 여인 이야기는 예수 그리스도의 행동 변화에 초점이 놓여 있습니다.[b] 그런데 변화를 촉발한 것은 하나님 아들의 주체성이 아니라 그분 앞에 현존하던 타자인 이방인이었습니다. 변화의 초청 앞에 예수께서는 자신을 움직여 책임감 있게 응답하셨습니다. 여인의 딸은 치유되었고, 이방인과 유대인을 나누던 오랜 경계가 상대화되는 삶이라는 새로운 가능성이 현실로 나타났습니다. 실로, 두로의 한 집에서 일어난 사건을 통해 인류 전체가 하나님의 풍성한 잔치로 초청받는 날이 오리라는 희망의 빛깔이 더욱 짙어졌습니다.

[a] 참고. 크리스토퍼 A. 홀·토머스 C. 오든,『교부들의 성경 주해: 신약성경 3, 마르코 복음서』, 최원오 옮김(칠곡: 분도출판사, 2011), pp. 164-165.

[b] Rudolf Bultmann, *The History of the Synoptic Tradition*, trans. John Marsh (New York: Harper and Row, 1963), p. 38.『공관복음서 전승사』(대한기독교서회).

3장

환대와 선물

사람의 선물은 그의 길을 넓게 하며
또 존귀한 자 앞으로 그를 인도하느니라.

잠언 18:16

감사는 우리가 받은 것에 대한 수동적 반응이 아니다.
…우리 존재가 삶이라는 선물을 이해한다는 걸
보여 주는 심도 깊은 선험적 집중 상태이다.

데이비드 화이트[1]

가난하고 약하고 소외된 사람들의 삶에 깊은 관심을 보인 교황 프란치스코는 2013년 5월에 로마에 있는 난민 보호소 "마리아의 선물"(Dono di Maria)을 방문했습니다. 거기서 그는 집을 잃은 난민들을 앞에 두고 "환대와 섬김"이라는 제목의 강론을 했습니다. 그는 집은 "사람이 사랑을 받는 법과 주는 법을 배우는 장소"이자, "우리 삶이 성장하고 실현"되는 곳이기에 삶에서 가장 중요한 장소라고 칭송합니다.[2] 실제 인간은 집이란 공간에서 따스한 환영을 받고, 안정된 휴식을 취하며, 몸과 마음을 충전하며 삶의 풍요로움과 아름다움을 경험합니다.

곧이어 프란치스코는 서로를 환대하려면 집만큼이나 중요한 뭔가가 있다고 말합니다. 그것은 바로 '선물'입니다. 한국어로 선물(膳物)이 "남에게 어떤 물건 따위를 선사함"이란 뜻이기에,[3] 한국 문화에서는 선물을 흔히 물건이라고 생각하기 쉽습니다. 하지만 선물은 물성을 가진 상품이나 음식만이 아니라 정서적 지지나 영적 도움까지 포함합니다. 심지어 나라는 존재가 너에게 선물이 되고 너라는 존재가 나에게 선물이 됩니다. 이런저런 선물이 오고 가면서 각박한 현실 가운데 서로를 존중하고 용납하는 환대의 공간이 열리고 그 공간이 풍요롭게 채워집니다. 이렇게 환대와 선물이 밀접히 관련된 만큼, 선물 개념 없이는 환대의 본성을 이해하기도 환대를 실천하기도 쉽지 않습니다. 프란치스코는 여기서 한 발짝 더 나아갑니다. 진실한 선물 교환 이면에는 야만적인 소유와 경쟁의 논리와는 다른 섬김과 자비의 논리가 있습니다. 그렇기에 현대 사회를 지배하는 자본주의의 착취와 억압에서 해방되려면 "우리는 선물, 무상으로 베풂, 그리고 연대의 참된 의미를 되찾아야 합니다."[4]

그런데 문제는 실생활에서 선물이 늘 긍정적 결과만을 불러내지는 않는다는 데 있습니다. 선물을 받고서는 적절한 수준의 답례를 해야 한다는 압박감이 생길 수 있습니다. 선물이 개인의 인정 욕구를 충족하는 수단이나, 숨겨진 야심을 성취하고 사회적으로 성공하기 위한 뇌물이 됩니다. 수여자의 선한 의도를 악용하여 그의 자비심에 계속 의존하고 선물을 과하게 요구할지도 모릅니다. 선물을 받는 것을 권리로 여기다간 사람이 뻔뻔해집니다. 선물에 대한 과장된 감사는 특혜를 끌어내는 수단이 됩니다. 순수한 자발성이 사라지고 '선물과 답례'라는 의무적 형식만 남으면 서로 간 부담과 갈등만 가중합니다. 그런 의미에서 선물의 타락은 환대의 왜곡으로 이어집니다.[5]

물론 보답을 전혀 기대하지 않고 선물이 주어지는 상황도 있습니다. 선물을 받는 이가 답례할 만한 경제적 여유가 없는 사회적 약자일 때 더욱 그러합니다. 하지만 일방적으로 베풀어진 선물은 수여자가 수혜자에게 권력을 행사하는 수단이 될 위험을 안고 있습니다. 예를 들면, 연말이나 명절이면 노숙자 보호소나 보육원에 많은 선물이 전달됩니다. 그런데 간혹 어떤 기부자나 후원자는 도움을 받은 대가로 상대가 자기 신념에 동조하거나 자신이 원하는 대로 행동하기를 요구합니다. 자비로운 미소와 함께 값진 선물이 주어지지만, 타인의 사람됨을 위한 공간을 마련해 주는 환대의 정신은 없습니다. 오히려 자신의 언어와 행동으로 상대의 공간을 채움으로 타자의 공간을 박탈하는 폭력만 남습니다. 이처럼 베푸는 사람이 덕이 없다면 선물은 선물이 아니게 됩니다. 고대 로마의 철학자이자 정치인이었던 루키우스 안나이우스 세네카도 『베풂에 대하여』(*De Beneficiis*) 도입부에서 '은혜를 베푸는 사람의 예의'에 관한 논의를 펼칩니다.[6] 선물 교환이 왜곡되는 것은 수여자가 잘못한 경우가 많기 때문입니다.

은혜는 공격적인 태도로 베풀어서는 절대 안 된다. 너무 당연한 말 같지만 모욕은 친절보다 마음에 더 오래 남는 법이다. 친절은 사람들의 마음에서 바람처럼 금세 사라지지만 모욕은 진드기처럼 들러붙어 오랫동안 떨어지지 않는다. 그대가 은혜 입은 사람의 심기를 건드린다면 그에게 기대할 게 더는 없을 것이며, 아마 은혜 입은 사람도 받은 은혜만큼 되돌려주면 그만이라고 여길 것이 뻔하다.[7]

환대가 타인에게 선물을 주는 행위라면, 잘못된 선물 교환은 환대를 가로막습니다. 거짓으로 주어지거나 나쁜 의도로 주어진 선물은 인격과 공동체를 파괴하기에 거부해야 합니다. 그렇기에 선물과 환대 사이의 미묘한 관계를 명확히 알아야 하고, 이를 위해서는 선물의 사회적 기능을 다각도로 탐구해야 합니다.

선물 교환과 사회적 관계

현대 영어에서 명사로서 선물, 즉 gift는 "한 사람이 다른 사람에게 무상으로 건네는 것"을 뜻합니다.[8] 하지만 이런 깔끔한 정의와 달리 선물 교환에는 복잡다단한 상징적 의미가 얽혀 있습니다. 선물을 어떻게 주고받을지가 계약이나 법률로 완벽히 규정되지 않기에, 무엇이 '적절한' 선물인가는 상당 부분 문화적 관례 혹은 직감으로 결정됩니다. 호의의 표시인 선물일지라도 내용이나 형식이 잘못되면 상대에게 기쁨 대신 모멸감이나 부담감을 안겨 줍니다. 부유한 사람이 가난한 자를 돕는 구제 수단으로 선물이 쓰이지만, 같은 계층끼리 주고받는 값진 선물은 사회 계층을 고착하는 수단도 됩니다. 시대와 지역에 따라 선물에 관한 생각과 수여 방식에도 차이가 발생합니다. 과거에는 다른 나라 왕이 보낸 선물을 거부하거나 모욕하는 것은 외교적 갈등과 전쟁을 일으킬 정도로 공적 무게감이 있었습니다.[9] 반대로 적국에 보내는 과분한 선물은 오랜 전쟁을 끝낼 정도의 힘까지 가졌습니다.

현대 사회에서 선물을 학문적 논의의 대상으로 만든 기념비적 작품으로 프랑스의 사회학자 마르셀 모스의 『증여론』(*Essai sur le don*)을 꼽습니다. 1925년에 선보인 이 책에서 모스는 민족지학 연구물과 고대법을 분석함으로써, 사회의 근간이 되는 상호 의존성과 호혜성의 본질을 탐구했습니다. 모스에 따르면, 고대 문명 그리고 아직 근대화가 안 이뤄진 지역에서는 사회적 관계가 주로 매매가 아니라 재물을 '주고, 받고, 되돌려주는' 순환 운동을 통해 형성됩니다. 이처럼 선물이 교환될 때 인격의 순환도 함께 이뤄지며 사회성이 직조되고 도덕적 유대가 만들어집니다. 『증여론』의 서문, "증여, 특히 선물에 답례해야 하는 의무에 관해서"에 소개된 고대 북유럽의 서사시 일부를 인용해보겠습니다.

> 누구나 친구에 대해서는
> 친구로 있지 않으면 안 되며,
> 또 선물에 대해서는
> 선물로 답례하지 않으면 안 된다.
> 웃음에 대해서는 웃음으로 답하고,

거짓말에 대해서는

속임수로 대응하지 않으면 안 된다.¹⁰

모스는 근대에 이르러 계약과 사유 재산 중심으로 사회를 재편하기 전까지 수천 년간 인류 대다수가 증여와 답례를 통해 사회를 유지해 왔다고 봅니다. 그가 제시한 풍성한 내용과 빛나는 통찰은 사회를 개인들 사이에서 이루어지는 계약의 산물로 보는 근대적 상상력에 엄청난 도전을 던졌습니다.

『증여론』이 출간되고 약 한 세기가 흐르는 동안 여러 학자가 모스의 업적을 발판 삼아 선물 담론을 발전시켰습니다. 모스를 뒤따른 초기 연구는 공적 영역에서 증여가 차지하는 비중이 시대에 따라 점진적으로 변화하였고, 자본주의적 시장 경제의 성립 이후 약화하거나 주변화하였다고 보는 경향이 농후했습니다. 하지만 최근 연구자들은 선물 증여와 시장 제도를 선후 관계로 보는 발전주의적 역사관에 의문을 던집니다. 대표적으로 미국의 역사학자 나탈리 제먼 데이비스의 말을 들어봅시다.

선물 양식은 두 개의 다른 양식과 함께 존재한다. 하나는 **매매** 양식, 즉 시장을 통한 구입과 판매의 양식이며, 다른 하나는 절도, 처벌에 따른 압류, 강요받은 지불(당사자가 동의하지 않은 과세처럼)과 같은 **강제** 양식이다. 선물 양식은 매매 양식이나 강제 양식과 때로는 경쟁 관계에 있을 수도 있다. 이것들은 한데 모일 수도 있으며, 밀접한 상호작용을 하거나 중첩될 수도 있다.¹¹

데이비스의 말대로 근대화 이후에도 삶 가운데 여러 사회적 관계 양식이 공존합니다. 자본주의가 고도로 발달한 대한민국에 여전히 축의금이나 부조금이라는 관례가 남아 있는 것이 대표 사례입니다. 그렇다면 강제, 매매, 선물에는 어떤 특성이 있는지 간략히 살펴보겠습니다.

우선, '강제적' 행위에는 대표적으로 절도, 탈취같이 반사회적이고 폭력적인 행위가 있습니다. 하지만 압류, 징수같이 사회 질서를 유지하기 위한 불가피하고 합법적인 행위도 있습니다. 약탈과 사기와 도적질을 억제하기 위해 경찰력이나 군사력을 사용하는 것은 우리가 완전히 구속된 세계가 아니라 악의 파괴적 영향력과 함께하는 세계에 살아야 하는 이상 필요합니다. 사도 바울이나 많은 신학자가 정부의 공권력을 인정하고 지지하는 이유도 여기에 있습니다.[12] 하지만 아무리 법에 기초하고 공공의 이익을 위한다고 할지라도, 강압적 방식만으로는 상호 신뢰나 사회적 유대를 형성하기는 어렵다는 한계가 있습니다.

다음으로, '합법적' 판매와 구매는 사회적 관계를 만들고 지탱하는 데 큰 역할을 합니다. 인간이 정신적으로든 육체적으로든 일을 하면 노동에 대한 대가가 지급되고, 이를 가지고 타인이 생산한 상품을 구매할 능력이 생깁니다. 시장에서는 생산자와 소비자가 멀리 떨어져 있고 서로를 모르고도 매매가 가능한 만큼,[13] 화폐를 매개로 한 교환 경제는 사회를 크게 확장하고 그 속에서 일어나는 상호작용도 증가시킵니다. 종교개혁자 장 칼뱅은 화폐를 매개로 한 교환 경제가 사람과 사람을 연결하고, 재화의 흐름을 촉발하며, 노동을 분화시킴으로써 각자가 가진 필요를 충족시키고 부의 재분배를 일으킨다는 의미에서 하나님이 사용하시는 섭리의 도구로도 보았습니다.[14] 그런데 시장은 그 특성상 상품이 될 수 없던 것마저 상품화합니다. 타인과 얼굴과 얼굴을 맞대는 것이 아니라 법과 계약을 매개로 대면하게 만듭니다. 그 결과 시장 경제가 발달한 사회는 공동체를 기반으로 한 사람 사이의 인격적 교류가 줄어듭니다. 대신 개인주의적이고 물질주의적이고 소비주의적인 풍토가 형성될 가능성이 큽니다.

셋 중 마지막으로 살펴볼 것은 '선물' 양식입니다. 오랜 기간 선물이 사람과 사람의 연대를 형성하는 데 크게 이바지했지만, 선물의 사회적 역할에 비판적인 목소리도 분명 있습니다. 거대하고 복잡한 사회망을 촘촘히 메꾸기에는 선물은 산발적이거나 비체계적입니다. 주고받는 선물의 가치를 모두가 납득할 정도로 객관화하기 힘듭니다. 선물 제도가 타락하며 여러 문제를 일으킬 여지가 농후한 만큼, 상호 합의에 따라 만들어진 법에 따라 관계를 규정하는 계약이 현대 사회에 더 적합해 보입니다. 하지만 호의와 자발성에 기초하는 선물을 주고받을 때 생기는 기쁨과 신뢰와 감사 등은 다른 사회적 양식이 채워 주지 못한 인간 삶의 근원적 필요와 맞닿아 있습니다. 특히 오늘날 시장 경제의 힘이 도덕과 정치와 종교의 영역까지 잠식할 정도로 비대해지다 보니, '비시장 관계'에 기초한 사회적 삶에 대한 상상력이 필요하다는 목소리가 힘을 얻고 있습니다.

선물 교환과 그리스도인의 삶

예부터 지금까지 강압, 매매, 선물 양식 모두가 다 나름의 사회적 역할을 담당합니다. 사회진화론적 관점에서 하나의 양식이 다른 양식을 대체하며 인류 역사가 발전했다거나, 특정 양식이 전적으로 뒤떨어졌다고 단정하는 것은 부적절합니다. 하지만 각 양식이 내포한 가치에는 차이가 있습니다. 신학적·윤리적 견해에 따라 특정 양식을 선호할 수도 있습니다. 강압, 매매, 선물이 가진 각각의 의미와 역할을 획일한 기준으로 평가할 수도 없는 만큼 이들의 관계를 차별화하며 이해하고 질서 지울 지혜가 필요합니다. 크로아티아 출신인 미국의 신학자 미로슬라브 볼프는 신약성경에서 권위 있는 답변을 찾아냅니다.[15]

> 도둑질을 하는 사람은 다시는 도둑질을 하지 말고, 수고를 하여, 제 손으로 떳떳하게 벌이를 하십시오. 그리하여 오히려 궁핍한 사람들에게 나누어 줄 것이 있도록 하십시오. (엡 4:28, 표준새번역)

우선 바울은 '도둑질'하는 사람은 기만적이고 강압적인 술수로 재화를 얻는 불법에서 떠나라는 권면부터 합니다. 그리스도인은 사회 내에서 인정하는 '합법적'인 일을 해야 합니다. 하지만 거기서 멈춰서 안 됩니다. 우리는 궁극적으로 도움이 필요한 사람에게 '베푸는' 자가 되어야 합니다. 이 짧은 구절에서 우리는 선물 증여에 대한 기독교적 이해를 배울 수 있습니다.

첫째, 베푸는 자가 되려면 우리는 정직하고 올바르게 얻은 재화를 선물해야 합니다. 볼프도 "부(富)가 우리에게로 뛰어들지 않는 한, 우리는 합법적으로 얻는 자가 되어야만 베푸는 자가 될 수" 있다고 주장합니다.[16] 정상적인 노동과 수입, 합법적인 판매와 구입은 올바른 선물 교환의 전제입니다. 불법으로 모은 부를 가지고 크게 베푼다면 그가 주는 선물은 사실 어디선가 다른 누군가의 재화를 '강탈'한 것입니다. 타인에게 베푸는 선물이 자신의 추악함이나 양심의 가책을 은폐하고자 '자신에게' 주는 선물이 될 수도 있습니다.

둘째, 매매 양식과 선물 양식의 역사적 선후 관계를 따지는 것은 부적절해도 전자는 후자를 위해 선행되어야 합니다. 돈이든 물건이든 누군가에게 좋은 것을 베풀려면 먼저 일을 해서 재화를 마련해야 합니다. 그런데 어떤 종류의 노동은 직접 다른 사람의 삶을 행복하게 만들거나 도움이 될 수 있습니다. 노동은 밥벌이 수단이자 타인을 위한 선물의 전제지만 그 자체로도 선물이 될 수 있습니다.[17] 노동이 선물과 깊이 결부되어 있음을 자각할 때 우리는 업무 자체나 거기서 얻는 수입을 노동의 목적으로 삼지 않게 됩니다. 그 대신, 일상에서 주어지는 책무를 수행하는 것을 '이웃 사랑'이라는 크고 선한 목적의 빛 아래서 보게 됩니다.[18]

끝으로, 바울은 '도둑질'로부터 '떳떳한 벌이'를 통한 '베풂'까지의 과정을 그리스도인의 성화라는 맥락에서 설명합니다. 즉, 선물 수여야말로 그리스도인의 지향할 바입니다. 그렇다고 선물이 만들어 내는 사회적 연대를 교회의 틀 안으로 제한하거나, 교회 밖에서 일어나는 선물 교환은 인간의 죄성으로 타락했다고 볼 필요가 지는 없습니다. 오히려 인간이 주고받는 선물은 한계와 오용에도 불구하고 사회를 살 만한 곳으로 만드는 데 이바지했음을 인정해야 합니다. 종교 공동체나 비영리 단체일지라도 거기서 선물 교환이 왜곡되거나 아예 일어나지 않는다면 그곳에서 구성원들의 인간다움이 억압되고 있는지 살펴볼 일입니다.

이처럼 선물은 오랜 기간 인류의 사회적 삶을 지탱해 왔고, 그리스도인이 그리스도인다워지는 데도 지대한 역할을 했습니다. 경제적 가치로 따져 볼 때 선물은 무용하고 비효율적일지 모릅니다. 하지만 우리가 일상에서 경험하듯 선물을 주고받을 때는 현금이나 신용카드로 결제할 때와 달리 뭔가 마음을 움직이거나 끈끈한 것이 오갑니다. 그 느낌에 힘입어 우리는 아무 보상이 없을지라도 타인에게 기꺼이 좋은 것을 베풀려 합니다. 그렇다면 이제 무엇이 선물에 이토록 놀라운 힘과 독특한 느낌을 부여하는지 살펴볼 차례입니다.

선물의 사회적 역할

인류 역사에서 선물에 관한 광범위하고 깊이 있는 논의를 펼친 사람 중 하나로 세네카를 들 수 있습니다. 그는 선물이 가진 특별한 힘의 실체를 규명하고자 선물을 받을 때 우리가 수여자에게 무엇을 빚지는지 질문합니다. 그것이 돈일 수도, 물건일 수도, 직업일 수도, 명예일 수도, 시와 노래 같은 창작물일 수도 있습니다. 하지만 이 모든 것 이면에는 공통으로 '은혜'가 있습니다. 즉, 선물을 통해 전달되는 '은혜'와 은혜를 전달하는 도구인 '선물'은 구분됩니다. 그렇기에 선물을 베풀 때 선물 자체보다 중요한 것은 베푸는 사람의 '의도'이고, 선물을 받고 얻는 것은 은혜가 일으킨 '기쁨'입니다.

> 베푸는 행위와 선물은 좋은 것도 아니고 나쁜 것도 아닌 반면, 은혜는 반드시 좋은 것이다. 이 점을 고려한다면, 행위나 선물이 의도와 얼마나 큰 차이가 있는지 알 수 있을 것이다. 사소한 것을 의미 있게 만드는 것은 다름 아닌 베푸는 사람의 의도이며, 이 의도야말로 별 볼 일 없는 것에 빛을 비춘다.[19]

이것이 우리가 값싼 선물에 감동할 수도, 비싼 선물을 받고도 시큰둥할 수도, 물건 없이 마음만으로 감사할 수도 있는 이유입니다. 선물의 종류나 크기나 값어치가 아니라 그 이면의 의도가 중요하다는 것은 어떤 면에서 종교적 지혜, 특히 마음을 중요시하는 성경의 가르침과도 닮아 보입니다(삼상 16:7; 막 12:38-44; 눅 18:9-14 등).

그렇다면 선물을 통해 은혜를 올바로 전달하고 제대로 수용하는 방법은 무엇일까요? 세네카의 답변은 간단합니다. 베푸는 사람은 자신의 은혜를 '기억'하지 말아야 하고, 받은 사람은 은혜를 마음 깊이 '기억'해야 합니다.[20] 이로써 선물을 주는 자는 친절을 가장하여 자신의 인정 욕구나 타인에 대한 지배욕을 충족하지 않을 수 있습니다. 반대로 선물을 받은 사람은 자신이 입은 은혜에 적절히 보답할 방법을 찾게 됩니다. 한쪽은 망각하고 다른 한쪽은 기억한다는 비대칭성 덕분에 은혜는 둘 사이를 순환하게 됩니다. 선물을 받은 수혜자가 답례하면, 이제 수여자가 수혜자가 되며 둘의 위치는 자연스레 바뀝니다. 은혜가 오가며 상호성이 이뤄질 때 '기쁨'이 생겨나 둘 사이에 흐릅니다. 이는 강압적 관계에서 나오는 희열과 비루함, 계약적 매매에서 얻는 쾌락과 성취감과는 전혀 다른 사회적 정서입니다.

선물이 만들어 낸 기쁨은 경제적 가치로 셈하거나 실용적으로 사용하기에는 '무용'하고 '잉여적'입니다. 하지만 베풀려는 의지가 인간과 인간을 결합하고, 베푸는 방법을 상황에 따라 조율하는 중에 기쁨이 사회적 관계의 섬세한 망에 삼투합니다. 이로써 개인과 공동체의 삶 전체의 도덕적 색조가 변화합니다. 그런 의미에서 세네카는 과하지도 모자라지도 않게 선물을 베푸는 일이 "인간 사회를 하나로 만드는 가장 중요한 것"이고,[21] 반대로 은혜를 잊거나 무시하는 배은망덕함은 수치스러운 일이요 사회를 좀먹는 악한 일이라고 보았습니다.

선물을 이야기할 때 빼놓을 수 없는 또 다른 사회적 감정이 있습니다. 그것은 바로 '감사'입니다. 감사는 상대의 관대함에 대한 내적 반응입니다. 감사가 종교나 신학에서 차지하는 위상과 달리, 철학이나 사회학 등에서 감사는 오랫동안 주목받지 못했습니다. 하지만 최근 감사를 포함한 일련의 도덕 감정이 사회적 결속이나 공정성 등과 긴밀히 연관되었다는 연구 결과가 나오고 있습니다.[22]

현대적 감각으로 감사의 사회적 기능을 분석한 선구자로 짐멜을 꼽을 수 있습니다. 19세기 중반 독일에서 태어난 그는 산업화와 자본주의화가 서유럽 사회를 근원적으로 바꿔 놓는 것을 보며 일생을 보냈습니다. 그런 만큼 그의 관심사는 근대성의 특성과 이를 직조하는 사회적 심리에 놓여 있었습니다.

짐멜에 따르면, 근대 세계는 인간 삶에 엄청난 자유를 부여한 것과 더불어 "실제적인 삶의 내용들에 역시 비교할 수 없을 정도의 객관성을 부여"하였습니다.[23] 그 결과 개인과 개인 사이의 사적 물물 교환은 줄어드는 대신, 법률적 규제 아래서 상품과 화폐를 교환하는 매매 활동이 증대하였습니다. 하지만 근대 사회에도 돈이나 물건으로 가치를 따지거나 교환하도록 강제하지 못하는 영역이 여전히 남아 있습니다. 법률 형식이 적용되지 않는 상호 호혜적 관계도 있습니다. 사회에서 화폐를 대신하거나 보완할 대응물이 필요한 경우 감사는 '법의 대리자' 역할을 수행해 왔습니다. 즉, "감사는 모든 외적 강제가 기능을 발휘하지 못할 때 상호작용의 끈, 다시 말해 사람들 사이에 주고받는 행위의 균형을 유지하는 끈을 제공"합니다.[24]

교환의 매개라는 점에서 화폐와 감사의 역할은 유사하지만, 둘이 만들어 내는 관계의 양상은 크게 다릅니다. 그 차이를 짐멜은 관계가 일회적인지 지속적인지로 구분합니다. 법률이 규제하는 상거래에서 판매자와 소비자의 관계는 인격적인 것이 개입할 여지가 없이 객관화되어 있습니다. 상품을 판매하고 값을 치르면 서로에게 빚진 것이 없는 만큼 이때의 가치 교환은 일회적입니다. 반대로 선물을 받고 상대가 베푼 호의에 감사를 표하면, 이후에도 마음에는 선물과 함께 전달된 친절함이 머뭅니다. 받은 것에 충분히 보답하지 못했다는 아쉬움도 어른거립니다. 감사는 우리 안에 남아 생각과 감정과 언행에 계속 영향을 끼칩니다. 이로써 우리가 세상을 대하는 방법에도 변화가 생기고, 타인에게 베풀 수 있는 관대함도 자라납니다.[25] 짐멜의 말을 들어 보겠습니다.

> 감사는 비옥한 감정의 토양이다. 이 토양에서 자라나는 것은 단지 개인들 사이의 특정한 행위만이 아니다. 그 밖에도 감사라는 비옥한 감정의 토양은 우리의 행위를 수정시켜 주거나 강화시켜 주는 기능을 한다.···다시 말해 감사는 인간의 행위를 과거의 행위와 연결시켜 주고, 행위의 인격적 요소를 풍부하게 해 주며, 지속적인 상호작용을 가능하게 해 준다.[26]

감사라는 사회적 감정은 개인의 마음에서 발생했기에 주관적이지만, "베를 짜듯이 수없이 이리저리 얽혀서 사회를 가장 강력하게 결속시키는 수단 가운데 하나"가 됩니다.[27] 그렇기에 선물 교환에서 일어나는 감사의 기능을 사적 영역에 한정하는 것은 부적절합니다. 오히려 감사가 가진 사회적 역할을 제대로 파악하고, 객관화된 매매로만 채워질 수 없는 우리 삶의 공적 모습을 그려 볼 필요가 있습니다.

　정리하자면, 선물 교환은 사람과 사람 사이를 기쁨과 감사로 결합함으로써, 힘이나 법률로 다스려지는 세상과는 다른 세상의 가능성을 보게 해 줍니다. 이러한 감정은 일상에 독특한 도덕적 영향력을 끼치고, 사회 내에서 이익 추구만이 아니라 인격 교환이 이뤄지게 합니다. 하지만 여기서 질문을 던지지 않을 수 없습니다. 실생활에서는 선물 수여가 훈훈하게만 이루어지지는 않는데, 그렇다면 선물 교환의 부작용을 막을 방법이 있을까요? 이러한 선물 담론에서 기독교 신학은 어떤 차이를 만들어 낼 수 있을까요?

선물의 상호성과 일방성

사회 구성원 모두가 스스로 자기 삶을 개척할 수 있고 노력한 만큼 보상을 받으며 타인의 도움 없이 생존할 수 있다면 좋겠지만 현실은 그러하지 못합니다. 이 같은 현실은 세네카가 사람들이 "아낌없이 은혜를 베풀고, 스스럼없이 은혜를 입으며, 또 기꺼이 은혜를 갚을 줄" 아는 사회를 꿈꾸게 했습니다.[28] 이러한 사회에서 이상적 인간이란 타인을 위해 기꺼이 도움을 줄 수도 있어야 하지만, 은혜 입음을 수치스럽거나 부담스럽게 여기지 않을 수도 있어야 합니다. 이 지점에서 세네카가 본 선물의 가장 큰 덕목은 '상호 호혜성'입니다. 세네카의 이론에서 중요한 것은 은혜가 멈추지 않고 사람과 사람 사이를 움직이게 하는 실천적 지혜입니다. 이를 설명하고자 그는 스토아 철학자 크리시포스가 제시했던 공놀이 비유를 끌어들입니다.

공놀이를 하던 중에 공이 땅바닥에 떨어졌다면, 이는 던지는 사람의 실수나 받는 사람의 실수 때문일 것이다. 두 사람이 적절한 방식으로 공을 주고받는다면 놀이는 계속될 수 있다. 훌륭한 선수는 상대편이 키가 큰지 작은지에 따라 공을 다르게 던질 것이다. 은혜를 베푸는 방식도 이와 마찬가지이다. 은혜를 베풀고 입는 사람 모두 자신의 사회적 역할에 적절한 방식이 아니라면, 선물을 제대로 베풀 수도, 제대로 받을 수도 없다.[29]

공을 주고받을 때와 비슷하게 선물 교환에 참여하는 사람들 사이에도 기쁨이 공유되고 유대가 형성됩니다. 그런데 처음 공놀이하는 사람에게는 공을 받기 쉽게 보내야 하지만, 공놀이에 숙달한 이에게는 공을 빠르게 던져도 됩니다. 안 그러면 놀이를 해도 기분만 상하고 재미도 없습니다. 공놀이와 비슷하게 선물 교환에서도 은혜를 베푸는 사람과 받는 사람 사이의 관계는 세심하고 섬세하게 조율되어야 합니다.

선물 교환에서 상호성과 호혜성이 언제나 순수한 상태로 남거나 서로를 유익하게 만드는 것은 아닙니다. 선물 수여는 답례의 의무와 쌍으로 묶이기에 수혜자는 선물을 받자마자 물질적으로든 정서적으로든 수여자에게 빚진 상태가 됩니다. 따라서 선물을 받기만 하고 보답하지 않으면 결국 갈등이 일어나게 됩니다. 반대로 선물을 과하게 함으로써 수혜자로부터 대가를 끌어낸다면, 선물은 이기적이고 타산적인 목적에 봉사하는 수단일 뿐입니다.[30] 이처럼 상호 호혜성은 쉽사리 타락하기에 '값없이 주어지는 선물'이란 실생활에서 불가능해 보이기까지 합니다.

이러한 선물의 역설을 철저히 탐구한 사람으로 현대 철학자 데리다가 있습니다.[31] 인간이 더불어 사는 곳에는 베풂이 필요하고, 환대가 실천되는 곳에서는 선물이 주어집니다. 하지만 선물이 누군가에게 주어지는 순간 그것은 엄밀한 의미에서 더는 선물이라고 하기 힘듭니다. 선물이 수혜자에게 보답의 의무를 즉각 발생하며 일종의 채무 관계를 만들기 때문입니다. '호의로 남에게 주는 것'이라는 선물의 사전적 정의에 충실하려면, 선물은 수여자의 '순수한 베풂'으로 남아야 합니다. 그렇기에 데리다는 말합니다. "[주어진 것으로서 선물은] 순환되어선 안 된다. 그것은 교환되어선 안 된다. 선물이기에 그것은 교환하다가 어떤 식으로든 고갈되어서는 안 된다. 순환 운동에서 출발점으로 돌아와선 안 된다."[32]

데리다에게 선물은 철저하게 '비순환적'이고 '무조건적'이며 '비경제적'인 증여이어야 합니다. 진정한 선물은 교환과 보상이라는 경제적 관계 너머에 있기에 그 형태는 언제나 '잉여적'입니다. 이같은 선물 수여는 시공간에서 이루어질 수 없기에 언제나 '미루어진' 상태로 있습니다. 그렇기에 그는 순수한 선물은 사실상 불가능하다고 보지만, 사회적 관계에서 선물이 여전히 필요하고 중요하다는 현실은 인정합니다. 이러한 역설 가운데서 우리는 선물을 베풀어야 합니다. 빚이나 교환 등의 경제적 개념이 들어와 그 순수성이 훼손되지 않도록, 즉 타인에게 관대하게 베풀되 대가와 보상을 바라지 않으며 선물할 수 있어야 합니다. 이러한 도달하지 못할 이상, 혹은 '불가능성의 가능성'이 데리다의 선물 개념 핵심에 있습니다. 무조건적이고 순수한 선물을 논하는 것은 인간이 선물을 궁극적 형태로 베풀 수 있기 때문이 아닙니다. 더 완전한 선물 수여를 향해 나아가려는 추동성 자체를 어떻게든 긍정하고 언어화하기 위함입니다. 무조건적 선물이 불가능할지라도 그것을 가능하게 하려는 애씀 덕분에 타자를 향한 윤리적 감각이 더욱 또렷해지기 때문입니다.

이처럼 선물의 왜곡 가능성은 '상호 호혜성'에 뿌리박고 있습니다. 그리고 역사에서 그 부정적 가능성은 다양하게 현실화하였습니다. 풍자와 과장으로 유명한 16세기 프랑스의 대문호 프랑수아 라블레는 『팡타그뤼엘 제3서』(*Le Tiers livre des faits et dits Héroïques du noble Pantagruel*)에서 상호 호혜성의 역설을 제대로 비꼽니다. 팡타그뤼엘은 자신이 정복한 왕국 일부를 파르쥐느에게 하사합니다. 영주가 된 파르쥐느가 2주 만에 재정을 탕진하자, 팡타그뤼엘은 파르쥐느를 불러다 타이릅니다. 그러자 뻔뻔하게 파르쥐느는 자기는 빚을 안 갚을 것이고, 오히려 채무야말로 참 인간애의 기초라는 궤변을 늘어놓습니다. 그에 따르면, 빚진 자가 건강하고 부자가 되게 해 달라고 진심으로 기도하는 부류는 세상에 딱 하나입니다. 바로 채권자입니다. 채무자가 돈을 갚지 못하고 죽을까 겁나서입니다. 그러니 서로 시기하고 거짓을 일삼는 세상에서 행복하고 건강하려면 나를 위해 진심으로 기도해 줄 채권자가 필요합니다.

이런 기이한 논리를 확장해 파르쥐느는 "아무것도 빌려주지 않는 세상은 지독한 곳이 될 수밖에" 없고, 결국 "이 세상에서 믿음과 희망, 자비가 사라질" 것이라 열변을 토합니다.[33] 채무의 원리가 없다면 우주마저 지탱되지 못할 거라 경고합니다. 그것은 소우주인 인간만 봐도 알 수 있습니다.

> [아무 빚도 지지 않으려는 끔찍한 세상에서] 머리는 손과 발을 안내하기 위해 눈의 시력을 빌려주려 하지 않을 겁니다. 발은 머리를 지탱하려 하지 않을 겁니다. 손은 머리를 위해 일하기를 멈출 것입니다. 심장은 사지의 맥박을 위해 그토록 자주 움직여야 하는 데 화가 나서 더 이상 피를 제공하려 하지 않을 겁니다.…그렇게 되면 인간은 틀림없이 죽을 수밖에 없겠지요.…그러면 육신은 바로 부패해 버릴 것이고, 분개한 영혼은 내 돈을 뒤쫓아 모든 악마들에게로 달려가겠지요.[34]

이처럼 기막힌 풍자가 맥락 없이 나온 것은 아닙니다. 역사학자 데이비스가 관찰했듯, 파르쥐느의 궤변은 여러 선물 제도가 공존하다 못해 혼란을 일으키고 종교개혁의 여파로 은혜에 대한 어긋난 이해가 갈등을 일으키던 16세기 프랑스 사회상을 반영합니다.[35]

   파르쥐느의 끝없는 허풍에 팡타그뤼엘은 설득되기는커녕 다음 한마디로 장광설을 멈춰 세웁니다. "(성스러운 사도께서 말씀하시기를) 서로에 대한 사랑과 자비 말고는 누구에게든 빚지지 말라고 하셨네."[36] 이 말과 함께 둘 사이의 대화 주제가 다른 곳으로 흘러가며 상호 호혜성에 대한 기막힌 풍자가 일단락됩니다. 이로 보아 1세기 사람 바울은 파르쥐느의 달변을 무색하게 할 정도로, 혹은 자신의 동시대인인 세네카가 가졌던 상호 호혜성 개념과는 차별화된, 획기적인 선물과 빚 개념을 제시한 것이 틀림없어 보입니다.

하나님의 선물과 인간의 선물

성경에서 선물은 다양한 용례로 사용됩니다. 재물과 금은보화와 같이 일반적 의미의 선물도 있지만, 땅의 수확물(신 33:14-16)과 성읍(대하 21:3), 재산과 상속(겔 46:16-17) 등도 선물로 이해됩니다. 기다리던 아기(창 30:20), 성스러운 직분(신 18:6-8), 인생의 즐거움(전 3:13), 하나님의 구원(엡 2:8), 성령의 은사(엡 4:7) 등도 선물이라고 불립니다.

성경의 여러 저자 중 바울은 하나님의 은혜를 다양한 맥락에서 선물로 설명한 대표적 사람입니다. 이때 그가 많이 사용하는 그리스어 단어는 선물, 호의, 감사 등을 뜻하는 카리스(χάρις)인데, 이는 한국어 성경에는 주로 '은혜'로 번역됩니다(고후 8:9; 갈 2:21 등). 알고 보면 바울은 선물에 관해 전례 없는 도발적 발언을 했습니다. 예수 그리스도와 그의 복음이 바로 선물이라는 것입니다(고후 9:15).[37] 하나님은 자기 아들을 통해 구원을 선물로 거저 주셨습니다(롬 4:4-5; 8:32; 10:12-3; 11:6 등). 심지어 그리스도는 하나님의 선물이면서 동시에 자신을 선물로 주시는 분이기까지 합니다(갈 1:4-5).

바울이 하나님의 은혜로서 선물을 언급할 때, 그는 동시대 사상가들과 어떻게 차별화될까요? 영국의 신약학자 존 M. G. 바클레이에 따르면 바울의 선물 개념에는 여러 독특한 점이 있지만, 그중 유독 특별한 것은 '비상응성'(incongruity)입니다.[38] 선물의 비상응성이란 받는 사람의 가치와 전혀 상관없이 주어지는 은혜의 특성을 가리킵니다. 이러한 생각이 바울의 신학에 익숙한 현대 그리스도인에게는 특별하지 않게 들리겠지만, 기독교의 은혜 개념을 몰랐던 고대 그리스-로마 사회나 유대 사회에서는 매우 기이한 발상이었습니다.

우리 속담에 "돼지 목에 진주 목걸이"란 말이 있듯, 예나 지금이나 선물은 그 가치에 부합할 만한 수여자에게 주는 것이 예의에 맞습니다. 조건을 따지지 않고 베풀어야 할 때도 있겠지만, 선물을 계속 무차별적으로 수여하다 보면 그 선물 자체가 하찮아 보이게 됩니다. 수여자의 업적이나 노력과 상관없이 선물을 주는 것은 정의의 원칙에 어긋날 수도 있습니다. 세네카도 선물 수여 시 주의할 점으로 '교만하게 베푸는 것'과 '해가 될 물건을 주는 것'과 더불어 '서로의 격에 맞지 않게 베푸는 것'을 꼽았습니다.[39] 선물은 수여자의 의도와 능력만이 아니라 수혜자의 지위와 자격도 세심하게 고려하며 주어져야 합니다.

하지만 바울에 따르면 하나님의 은혜는 보수도 아니고, 행위에 기반하지도 않으며, 수혜자의 혈통이나 자격에 따라 수여되지도 않습니다. 바울이 만난 하나님은 유대인과 이방인을 가리지 않고, 남녀나 사회적 지위를 구분하지 않으실 뿐 아니라, 심지어 자신 같은 죄인까지도 조건 없이 용납하신 분이었습니다(갈 3:28; 딤전 1:15 등). 즉, 하나님이 베푸시는 선물은 '철저히' 비상응적입니다.[40] 하지만 주의할 점이 있습니다. 바울은 은혜가 대가 없이 주어졌지만, 수혜자의 반응과 답례를 끌어낸다고 봅니다. 달리 말하면, 바울에게 선물의 '비상응성'과 '순환성'은 구분되지만 상호 배타적이지 않습니다.

그런 점에서 선물의 '순환'을 강조한 1세기 유대인 바울은 선물의 '비순환'을 주장한 20세기 프랑스인 데리다와 결을 달리합니다. 사적 이익을 추구하지 않게 상호성을 배제함으로써 순수한 선물을 만드려는 것은 현대인의 정서 속에서 일어난 일인 만큼 바울에게는 낯선 생각입니다.[41] 이 지점에서 바울의 선물 개념에 대한 바클레이의 요약을 들어 보겠습니다.

> 은혜는 사전 조건이 없고 가치나 능력과는 상관없이 주어진다는 의미에서 '값없이' 주어진다. 그러나 이것은 보답에 대한 기대 없이, 반응에 대한 희망 없이, '아무런 부대조건 없이' 주어진다는 의미는 결코 아니다.…우리가 확인했듯이, 그리스도-선물은 강한 기대를 동반하는데, 이는 그 선물이 변혁적이기 때문이다. 이것은 자아를 새롭게 빚어내고 신자들의 공동체를 재창조한다. 그러므로 인간적 실천 속에서 나타나는 이 신적 선물의 사회적 효과는 은혜의 필수적인 구성 요소다. 이러한 효과들은 어떤 부가적이거나 최종적인 은혜의 선물을 획득하기 위한 도구적인 것이 아니라, 인간의 삶 속에서 나타나는 은혜에 대한 필연적인(피할 수 없고, 적절한) 표현이다.[42]

바클레이는 바울서신에서 인간이 하나님께 돌려드리는 선물의 구체적 사례 셋을 제시합니다.[43] 첫째는 그리스도의 몸 안에서 여러 선물, 즉 은사를 실천하는 것입니다(고전 12장). 둘째는 은혜 안에서 동역자끼리 서로 지지하는 것이며(빌 1:7), 셋째는 예루살렘을 위해 조성한 선물인 연보입니다(고후 8-9장). 이 모두에서 하나님의

선물에 대한 보답은 사실 타인과 공동체에 관대하게 베푸는 일로 이해되고 있습니다.[44]

바울의 영향으로 선물과 은혜의 언어는 기독교 신학의 중심에 위치하게 되었습니다. 하지만 안타깝게도 바울을 어떻게 읽느냐에 따라 교회의 대분열까지 일어났습니다.[45] 중세 가톨릭 신학에서는 선물의 '상호 호혜성'이 강조되었던 만큼, 하나님의 은혜에 대한 답례로서 인간이 미사나 이웃 사랑 등을 통해 쌓은 공로가 중요한 역할을 하였습니다. 그런데 은혜와 공로의 교환이라는 틀 속에서 구원론의 논리가 굳어지다, 공로를 통해 은혜를 얻어 낸다는 논리 역전이 일어나며 복음의 왜곡이 일어날 위험에 노출되었습니다. 이에 대한 반작용으로 루터나 칼뱅 등은 구원은 보속과 선행으로 획득하는 것이 아니라 하나님의 '일방적' 선물이라 주장했습니다. 이들은 신적 선물의 일방성을 강조하고자 한편으로는 인간이 자신의 구원에 전혀 이바지하지 못할 정도로 철저히 타락했음을, 다른 한편으로는 조건을 따지지 않는 하나님의 은혜는 비상응적임을 강조했습니다.

이러한 급진적 주장 때문에 종교개혁 신학은 하나님과 인간의 관계를 '비순환적'으로 이해했고, 더 나아가 인간 사이의 선물 수여도 상호 교환이 아니라 일방적 베풂이어야 한다고 주장한 것으로 알려져 있습니다.[46] 하지만 이는 지나치게 단순화된 평가로 보입니다. 오히려 루터나 칼뱅 등은 바울 신학을 급진화하면서도, 선물의 상호성과 호혜성이 왜곡되지 않을 길도 바울을 통해 찾으려 했다고 봐야 할 겁니다. 그 구체적 예로 루터의 초기 신학을 살펴봅시다.

마르틴 루터 신학에서 하나님의 선물

기독교에서 창조주와 피조물, 혹은 구원자와 죄인, 하나님과 인간의 관계는 비상응적입니다. 하나님은 '조건 없이' 무로부터 세계를 만드셨고, '조건 없이' 죄인인 우리를 용서하셨고, '조건 없이' 성령의 선물을 주십니다. 하나님과 인간의 관계가 이처럼 '비경쟁적'이기에, 하나님의 선물이 만들어 내는 상호 호혜성은 인간 사이의 상호 호혜성과는 질적으로 다릅니다. 반면, 유한한 피조물들은 지구 표면 위에서 제한된 자원을 둘러싸고 서로 힘을 '경쟁적'으로 사용합니다. 이러한 권력의 구도 속에서 우리가 선물을 주고받기에 선물은 쉽사리 타락하게 됩니다. 하나님이 인간을 다루시는 방식, 그리고 하나님이 우리에게 베푸시는 선물을 이해하려면 힘과 힘의 경쟁에 익숙한 관점을 버리는 것부터 시작해야 합니다.[47] 이런 관점에서 루터의 초기 신학을 보면 그 속에서 선물 교환에 관한 빼어난 통찰을 얻을 수 있습니다.

인간에게 주신 하나님의 은혜는 필연성이나 의무감에서 나온 것이 아닙니다. 놀랍게도 그것은 무궁무진하고 철저하게 이타적인 사랑에서 자유롭고 자연스럽게 흘러옵니다. 신적 은혜의 특성을 묘사하는 '흘러넘침'이란 은유는 루터의 초기 신학에서 하나님 사랑과 이웃 사랑을 연결하는 데 핵심 역할을 합니다. 1520년에 출간된 "그리스도인의 자유"(De Libertate Christiana)가 대표 사례입니다. 루터는 선물로서 은혜가 '하나님'으로부터 '그리스도인'을 통해 '타인'에게까지 흘러가는 움직임을 한 장면 안에 생생히 묘사합니다.

따라서 모든 사람이 이웃을 자신처럼 받아들이도록 하나님의 좋은 것들이 각자로부터 **흘러나와** 모두에게 **공통된 것**이 되어야 함을 보라. 우리가 마치 자신인 것처럼 우리를 자기 생명으로 받아들이신 그리스도로부터 좋은 것들이 우리에게로 **흘러온다**. 좋은 것들은 우리로부터 도움이 필요한 사람들에게로 **흘러가야** 한다.[48]

우리가 하나님의 은혜에 보답하고자 해도 그분께 선물을 전달할 길은 없습니다. 그렇다고 하나님에게서 흘러나온 선물이 우리에게 고여 있는 것도 아닙니다. 하나님의 선물은 우리를 통해 이웃에게, 특히 일상에서의 다양한 노동과 활동을 통해 구체적 형태를 입고 흘러갑니다. 달리 말하면, 우리에게로 흘러들어온 하나님의 선물에 보답하는 방법은, 한편으로 감사하는 마음을 가지고 수혜자이신 하나님의 이름을 기리는 일이고 다른 한편으로는 이웃에게 선물을 베풂으로써 은혜가 멈추지 않고 움직이게 하는 것입니다.[49]

이 지점에서 루터는 일반적인 상호 호혜성 개념과 다른 방식으로 하나님의 선물과 인간의 응답을 정의하고자 합니다. 인간이 베푸는 선물의 근원은 자비로우신 하나님의 선물이고, 일차적으로 신앙은 이를 인식하게 합니다. 동시에 신앙은 하나님이 선물을 수여하실 때의 동기와 형태에 상응하게 선물을 베푸는 이로 우리를 빚어 갑니다.[50] 이처럼 하나님의 선물에는 수혜자인 인간을 선하고 매력적이고 의롭게 만드는 창조적인 힘이 있습니다. 하나님의 은혜를 받은 그리스도인은 그 선한 힘에 힘입어 선을 행하게 됩니다. 이것이 가능한 이유는 인간 본성이 충분히 이타적이어서가 아니라, 우리 안에 그리스도가 현존하기 때문입니다. 온 인류를 위한 **하나님**의 선물인 **그리스도**께 **성령**을 통해 참여함으로, 우리도 선물을 진실하게 베푸는 존재로 변모하게 됩니다. 이처럼 삼위일체 하나님의 은혜가 인간의 선물 수여의 배경이기에, 우리는 인간적 한계가 있음에도 선물 수여를 할 수 있습니다.

16세기 종교개혁자들이 중세 말기 가톨릭 신학에 깔려 있던 상호 호혜성 개념에 비판적이었음을 고려하면, 루터는 선물의 교환보다는 선물이 이웃에게 일방적으로 흘러가는 것을 강조했을 것 같습니다. 그런데 앞의 인용문에서 루터는 '선물의 흘러감'만이 아니라 '선물은 모두에게 공통된 것'임을 강조합니다. 이를 어떻게 해석할지 실마리를 얻고자 이 시기 루터가 성찬에 관해 쓴 논문 한 편을 소개하고자 합니다.[51] 거기서 루터는 성찬에서 그리스도와 성도가 연합하여 이룬 "영적인 몸"을 "도시 거주민이 이룬 하나의 공동체이자 하나의 몸"에 비유합니다.[52] 그렇다면 그리스도와 신자들 사이의 연합을 설명하고자 사용된 유비인 도시 공동체의 본질은 무엇일까요? 루터는 가시적인 것과 비가시적인 것의 '교환'이라고 말합니다. 도시에서 일어나는 시민들 사이의 '주고받음'에는 단지 매매만이 아니라 선물을 비롯한 다양한 유무상의 교환 형태도 포함됩니다.

> 모든 시민이 그 도시의 다른 모두와 이름과 명예, 자유, 상거래, 관습, 쓸 것, 도움, 지지, 보호 등을 **나눠** 가진다. 다른 한편 그 도시의 모든 이는 화재와 홍수, 적과 죽음, 손실과 부과금 등의 모든 위험

마저도 **공유**한다. 공통의 이익에 참여한 사람은 손해도 **나눠** 가져야 하고, 사랑은 사랑으로 **보상**해야 하기 때문이다.[53]

도시 구성원 간의 교환이 그리스도와 신자들의 연합과 신자들 사이의 연합의 유비로까지 사용된다면, (선물의 불가능성의 가능성을 말한 데리다처럼) 순환성을 거부하고 일방적으로 베푸는 것은 그리스도인이 추구할 이상적인 선물은 아닌 것 같습니다. 피조물이자 죄인으로서 우리는 전적으로 사심 없이 타자를 위해 베풀지는 못할지라도(선물의 불가능성), 하나님이 각자에게 주신 선물을 교환하고 공유함으로써 상호 호혜적인 공동체를 만드는 데 사명이 있다고 봐야 할 겁니다(선물의 가능성).

루터가 선물 개념 자체를 체계적으로 사용하지 않는 만큼 루터에게서 현대 선물 담론의 문제를 단번에 해결해 줄 놀라운 해법을 기대하기란 어렵습니다. 하지만 루터는 선물 수여와 관련하여 중요한 가르침을 분명 남겨 두었습니다. 하나님과 달리 인간은 자원이 무한하지 않고, 타인의 필요를 정확히 알 지식이 없으며, 이기적인 동기에서도 자유롭지 못한 채 선물을 수여합니다. 하지만 인간에게 하나님이 베푸신 선물 중 가장 큰 선물인 그리스도는 이러한 한계 조건에 꽁꽁 매여 있던 우리를 '해방'하십니다.[54] 그 자비의 선물에 힘입어 우리는 기뻐하며 타인에게 선물을 베푸는 자가 되고, 감사하며 타인의 선물을 받는 존재가 됩니다. 우리가 사는 곳이 단지 생존을 위한 '투쟁' 혹은 개인 간의 '계약'을 기초로 한 것이 아니라, 각자의 재능과 소유와 사랑을 주고받는 '선물 교환' 위에 세워졌음도 인식하게 됩니다.[55] 이러한 시선의 회개가 있어야 사회에 흘러넘치는 후한 인심 속에서 우리가 잃어버린 사람다움이 회복되고, 타인을 지긋이 바라볼 시선의 힘이 재충전되며, 주고받음의 기쁨이 풍성한 세상을 다시 꿈꿀 수 있게 됩니다.

∧∧∧

"우리는 모두 얼굴의 너울을 벗어 버리고 **거울**처럼 주님의 영광을 **비추어 줍니다**"(고후 3:18a, 공동번역 개정판). 이 구절로부터 아우구스티누스는 삼위일체 하나님의 관계와 사역이 피조 세계에서 하나님의 형상인 인간을 통해 거울에 비치듯 반영된다는 주장을 펼칩니다.[56] 하나님의 형상으로서 인간은 하나님이 선물을 베푸시는 분임을 '이해'하고, 타자와 선물을 주고받는 가운데 하나님의 선물에 담긴 은혜의 문법을 '반영'하도록 창조되었습니다. 이런 인간학적 관점에서 상상력과 실천 방식을 재구성한다면, 하나님이 좋은 것을 우리에게 베푸시듯 우리도 조건을 따지지 않고 타자의 유익을 위해 베풀 수 있게 됩니다.[57] 각자의 개성과 재능만큼 다양한 선물이 풍성히 교환될 때 교회 공동체는 신적 은혜의 무궁무진함이 다채롭게 형상화하는 풍요로운 터가 됩니다. 비상응적이면서도 순환적인 신적 은혜처럼, 우리의 선물도 수여자와 수혜자의 이해관계에 매몰되지 않고 도움이 필요한 곳을 찾아 흘러갈 수 있습니다.

선물 없이는 인간의 사회적 삶을 온전히 설명할 수 없습니다. 타인에게 은혜를 베풀고 호의를 전달하는 수단으로서 선물은 우리가 사는 곳을 더 인격적이고 상호적으로 만드는 데 이바지합니다. 소유의 문법에서 벗어나 선물을 주고받는 중에 자기를 향했던 삶의 축이 상대를 향해 기울어집니다. 수여자와 수혜자가 끈끈히 묶이며 공동체가 형성되고, 역으로 공동체는 구성원 사이의 선물 교환을 촉진합니다. 선물은 사회적 유대를 형성하고 다지며, 가난한 사람이나 궁핍한 공동체와 재화를 나눠 쓰게 함으로써 경제적 평등을 이루게 합니다. 바울 역시 '궁핍함을 서로 채워 줄' 선물의 사회적 역할에 희망을 걸기까지 했습니다(고후 8:13-14).

선물의 고귀한 이상과 달리 실생활에서 선물을 베풀 때 수혜자에게 부여되는 답례의 의무는 종종 선물 수여를 혼란스럽게 만들고 선물 자체를 타락시킵니다. 이러한 문제의식에 짓눌려 선물의 상호성을 부정하고 일방성만 강조하는 것도 비현실적입니다. 인간인 이상 우리는 "의무의 극과 무상의 극 사이를 오락가락"할 수밖에 없습니다.[58] 우리가 서로 베풀고 환대할 때 이러한 한계를 인정하는 것이 필요합니다. 하지만 한계가 있다고 그 한계에 갇혀만 있는 것도 부적절합니다. 한계 가운데서도 그 한계가 가두지 못할 영속적인 가치와 의미를 질문하고, 거기에다 생각과 행동의 지향점을 맞추는 것이 중요합니다. 이런 맥락에서 다음 장에서는 인간이 베푸는 사람으로 살아갈 수 있게 하나님이 무상으로 주신 좋은 선물에 관해 이야기해 보고자 합니다. 그 선물은 바로 성령입니다.

> 회개하십시오. 그리고 여러분은 각각 예수 그리스도의 이름으로 세례를 받고, 죄의 용서함을 받으십시오. 그러면 **성령을 선물**로 받을 것입니다. (행 2:38, 표준새번역)[59]

더 생각할 거리

감사라는 영혼의 노동

선물을 받을 때 우리가 수여자에게 돌릴 것은 무엇보다도 감사입니다. 받은 선물의 가치에 상응하는 답례품을 하더라도 감사가 없다면 그것은 선물 같아 보여도 사실상 거래이기 때문입니다. 감사가 선물의 상호 호혜성의 본질을 구성하는 것을 잘 알지만, 선물을 받고 입으로 혹은 마음으로 감사만 하는 것이 염치없이 느껴질 수 있습니다. 하지만, 선물 교환이 제대로 이루어지려면 우리는 물질적 보상 없이 감사를 표할 줄 알고 그런 감사를 수용할 수도 있어야 합니다. 이를 위해 선물 교환에서 감사의 위치와 역할을 더 세심히 알아볼 필요가 있습니다.

미국의 작가 루이스 하이드의 대표작 『선물』은 대가 없이 주고받는 일의 중요성을 현대인의 삶 가운데 각인시킨 명작으로 손꼽힙니다. 거기서 그는 감사를 "선물이 받아들여진 후에 변화를 일으키기 위해 영혼이 떠맡는 노동"이라고 부릅니다.[a] 선물은 단지 수혜자의 필요를 채우면 그 용도를 다하는 것이 아니라, 단기적으로든 장기적으로든 수혜자의 마음과 삶에 변화를 낳습니다. 이때 감사는 수혜자에게 변화가 일어나고 진행되는 과정을 지탱하고 끌고 나가는 '노동'이라고 할 수 있습니다. 선물을 받고 피어난 감사를 통해 감정의 성숙과 인격의 발전이 이뤄지고서야 선물을 되돌려줄 때 상호 호혜성이 긍정적 의미에서 완성됩니다.

> 선물이 우리에게 오는 시간과 우리가 그것을 전달하는 시간 사이에 우리는 감사를 체험한다. 나아가 선물이 변화의 매개물인 이상 선물이 우리 안에서 작용해서, 말하자면 우리가 선물의 수준에 오를 때에야 비로소 우리는 다시 그것을 누군가에게 줄 수 있게 된다.…변화는 우리가 선물을 우리 나름의 방식으로 줄 힘을 갖게 될 때에야 비로소 달성된다. 그러므로 감사의 노동이 끝나는 지점은 선물이나 선물을 주는 증여자와 유사해질 때이다.[b]

이야기꾼답게 하이드는 민간 설화나 요정 이야기에 감사의 노동이 어떤 것인지 보여 주는 훌륭한 사례가 여럿 있다고 알려 줍니다. 대표적 이야기가 "구두장이와 요정들"입니다. 착하디착하지만 가난했던 한 구두장이에게 신발 한 켤레를 겨우 만들 가죽만 남았습니다. 곤궁한 삶에 대한 걱정과 함께 잠자리에 들었더니 밤새 발가벗은 요정 둘이 나타나 구두를 멋지게 만들어 놨습니다. 그런데 아침에 온 첫 손님이 잘 만들어진 완벽한 구두를 보고는 만족하며 큰돈을 지급하고 구두를 사 갔습니다. 경제적 압박감에서 벗어난 구두장이가 이번에는 구두 두 켤레 만들 가죽을 사서 손질하고 잤더니, 다음날 또 멋진 신발이 만들어져 있었습니다. 돈을 두 배로 벌게 되어 가죽을 두 배로 더 많이 샀더니, 밤새 또 그만큼 더 많은 구두가 완성되어 있었습니다. 이렇게 하루하루 지나며 구두장이는 금방 많은 돈을 벌게 되었습니다.

크리스마스가 다가오는 어느 날 구두장이는 아내에게 누가 구두를 만드는지를 몰래 한번 보자고 말합니다. 밤이 깊어지자 부부는 불을 끄고 자는 척하고는 외투 뒤에 숨었습니다. 그것을 모르고 발가벗은 요정들이 나타나 뚝딱뚝딱 구두를 만들었습니다. 다음 날 아침, 구두장이의 아내는 추운 겨울밤에 아무것도 안 입고 일하는 작은 인간들이 안쓰럽다며, 그들을 위해 옷과 신발을 만들어 주자고 제안합니다. 부부는 완성된 옷과 양말과 신발을 의자 위에 두고는, 그날 밤 또 숨어서 요정들을 기다립니다. 의자 위에 있는 선물을 본 요정들은 기뻐하며 옷을 입고 신발을 신고는, 빙글빙글 돌며 춤추고 노래하고는 집을 떠났습니다. 그 후로 요정들이 나타나지 않았지만, 요정들 없이도 구두장이의 가게는 날로 번창하였습니다.

구두장이가 요정들의 도움을 처음 받았을 때는 자기에게 일어난 마법적인 일의 의미도 몰랐고, 삶이 너무 곽팍하여 이에 반응할 능력도 없었습니다. 경이로움과 감사의 마음을 가지고 있었던 그는 상황이 개선되자 요정들에게 옷과 신발을 선물함으로써 선물 교환을 완성하였습니다. 이로써 그에게 도움을 주던 요정들은 떠나게 되었지만, 그 사이 구두장이는 자기 삶에 책임을 질 정도로 성장했습니다. 이처럼 수혜자가 당장은 자기가 받은 선물의 의미를 이해하지 못하고 답례할 만한 능력이 없을지라도 선물 수여는 여전히 유의미한 행위입니다. 감사라는 영혼의 노동이 있는 한 언젠가 선물의 의미는 바로 전달될 것이고, 수혜자는 멋진 수여자로 탈바꿈할 것이기 때문입니다.

기억할 것은 수혜자의 삶에 변화를 일으킬 선물은 대체로 선물이 주어지는 그 순간에는 그렇게 마법적인 힘을 발휘하지 않는다는 사실입니다. 그리고 그 마법은 수혜자의 마음에 감사가 있어야 언젠가 제대로 된 결실을 볼 수 있다는 점도 명심할 필요가 있습니다. 그렇기에 선물 교환에서 수여자가 갖춰야 할 중요한 덕목은 관대한 배려와 더불어 느긋하면서도 사심 없는 기다림입니다. 또한 수혜자에게 요구되는 것은 선물을 당연한 권리 혹은 정해진 시기에 갚아야 할 빚으로 여기는 것이 아니라, '선물을 선물로' 받고서 삶의 변화와 성숙을 위해 감사라는 영혼의 노동을 계속하는 일입니다.

a 하이드, 『선물』, p. 132.
b 하이드, 『선물』, p. 132. 이하 나오는 요정 이야기는 『선물』, pp. 133-134를 요약한 것이다.

4장

환대와 성령의 집

이 말씀을 하시고 그들을 향하사
숨을 내쉬며 이르시되 성령을 받으라.

요한복음 20:22

합당한 장소에 있는 것은 성취가 아니라 선물이다.

월터 브루그만[1]

기독교 신앙은 삼라만상 모든 것을 창조주 하나님의 선물로 보도록 눈의 초점을 맞춰 줍니다. 특별히 성경은 하나님이 주신 최고 선물은 예수 그리스도라고 알려 줍니다. 그리스도를 통해 우리에게 구원의 은혜가 주어지기도 했지만, 무엇보다 그리스도를 통해 하나님이 자신을 선물하시며 우리와 함께 거하시기 때문입니다(요 1:14). 이처럼 하나님은 인간에게 조건 없이 선물을 주시는 분입니다. 그리고 "너희가 거저 받았으니 거저 주라"(마 10:8)라는 말씀처럼 우리도 관대하게 베푸는 사람이 되길 바라십니다.

자발적이고 자유로운 교환으로서 선물은 합법적 매매를 중심으로 움직이는 현대 사회에서도 여전히 중요한 사회적 역할을 감당합니다. 하지만 선물의 상호 호혜성의 모호함은 선물 교환을 왜곡하곤 합니다. 주고받는 사람의 마음과 상황에 따라 선물은 얼마든지 뇌물, 채무, 통제 수단 등으로 변질할 수 있습니다. 따라서 고대 이래 현자들은 선물의 순환이 수여자와 수혜자 둘 사이에서 완결되는 것을 탐탁지 않게 봤고, 공동체에서 선물이 오가며 은혜가 계속 이어지는 것을 강조했습니다. 세네카는 고대 신화에서 세 명의 여신 그라티아이(Gratiae)가 춤추는 젊은 세 여인으로 묘사되는 이유를 선물 수여와 관련시킵니다.

> [세 여인이] 서로 손을 맞잡고 둥글게 원을 그리며 춤을 춘다는 사실은 무엇을 뜻하는가? 이 형상은 은혜가 손에서 손으로 전해져서 다시 베푸는 이에게 돌아가는 질서로 움직인다는 의미이다. 만일 어떤 지점에서 주요한 부분이 깨지면, 은혜의 주된 특성도 사라진다. 그렇지만 이 연속적인 운동이 계속 이어진다면 이 세상에 이보다 더 아름다운 일은 없을 것이다. 이 춤추는 세 자매 중 나이가 많을수록 가치가 커지는 법인데, 은혜를 베푸는 일도 이와 마찬가지이다. 세 명의 그라티아이는 즐거움을 표상한다. 이것이 일반적으로 은혜를 베풀고 입는 사람들이 느끼는 즐거움과 꼭 닮았다.[2]

세네카는 여신 셋의 춤으로 선물의 계속된 교환을 성공적으로 묘사했습니다. 하지만 세 여신 비유도 결국은 선물이 폐쇄적으로 순환하는 듯한 인상을 풍깁니다. 첫 증여자가 결국은 선물을 돌려받는 구도이기도 하고, 손을 꼭 잡은 세 여신이 만든 원이 기쁨을 내적으로만 맴돌게 하는 울타리같이 느껴지기까지 합니다. 이 지점에서 선물 교환의 딜레마가 첨예해집니다. 선물을 통해 수여자와 수혜자 사이의 연대가 다져지지만, 상호 호혜성이 외부로는 배타성을 띠며 낯선 이가 선물 교환의 망에 들어오기 더 힘들어질 수 있습니다. 내부적으로는 수여자와 수혜자 사이의 잘못된 권력 관계가 얼마든지 강화될 수도 있습니다. 그러다 선물의 본래 의도는 타락하고, 환대의 정신도 흐려지게 됩니다.

이런 문제의식과 함께, 이번 장에서는 환대가 일어나고 선물이 교환되는 데서 성령론의 역할과 중요성을 이전과는 다른 각도에서 접근하고자 합니다. 물론 앞선 장에서 다룬 여러 주제에도 성령론적 함의가 강하게 깔려 있었습니다. 하지만 여기서는 보다 강한 성령론적 음조를 가지고, 특별히 환대의 공간에 '들어와 머물고 나가기'라는 변주를 도드라지게 들려주고자 '집'이라는 공간적 은유를 사용하고자 합니다.[3] 구체적으로는 우리가 성령의 선물을 받고, 그분의 집에 들어가, 그 안에서 음식을 나눈 후, 그 집을 떠나는 과정 가운데 환대의 존재로 형성됨을 차례로 살펴볼 예정입니다. 이러한 논의에 들어가기 전, 선물의 타락 가능성을 마주하고서 선물 교환을 어떤 마음으로 해야 할지부터 신학적으로 따져 보고자 합니다.

사랑으로 정화된 선물

인간의 삶에서 선물이 차지하는 비중이 큰 만큼 예부터 선물이 어떻게 올바르게 증여되고 수용될지에 관한 고민이 많았습니다. 앞서 살펴본 데리다의 급진적 견해가 대표 사례입니다. 데리다는 선물이 순환될 때 상호 호혜성이 왜곡될 위험이 생긴다고 경고합니다. 타인에게 뭔가 받으면 보답의 의무를 지기에, 선물은 일종의 강압성을 띠고 둘 사이의 특수 관계까지 만듭니다. 따라서, 진정한 의미에서 선물이 가능하려면 수여자는 자신이 뭔가 줬다는 사실마저 망각해야 합니다. 인사치레라도 바라는 마음이 있는 한 순수한 선물은 불가능합니다.

이러한 제안이 나름 일리 있지만 너무 급진적이었던 만큼 반발도 곧 뒤따랐습니다. 그중 영국의 신학자 존 밀뱅크가 제기하는 비판의 강도는 남달랐습니다. 얼핏 보면 선물에 따라붙는 교환이 해체되어야 이타적 베풂이 이뤄질 것 같지만, 이러한 발상은 '선물이 선물이 아니게' 만들 더 큰 위험이 있습니다. 밀뱅크는 데리다가 선물을 정의할 때 '선의지'만이 선하다고 주장한 칸트의 영향력 아래 있다고 진단합니다. 칸트는 종교적 가르침이나 사회적 규범, 개인의 동정심, 행복을 향한 욕구 등에서 나온 선행은 엄밀한 의미에서 선하지 않다고 보았습니다. 그러한 행동은 이타심이 아니라 구원의 욕구, 처벌과 비난에 대한 두려움, 권위에 대한 복종, 이기심, 보상 심리 등에 기초하기 때문입니다. 이러한 도덕은 동기가 순수하지 않고, 이런저런 조건에 얽매이며, 무엇보다 타율적입니다. 무조건적이고 보편적인 윤리의 기초는 오직 이성적이고 자율적인 인간 내부의 선을 바라고 행하려는 '순수한 의지'에서 찾을 수 있습니다.[4]

유사하게도, 데리다는 선물에 대한 보상은 타인에게 호의를 베풀려는 본래 순수한 의도를 오염시킨다고 보았습니다. 그가 절대적이고 이상적인 선물을 강조할 때 알게 모르게 칸트식의 자율적 인간, 즉 윤리의 근거를 오롯이 자기 안에서 찾는 개인을 전제한 셈입니다. 하지만 밀뱅크는 여기서 근원적 문제를 제기합니다. 선물이란 애초에 개인의 자율성이 아니라 타인을 향한 '사랑'에서 나온 것입니다. 사랑은 한 사람이 일방적으로 베푸는 것이 아니라, 인격과 인격 사이의 친밀한 교제, 감정 교환, 지긋한 관심, 시공간 공유, 허물에 대한 포용 등을 통해 이뤄집니다. 바로 여기에 데리다의 선물론이 가진 약점이 있습니다.

물론 선물 수여가 만들어 내는 답례에 대한 의무감이 선물의 본 의도를 왜곡할 수 있다는 데리다의 지적은 설득력이 있습니다. 실제로 상호 호혜성은 선물을 대가를 얻기 위한 이기적 도구로 만들고 수여자와 수혜자 둘 사이의 배타적 관계를 형성할 수도 있습니다.[5] 하지만 밀뱅크의 주장대로, 선물이 본래 이타적 사랑에서 나온 것이라면 수여자와 수혜자 사이의 교환은 당연한 일입니다. 단, 사랑에 기초한 선물의 주고받음은 그 기쁨과 혜택이 둘의 관계 너머까지 흘러갈 수 있어야 합니다. 선물 교환이 사람들 가운데 확대되어 갈 때 은혜는 더 넓은 공동체적 지평에서 움직이게 됩니다. 선물이 사람과 사람 사이를 오가며 새로운 수혜자를 찾아다니는 가운데 선물은 증식하고 공동의 삶도 풍성해집니다.

이러한 이유로 결국 밀뱅크는 선물 담론을 '순수한' 선의지 대신 타인을 향한 '정화된' 사랑, 궁극적으로는 하나님의 '완전한' 사랑인 아가페에 기초시키려 합니다.[6] 하나님의 사랑은 일방적이지 않고 관계적이며, 일부를 이롭게 하는 것이 아니라 모두를 향해 있습니다. 왜곡된 사랑을 치유하며 올바로 사랑하고 베풀 힘을 우리 가운데 북돋습니다. 인간들의 이기적 선물 교환 가운데 신적 사랑이 뚫고 들어와 수혜자와 수여자의 욕망을 정화한다면 선물은 원래의 고귀한 목적을 위해 봉사할 수도 있습니다.[7]

이처럼 사랑으로 선물의 주고받음을 강조할 때라도 주의할 점이 있습니다. 그것은 바로 수여자와 수혜자의 '차이'를 과장하지도 축소하지도 않는 것입니다. 하나님과 인간 사이에도 존재론적 차이가 있지만, 인간과 인간 사이에도 생물학적·사회학적·경제적·문화적 차이가 있습니다. 따라서 선물 수여자와 수혜자 사이의 상호 호혜성도 기계적으로 정확히 대칭시키기보다는 '건강한 비대칭'을 지향해야 합니다.[8] 서로에게 선물하되 특히 연약한 이에게 더 관대하고, 즉각적 보상이 없더라도 사심 없이 베풀고, 상황을 고려하며 선물 내용과 수여 방식을 조율하는 가운데 환대의 장은 크고 비옥해집니다.

하지만 인간에게는 본성상 불균형 상태가 지속되는 것을 불안해하고 삶에서 불확실한 요소를 제거하려는 욕망이 있습니다. 그 결과 선물을 주고받을 때 '건강하지 않은 대칭'을 추구하기 일쑤입니다. 그러다 수여자와 수혜자에게 같은 기준을 적용하고, 선물을 계량화한 화폐 가치로 환원하다 선물의 본 의도와 의미를 파괴합니다. 이런 이유로 밀뱅크는 선물이 '상호적'이고 '호혜적'이어야 하지만 선물 교환은 '비대칭적'이며(asymmetrial) '비동일적'으로(non-identical) 반복될 수 있어야 한다는 조건을 답니다.[9]

선물이 왜곡이나 부패 없이 유의미한 사회적 역할을 담당하려면, 사랑으로부터 선물을 사심 없이 베풀되 선물 교환에서 발생할 수 있는 긴장을 여유와 겸손한 마음을 가지고 대할 줄 알아야 합니다. 그럴 때 유무형의 선물이 오가며 우리 모두가 선물의 수혜자이자 동시에 수여자라는 동질감이 강화됩니다. 지금껏 수여자와 수혜자 혹은 손님과 주인을 나눴던 자의적 경계도 흐려집니다. 선물이 교환되는 가운데 사람과 사람 사이에 새로운 의미와 느낌이 더해질 때, 각박한 현실 속에서도 느슨함과 안정감과 훈훈함을 가지고 머물 수 있는 공간이 우리에게 선물처럼 주어지는 것을 경험하게 됩니다.

선물 교환과 성령의 집

밀뱅크를 뒤따라 더 복잡한 논의로 들어가지는 말고, 시선을 돌려 일상에서 선물을 주고받을 때의 경험을 반성해 봅시다. 호의로 베풀기 시작하더라도 우리는 어느새 상대와 주고받는 일에 익숙해집니다. 선물 교환의 기쁨은 곧 사라지고 불순한 동기가 끼어들기도 합니다. 수여자와 수혜자 사이가 너무 돈독해지다 못해, 도움이 간절히 필요한 눈앞의 이웃을 인지하지 못할 수도 있습니다. 따라서 선물할 때 선물 교환이 폐쇄적 순환이 아니라 개방적인 움직임이 되고, 그 과정에 새로움이 늘 깃들게 할 상상력의 확장이 동반되어야 합니다. 이에 미국의 작가이자 문화 평론가 루이스 하이드는 상호 호혜성에 대한 발상의 전환을 촉구합니다.

> 우리는 우리가 받은 성탄절 선물을 가질 수도 있지만, 다른 것을 주지 않는다면 우리가 받은 선물은 진정한 의미의 선물이기를 그친다. 이리저리 거쳐 가다 보면 그 선물이 원래 공여자에게 돌아갈 수도 있다. 하지만 그것이 선물의 본질은 아니다. 사실, 선물은 원 공여자에게 돌아오지 않고 새로운 제3자에게 주어지는 편이 낫다. 단 하나의 핵심은 선물은 늘 움직여야만 한다는 것이다.[10]

하이드는 선물 수여와 관련해 중요한 지혜 두 가지를 제시합니다. 첫째, 선물이 누군가에게 주어지면 거기서 멈추면 안 됩니다. 수혜자는 꼭 지금이 아니더라도 언젠가는 타인에게 은혜를 베풂으로써 선물이 계속 움직이게 해야 합니다. 둘째, 상호 호혜성이 원 수여자에게 선물이 돌아가는 매끈한 원운동일 필요는 없습니다. 예를 들면, 한 졸업생이 재학생들을 위해 학교에 장학금을 기부했습니다.[11] 일면식도 없는 선배에게 장학금을 받은 재학생에게 감사의 빚은 있지만, 그렇다고 기부자에게 돈을 돌려줄 의무는 없습니다. 무엇보다 기부자도 그것을 원하지 않습니다. 이 경우 선물의 순환은 그 학생이 졸업 후 정당하게 번 돈으로 후배들을 위해 장학금을 기부함으로써 성취됩니다. 즉, 선물인 장학금에 대한 보답은 원래 기부자가 아니라 제삼자에게 주어지고, 꼭 지금이 아니라도 적절할 시점에 이뤄집니다. 이런 방식으로 수여와 수혜의 고리가 확장되면서 더 많은 사람이 은혜를 입고, 구성원 간 유대는 강화하며, 공동체는 풍요로워집니다.

여기서 신학적으로 주목하려는 바는 우리가 '3'이라는 상징적 수를 어떻게 이해할까입니다. 서론에 소개한 인용문처럼, 3이 세네카의 여신들처럼 원운동의 완성을 의미하는지 호혜성을 개방적으로 만들 계기가 되는지에 따라 선물을 보는 시각이 전혀 달라집니다. 기독교에서는 후자의 관점에서 삼위일체의 세 번째 위격인 성령을 이해합니다. 루마니아 태생 정교회 신학자 두미트루 스터닐로에는 성부와 성자 사이의 최상의 사랑이 성령을 통해 인류에게 선물로 주어지는 신비로운 과정을 아름답게 묘사합니다.

> 성령이 성부에게서 나와 성자에게 깃드는 이유는 성부와 성자가 사랑으로 **연합하기** 위해서다. 또한, 성령은 인류에게 성부에게서 나와 성자를 향하는 온전한 사랑을 보여 줄 뿐 아니라, 성부를 향한 성자의 사랑을 온전히 보여 준다. 나아가 성령은 하나님의 형상으로 창조된 인간에게 성자를 향한 성부의 사랑을 **가져다주며**, 온 인류를 향한 성자의 사랑을 인류에게 **부어 준다**.[12]

성령은 성부와 성자가 주고받는 선물로서 삼위일체 하나님의 교제를 완성하시는 분이자, 성부와 성자 하나님 사이의 완전한 사랑을 인류를 향해 흘려보내시는 분입니다(롬 5:5).[13] 이러한 성령의 역할을 묘사하고자 신학자들은 맥락에 따라 성령을 때로는 '하나님의 선물'로, 때로는 '선물의 수여자'로 불러 왔습니다.

성육신하신 성자는 성부에게서 성령을 선물로 받으셨고, 부활하시고서는 우리에게 성령을 선물하십니다(마 3:16; 요 20:22; 행 2:1-4). 영원부터 삼위일체의 교제 안에서 성령이 성부와 성자를 연결하던 '사랑의 끈'이었다면, 우리에게 주어진 성령은 우리를 수직으로는 하나님과 연합하시고 수평으로는 타인과 연결하시는 '사랑의 끈'입니다.[14] 이로써 성령 안에서 우리도 "모든 율법과 선지자의 강령인 두 계명", 곧 하나님 사랑과 이웃 사랑을 하는 존재로 빚어져 가게 됩니다(마 22:37-40). '하나님과 우리' 그리고 '나와 너' 사이에 창조된 사랑의 관계를 타고 선물 교환도 일어납니다. 성령을 통해 그리고 성령께서 주시는 선물을 교환할 때 선물은 사적 욕심이나 개인적 야망, 인정 욕구를 담아내는 도구가 아니라, 은혜가 움직이고 이를 뒤따라 기쁨과 감사가 순환하는 통로가 됩니다. 우리가 이 땅의 현실과는 다른 현실을 꿈꿀 수 있다면, 그것은 단지 선한 의지에 따라 일방적으로 베풂으로써가 아니라, 하나님의 지고한 사랑으로 '정화'되고 '확장'된 선물 교환을 통해서입니다.

서로를 환영하고 유무형의 선물을 주고받는 사람들의 교제는 하나님의 선물인 성령께서 현존하고 활동하시는 공간이기에 '성령의 집'이라고 유비적으로 부를 수 있습니다.[15] 성령께서 터가 되시는 그곳에서는 '사랑, 기쁨, 평화, 인내, 호의, 선의, 성실, 온유, 절제'라는 열매가 비옥하게 맺힙니다(갈 5:22-23). 성령께서 선사하신 열매를 교환할 때 메말라 갈라졌던 마음이 감사로 촉촉이 적셔지고, 사람과 사람 사이에 시냇물처럼 시원한 기쁨이 흘러갑니다. 연약함과 부족함을 지닌 우리이지만 그곳에서 서로 포용하고 베풀고 치유를 경험하며 함께 성숙합니다. 이러한 풍요로운 장소에 은혜로 거하는 복을 누리다 보면, 우리도 어느새 집주인을 닮아 낯선 이까지 초청하고 대접할 정도로 마음이 관대하고 넉넉해질 여유도 얻게 됩니다.

집이라는 선물

하나님의 사랑의 선물인 성령은 우리가 은혜 안에 머무는 특별한 공간을 일상 가운데 열어 주십니다. 성령은 자유로운 분이신 만큼 그곳에서 일어나는 선물 교환은 은혜가 우리로서는 예기치 못한 방식으로 흐르게 합니다(요 3:8). 우리가 거기서 이기적 중력에서 벗어난 새로운 삶을 살아가도록 자유와 용기를 선물하기까지 하십니다. 이러한 은혜의 공간이 주어진 것 자체가 선물입니다. 퀘이커 찬양 중 다음과 같은 곡이 있습니다.

> 단순하게 사는 것은 선물이고 자유롭게 되는 것도 선물이지.
> 우리가 있어야 할 곳으로 내려가는 것도 선물이지.
> 우리가 거기에 다다를 때
> 사랑과 기쁨의 계곡에 있을 거야.[16]

우리는 뭔가를 자기 노력으로 구매·개척·탈취했다면 거기에 대한 소유권과 특권을 주장하게 됩니다. 하지만 공간을 선물로 인식할 때 우리는 타인에게 그 공간을 무상으로 열어 줄 정도로 친절하고 관대해지게 됩니다. 선물에는 "거저 받았으니 거저 주라"는 원리가 적용되기 때문입니다(마 10:8).

소설가 최윤은 단편소설 "옐로"에서 사회에서 범죄자로 낙인찍힌 이와의 성숙한 동행이 가능할지, 심지어 그를 나의 장소에 들일 수 있을지 질문합니다.[17] 이 작품의 주인공 정아는 남편과 사별한 후 집에서 어린 딸 옐로를 돌보며 출판 일을 시작합니다. 정아가 이사 간 집 앞에 조그만 가게가 하나 있습니다. 거기 배달 일을 주인 아들이 맡고 있는데, 알고 보니 성범죄 전적이 있는 문제적 청년이었습니다. 동네 주민들은 아동 보호를 위한다는 명목으로 발부된 그의 사진과 주소가 담긴 문서를 이미 받아 본 만큼, 배달 오토바이를 타고 골목을 누비는 그에 대한 시선이 곱지는 않습니다. 하지만 정아는 딸을 가진 엄마임에도 그 청년에게 경계심도 적개심도 보이지 않습니다. 정아는 배달 온 청년과 대화를 시도하고, 심지어 옐로도 그에게 말을 걸게 합니다.

> 정아가 묻는다. 아, 참 이름이 뭐예요? 청년이 뭐라고 대답하자 정아가 옐로에게 묻는다. 옐로야, 우리 오빠 별명 붙여 주자. 뭐라고 부를까? 옐로는 대답 대신 말한다. 나도 오토바이 타고 싶은데. 오빠처럼 쌩쌩 달리고 싶은데.…그러고 싶으면 오빠와 좀 더 친해져야지. 우리가 친하게 되면 그때 옐로를 오토바이 뒤에 태워 줄 거야. 기분이 좋아진 아이의 흥분된 목소리가 다시 시동이 걸린 오토바

이 소리에 지워진다. 쌩쌩이 오빠, 안녕![18]

    정아는 청년이 배달 오면 처음에는 마당에서 차를 대접하다, 이후 부엌에서 라면을 끓여 먹입니다. 결국 검정고시를 준비하라며 집 아래층에서 공부까지 지도합니다. 청년에게 공간을 너무 많이 개방한다는 주위의 우려가 물색하게, 과외 하는 날 저녁이면 청년은 주문하지도 않은 물품을 가득 선물처럼 들고서 정아의 집에 들어옵니다. 정아는 그 청년이 욕망과 꿈이 있는 한 명의 인격체로 대접받을 수 있는 공간을 선물함으로 그를 환대합니다.

    처음에는 헛도는 듯했던 언어와 선물 교환이 점차 진정성 있게 이뤄지며, 사회적으로 고립된 한 청년과 그 동네에 이사 온 한 여성 사이에 대화의 물꼬도 터집니다. 청년을 범죄자가 아닌 한 인간으로 대하고 그를 이름으로 부르려는 정아의 고집 없이는 불가능한 일이었을지 모릅니다. 청년의 실체가 선한 손님일지 조만간 폭력을 행사할 적일지 여전히 모호합니다. 하지만 정아가 청년에게 말을 건네며 내디딘 아슬아슬한 환대의 모험 길을 따라가면, 불신과 불의가 가득한 세상에서 포용과 치유에 희망을 걸도록 마음이 조율됩니다. 작가의 말을 직접 들어 보겠습니다.

> 공감과 환대는 소설에서는 언어를 통과할 수밖에 없습니다. 욕설, 울음소리, 수다…모든 언어가 동원됩니다. 이것을 통과하며 이방인성은 서서히 이웃(neighborhood)으로 변모합니다. 현재는 이 현실에서 멀지만 언어가 사건이 되고, 공감과 환대의 공간을 형성하는

시도를 소설이 멈출 수는 없습니다.[19]

얼핏 생각하기에 타인을 환영하고 포용하려면 온화하고 정제된 언어와 몸짓이 필수적일 것 같습니다. 하지만 작가가 말하듯 서로에게 덧입힌 이방인성에 균열을 내려면 고함, 울부짖음, 헛소리, 탄식, 욕설, 수다 등 거북하고 때론 역겨운 언어도 사용되어야 합니다. 낯선 이가 이웃으로 변모하거나 타인의 호의를 받아들이는 사건이 발생하기까지는 가슴 졸이는 분투와 처절한 몸부림도 동반되어야 합니다. 이와 같은 방식으로 "옐로"는 수많은 이방인을 수시로 마주해야 하는 현대인이 갖출 보다 성숙하고 인간적인 태도에 관해 고민하게 합니다.

작가의 말대로 환대를 불러일으키려면 온갖 말과 행동이 절절히 필요합니다. 신약성경의 경우 잘못을 뉘우치는 '회개'의 언어와 몸짓을 무엇보다 강조합니다. 실제 "회개와 화해가 함께 융합"되며 환대가 일어나는 것은 신약성경 곳곳에서 반복되는 주제입니다.[20] 일례로, 예수께서는 집 떠난 아들 비유라는 아름다운 환대 이야기를 인류에게 선물하셨습니다(눅 15:11-32). 그 이야기 속에 여러 등장인물이 남긴 대사가 인상적이지만, 그중 차마 집에 들어갈 엄두를 못 내던 아들이 내뱉은 말이 특히 기억에 남습니다. "내가 하늘과 아버지께 죄를 지었사오니 지금부터는 아버지의 아들이라 일컬음을 감당하지 못하겠나이다"(눅 15:21). 그런데 환대가 정말 조건 없는 은혜의 행위라면, 그런 말 하지 말고 그냥 집에 들어오라고 하면 안 될까요?

성령의 집에 들어가기

세상이 혼란하고 거칠지라도 하나님이 선물로 보내 주신 성령이 현존하는 곳에는 은혜의 교환이 일어나는 환대의 공간이 열립니다. 그런데 성경은 그곳에 들어가려면 '회개'(metanoia)가 필요하다고 알려 줍니다.[21] 인간은 죄의 영향력 아래 있기에 환대를 한다는 명목하에서도 타자를 교묘히 통제하는 일을 벌이기 일쑤입니다. 이처럼 환대의 불가능성의 이유가 죄라면, 환대의 가능성은 은혜로부터 나옵니다. 죄가 단순히 법률적·도덕적 일탈 행위가 아니라 하나님으로부터의 소외이기에, 죄의 문제는 인간의 노력·결단·수양이 아니라 인간을 조건 없이 용납하고 치유하는 은혜로 근원적으로 해결됩니다. "그리스도 예수 안에 있는 속량으로 말미암아 하나님의 은혜로 값없이 의롭다 하심을 얻은 자 되었느니라"(롬 3:24). 이러한 조건 없는 은혜에 상응하는 우리의 반응이 바로 회개입니다.

물론, 죄와 회개 같은 기독교 용어를 끌어오지 않더라도, 우리는 선입견이나 두려움 때문에 인간이 환대하는 데도 환대받는 데도 종종 실패한다는 것을 경험적으로 잘 압니다. 타인을 향한 경계의 태도, 그에 대해 오가는 출처 불명의 이야기, 그의 정체를 추상적으로 규정하는 법률, 그의 존재 자체에서 느껴지는 낯섦 등이 그와 나 사이를 가로막습니다. 이러한 분리 장벽을 뛰어넘으려면 그를 타자화하던 시선과 타자성을 부정적으로 인식하는 습관에서 떠나는 급격한 단절이 필요합니다.

기독교 신학은 개인과 공동체인 인간이 죄라는 정체 모를 악한 힘에 단단히 사로잡혀 있고, 인간의 생각과 행동 전체가 그 영향력 아래에 있음을 보여 줍니다. 달리 말하면, 자신이나 타인에게 가한 폭력이 아니라 그 저변에 있는 하나님으로부터의 근원적 소외, 즉 선에 저항하는 마성적(demonic) 힘에 굴복한 상태가 바로 죄의 실제 모습입니다.[22] 현상적으로 환대의 실패가 낯선 타자 앞에서 느끼는 공포와 걱정에서 비롯하는 것 같지만, 이러한 무능력의 총체적 근원에는 자신이 조건 없이 용납받았음을 부정하는 죄인의 두려움이 있습니다. 나우웬이 지적하듯, 이러한 두려움은 치명적일지라도 사실 실체가 없습니다.

> 너는 환영받지 못하는 것을 가장 두려워한다.…네가 환영받지 못한다는 느낌은 하나님한테서 온 것도 진실도 아님을 자신에게 끊임없이 일러 주어라. 어둠의 왕자는, 네 인생이 실수로 던져진 것이요 네가 머물 집이 아무 데도 없다고 속삭이며 그 말에 속아 넘어가기를 바란다. 그 말에 솔깃하여 귀 기울일 때마다 너는 파멸의 길로 들어서게 된다. 그러니 언제 어디서나 그 거짓의 탈을 벗고, 네가 환영받는다는 진실에 입각하여 생각하고 말하고 행동해야 한다.[23]

죄는 우리가 하나님의 환대를 불신하고 거부하게 합니다. 근거 없이 타자를 내 삶을 위협할 낯설고 위험한 이로 여기게 합니다. 따라서 환대의 삶을 살려면 하나님의 집을 향해 돌아서지 못하는 비겁함, '나는 환영받을 자격이 없다'라는 자기기만에서 돌이켜야

합니다. "이러한 임무를 가장 성서적으로 잘 묘사한 것은 회개라는 용어"입니다.[24]

회개는 성령의 집에 들어갈 때만이 아니라, 성령의 집에서 환대를 진정성 있게 실천하기 위해서도 필요합니다. 우리는 깨어진 세상 가운데서 폭력적이고 경쟁적인 시선을 익히고, 타자성에 대한 부정적 인식과 과장된 경계심을 가지고 타인을 대합니다. 하지만 하나님은 죄인인 우리에게 비슷한 부류의 사람이 아니라 낯설고 이질적인 타자, 특히 이방인과 사회적 약자를 환대하라고 하십니다. 나와 타자를 구분하는 본능적 습관과 달리, 바울은 '우리 모두'가 죄인이요 하나님의 원수일 때 그리스도께서 우리를 위해 죽으셨다고 강조합니다. 이로써 하나님이 나만이 아니라 타자도 사랑하심을 확증하셨습니다(롬 5:8-9). 나와 타자 사이에 세워진 인위적 장벽, 혹은 낯선 이에 대한 근거 없는 두려움은 그리스도께서 이미 허무셨습니다.[25] 여전히 죄의 영향 아래 있는 우리가 이를 보지 못하거나 인정하지 못할 뿐입니다. 우리는 죄에서 떠나야 타자에 대한 본능적 두려움을 중화하고, 하나님이 그를 대하시듯 그를 포용할 수 있습니다. 이를 위해 타인을 타자화하는 언어를 바꾸고, 나 중심으로 세상을 보는 시각을 교정하는 급진적 전환이 필요합니다.[26]

집 떠난 아들이 아버지 집으로 들어갈 때처럼, 성령께서 현존하며 선물을 나눠 주시는 곳으로 들어가려면 회개가 필요합니다. 단지 자신이 범한 잘못만이 아니라 타인을 적대시하거나 타인의 환대를 거부하는 마음속 깊은 동기까지 되돌아봐야 합니다. 그릴 때에야 기존 삶'으로부터의' 회개이자, 환대받고 환대하는 삶을 '향한' 회개가 이뤄지기 때문입니다. 물론 하나님의 은혜를 받고도 우리는 여전히 왜곡된 욕망에 사로잡힌 채 뒤뚱거리며 살아갑니다. 또한 회개가 유쾌한 일은 아니기에 사람들은 회개를 꺼립니다. 하지만 회개를 통해 성령의 집에 들어가면 놀라운 선물이 기다리고 있습니다. 그것은 하나님과 겸상하여 함께 식사하기입니다.

환대의 식탁에 둘러앉기

공관복음서에서 예수 그리스도의 선포와 사역의 핵심에는 '하나님 나라'가 있습니다. 하나님 나라 사역을 하시며 예수께서는 식탁에서 다양한 부류의 사람들과 어울리며 음식을 나누셨습니다. 십자가형에 처하기 전날 매우 위태로운 상황에서도 제자들과 유월절 식사를 하셨습니다. 이 식사에서 일어난 일은 공관복음서와 바울의 편지에 자세히 기록되어 있을 정도로 기독교 신앙에서 지대한 중요성을 지닙니다(마 26:26-30; 막 14:22-26; 눅 22:15-20; 고전 11:23-25).[27] 그렇다면 하나님 나라와 식사는 어떤 관련이 있기에 이토록 강조될까요?

한국어로 '하나님 나라'로 번역되는 그리스어 *basileia tou theou*(바실레이아 투 데우)의 의미를 완벽히 재현할 현대어는 찾기 힘듭니다.[28] 대중들은 하나님 나라를 신자들이 죽으면 '가게 될' 장소인 내세로 주로 인식합니다. 하지만 하나님 나라를 내세로 이해하면 예수께서 가르치고 몸소 보이신 하나님의 평화와 정의로 다스려질 새로운 질서가 주변화됩니다.[29] 그러다 보니 하나님의 다스림이란 뜻이 두드러지게 *basileia*를 '나라' 대신 '통치'로 번역하는 사람도 적잖습니다. 하지만 하나님 통치라는 개념은 '공간'과 결부된 여러 의미가 쪼그라든다는 약점이 있습니다.[30]

이러한 이유로 일부 학자는 하나님 나라의 공간적 상징성과 그 안에서 일어나는 상호작용을 드러낼 은유로 '집'을 보완적으로 사용하자고 제안합니다.[31] '통치'가 세상을 다스리는 전능하신 하나님의 주권과 권위에 초점이 있다면, '집'은 하나님 나라의 공동체적이면서도 관계적인 모습을 강조합니다. 그렇기에 하나님의 집이라는 은유는 탄생과 동시에 혈연과 지역과 관습으로 자동으로 묶이는 가족이 아니라 한 분 하나님에 대한 믿음으로 형성된 새로운 가족을 만들어 가던 예수 그리스도의 사역을 잘 담아낼 수 있습니다.

동서고금을 막론하고 집이라는 공간에서 함께하는 식사는 환대의 대표적 모습입니다. 식사는 배고픔을 채우고 영양분을 얻는, 즉 생존을 위해 필요한 육체적 행위입니다. 직접 준비한 음식은 상대에 대한 배려와 관심을 전달한다는 의미에서 노동을 선물로 변환하는 매개가 됩니다. 그런데 식사에는 이보다 더 크고 복잡한 문화적 의미가 얽혀 있습니다.[32] 음식은 특정 지역에서 발전하고 전해 내려온 전통적 조리법에 따라 만들어집니다. 식사 도구와 순서와 예절도 사회를 구성하는 여러 관습과 역학을 반영합니다. 한 사람의 입맛, 음식 앞에서 보이는 태도, 식사 방식 등은 그의 배경과 삶의 궤적을 드러냅니다. 한 끼 식사에 개인과 공동체의 철학과 역사와 가치관 등을 응축한 만큼, 식탁은 음식을 매개로 사람과 사람을 육체적·문화적·사회적으로 연결해 주며 관계를 새롭게 형성해 갈 배경이 되어 줍니다.

이처럼 식사 자체에 배어든 환대의 상징성도 있지만, 예수께서는 이에 더 깊은 의미를 부여하셨습니다.[33] 그분은 타인의 호의 없이는 머리 둘 곳 없는 나그네처럼 사셨지만(눅 9:58), 만찬에 초대되면 자기가 주인인 것처럼 가난하고 굶주린 사람들에게 식탁을 개방하셨습니다. 단지 그들을 구제하기 위해서가 아니라, 누구도 차별 없이 하나님의 집으로 환영받음을 보여 주기 위해서였습니다. 음식과 대화를 나누는 가운데 사람들은 서로를 나누던 자연적·인위적 경계가 무의미해지는 종말론적 미래를 맛보았습니다. 예수께서는 종종 '누구든지 아버지의 뜻대로 하는 이가 나의 어머니이고 형제'라고 말씀하셨지만(마 12:46-50; 막 3:31-35; 눅 8:19-21), 하나님의 환대로 탄생한 가족을 실제로 역사 속에 드러낸 것은 공동식사였습니다. 그 식사의 의미를 영국의 성서학자 N. T. 라이트는 다음과 같이 요약합니다.

> 이처럼 새롭게 갱신된 가족은 **개방적인 가족**으로서, 가난한 사람들, 어린이들, 세리들, 그리고 사회의 일반적인 천민들이 그 가족에 소속되도록 초청받았다. 예수가 죄인들과 식탁교제를 한 것…은 그의 전체적 과제 가운데 핵심적 상징이 되었다. 그것은 종말론적 잔치, 즉 메시아적인 축하를 말하는 것이었다.[34]

예수께서 제자들과 도보 여행을 하다 마을에 도착하면, 누군가 문을 열고는 환대의 식탁을 차렸습니다. 지금도 그분은 그때처럼 나그네의 모습으로 문 앞에 서서 이렇게 말씀하십니다. "볼지어다, 내가 문밖에 서서 두드리노니 누구든지 내 음성을 듣고 문을 열면 내가 그에게로 들어가 그와 더불어 먹고 그는 나와 더불어 먹으리라"(계 3:20). 이 말씀이 품은 깊고 풍성한 의미를 한두 마디로 설명하기란 불가능합니다. 그런데 이 구절에서 '문', '더불어', '먹기'가 반복되며 유독 도드라져 보입니다. 이 세 단어는 하나님이 베푸시는 환대의 식사인 성찬을 이해하는 데 핵심 역할을 한다는 점에서 주의를 기울일 필요가 있습니다.

환대의 식사인 성찬

성찬 신학의 핵심에는 1세기에 예수께서 베푸신 환대의 식탁이 지금도 성령께서 현존하시는 집에 차려져 있다는 믿음이 있습니다. 성찬이 집전되는 곳 어디서나 예수께서 성령으로 우리와 함께하시기 때문입니다.[35] 세계 곳곳에서 살아가는 다양한 사람들은 어제도 오늘도 내일도 그 거룩한 식사에 초청받습니다. 여기서는 요한계시록 3:20에 사용된 '문', '더불어', '먹기'의 의미를 차례로 풀며 성찬이 환대의 신학에서 차지하는 중요성을 살펴보겠습니다.

   1. "내가 문밖에 서서 두드리노니…내 음성을 듣고 문을 열면": 문은 내게 안정적인 공간과 내가 통제할 수 없는 공간을 구분합니다. 즉, 문은 집 안팎을 나누는 기능을 합니다. 집 안과 달리 밖

에는 각양각색의 사람들이 자기만의 삶의 이야기를 가지고 살아갑니다. 환대는 문을 열고 타자, 즉 내가 선택한 사람이 아니라 내 앞에 현존하는 불특정 타자 혹은 나를 찾아오는 낯선 이에 반응하면서 시작됩니다.

공생애 기간 예수께서는 집 밖을 다니며 다양한 사람을 만났지만, 당시 관례를 아랑곳하지 않고 사적 공간인 집 안에 차려진 식탁으로도 사람들을 차별 없이 초대하셨습니다. 지금도 그분은 성찬을 통해 '남녀노소, 부모 자녀, 부자와 가난한 자' 모두를 환영하십니다.[36] 이로써 성찬의 식탁에는 빵과 포도주라는 매우 평범한 먹거리 중심으로 사회적 불평등이 무의미해지고 지배·피지배 관계가 상대화된, 한마디로 '전복적' 공간이 열립니다. 약자를 포용하고 평화를 노래하는 '꿈과 같은' 공간, 지금의 현실과는 다르지만 분명 지금 여기서 경험되는 '혼종적'(hybrid) 공간이 펼쳐집니다.[37] 태곳적부터 하나님이 원하셨던 세상, 즉 성령이 임하시며 하나님 안에서 인류가 화해하는 현실이 역사 가운데 가시화됩니다.

많은 개신교회에서 시행되는 성찬에서는 갈보리 십자가에 달리신 예수 그리스도의 희생을 주로 강조합니다. 그 결과 성찬에서 일어나는 급진적 환대에는 충분히 주목하지 못합니다.[38] 하지만 1세기 예루살렘 마가의 다락방에서 있었던 유월절 식사에서는 스승을 이미 배반한 가룟 유다도, 잠시 후 배신할 베드로도 환대에서 배제되지 않았습니다(막 14:10-11, 66-72). 이들 배신자도 다른 제자들처럼 하나님께 하나님을 선물받았습니다. 그날 하나님의 은혜는 기대와 예상을 뒤엎고, 인간이라면 그어 놓을 경계마저 가로

지르며 흘러갔습니다.

2. "내가…그와 더불어…그는 나와 더불어": 요한계시록 3:20에서 더불어(met')가 두 번 사용될 때 그 앞에 나오는 주어가 한 번은 '나'이고 한 번은 '그'입니다. 달리 말하면, 예수께서 집 안으로 들어오시자 주인과 손님의 위치가 바뀌었습니다. 이처럼 환대란 한쪽은 대접하는 주체이고 다른 쪽은 대접받는 객체라는 일방적 구도를 유연화하며 이뤄집니다.

환대가 현실에서 실패하는 큰 이유는 (2장에서 살펴봤듯) 환대하는 자와 환대받는 자 사이에 형성되고 강화되는 주객 구도입니다. 환대가 가능하려면 주인과 손님의 자리가 바뀔 수 있어야 하고, 이러한 위치와 역할의 교환이 일어나면서 자기중심적이고 이기적인 '자기 벗겨 내기'(unselfing)가 가능해집니다.[39] 주인과 손님 사이의 자리 교환이 실제로는 비현실적이라 생각하겠지만, 복음서를 보면 주객 구도는 예수께서 계셨던 식탁에서 거듭 허물어졌습니다. 예수께서는 만찬에 초대되면 곧 주인처럼 말하고 행동하시며 자기가 "하나님의 나라에서 탁월한 영접자"이심을 보여 주셨습니다.[40] 그분이 환대받는 손님에서 환대하는 주님으로 구도를 바꾸실 때, 원래 집 주인 편에서는 자기반성, 깨달음, 삶의 전환이 일어났습니다.[41] 현실을 규정하던 권력의 논리가 헛돌기 시작했고, 장차 있을 메시아적 미래가 임했습니다.

오늘날에도 교회에서 시행되는 성찬은 손님이신 그리스도가 자신이 참 주인 되심을 드러내는 장소입니다. 현상적으로는 성찬 예식을 인간이 준비하고 집례하는 것 같지만, 실제로는 성찬의 식탁에서 예수께서 영으로 현존하시며 우리에게 빵과 포도주를 베푸십니다.[42] 성찬에 참여하며 우리는 하나님의 환영과 대접을 받는 손님이 된다는 것의 의미를 오감으로 배우게 됩니다. 성찬의 자리에 함께한 앞, 뒤, 옆 사람을 성별, 나이, 배경, 직업 등의 일반적 잣대가 아니라, 그도 나처럼 성령의 집에 초청된 귀한 손님이요 하나님 자신을 선물로 받는 신비로운 자로 바라보는 특별한 경험을 하게 됩니다. 이러한 성찬의 깊은 신비를 잘 드러내는 아프리카의 성찬 예식문 일부를 소개합니다.

> 우리의 손님 그리스도시여, 우리 가족의 우정과 친교와 환영의 표로 콜라(kola) 열매를 드립니다. 이 선물을 받으시며 우리 공동체를 당신 집으로 삼으소서. 우리의 손님 그리스도시여, 우리가 주님 앞에서 바치는 기쁨과 슬픔을 저희와 나눠 주소서.[43]

3. **"먹고"**: 손님을 맞아들이고 교제하는 호의적 행위에 깊은 상징성을 부여하는 것은 '음식'입니다. 성찬에서 우리가 먹고 마시는 것은 빵과 포도주입니다. 성찬 가운데 빵과 포도주는 하나님과 인간이 주고받는 선물이 되고, 이로써 성찬의 식탁은 하나님과 인간의 선물 교환이 일어나는 장소로 변모합니다.

창조주 하나님은 우리에게 온갖 좋은 것을 무상으로 선물하십니다(창 1:3-25; 신 33:14 등). 하나님의 형상으로서 인간은 하나님의 선물을 받을 뿐만 아니라, 창조의 선물에 노동을 더해 문화적 산물을 만들어 냅니다(창 1:27-28). 특히, 하나님이 무로부터 만드신 다양한 동식물 가운데, 인류는 밀과 포도를 재배하고 가공해 빵과 포도주를 만들었습니다. 빵과 포도주는 하나님과 인간과 자연이 협력하여 만든 일용한 양식인 셈입니다.[44] 그러던 1세기 어느 날 밤 예수께서 성찬을 제정하실 때 빵과 포도주가 자기 몸과 피라고 하시며 제자들에게 나눠 주셨습니다. 이로써 빵과 포도주는 하나님과 인간 사이의 선물 교환이라는 맥락 가운데 핵심 위치에 자리 잡았습니다. 이것이 무슨 의미인지 교회의 성찬 예식을 가지고 조금 더 풀어 설명하겠습니다.

우선, 성찬 집례자는 밀과 포도를 포함한 창조 세계를 '선물'하신 하나님께 감사하며, 그 표로 인간들이 밀과 포도를 가공해 만든 빵과 포도주를 하나님께 '선물'합니다(고후 11:24a). 뒤이어 집례자는 성찬 축사와 제정사를 하고 빵과 포도주를 참여자에게 나누어 줍니다. 이때 빵과 포도주를 통해 하나님은 그리스도의 몸과 피, 즉 자신을 인류에게 '선물'로 주십니다(마 26:26-28; 고후 11:24b-25 등).[45] 온 우주에 이보다 더 위대하고 영광스러운 선물은 없습니다. 빵과 포도주를 받은 신자들은 자신을 선물하신 하나님께 감사를 돌려드리며, 세상을 위한 하나님의 '선물'로서 삶의 현장으로 파송됩니다. 이러한 성찬의 신비를 14세기의 동방정교회 신학자 니콜라스 카바실라스의 설명을 통해 들어 보겠습니다.

> 하나님께서는 우리에게서 빵과 포도주를 받으시고 그 보답으로 당신의 아들을 우리에게 주신다. 그렇다면 하나님께서 우리가 봉헌한 **선물**, 즉 빵과 포도주에 대한 보답으로 당신의 아들을 우리에

게 **선물**로 주신다는 사실은 어디에서 확인이 될까? 살과 피를 입으셨던 그분께서 말씀하신 것을 통해 알 수 있다. 그분께서는 "받아라"라는 말씀으로 그것이 당신의 **선물**임을 보여 주신다. 그리고 이 말씀을 통해 **선물을 주는 이**와 **받는** 이가 모두 드러난다.[46]

성찬 식탁에서 창조와 구원의 은혜가 결합하고, 이를 배경 삼아 하나님과 인간 사이에 선물이 오갑니다. 하나님은 인간을 통해 온 우주가 돌릴 감사를 기뻐 받으십니다. 피조물에 불과한 인간은 하나님을 선물로 받을 정도로 자신이 존귀한 존재임을 확인받습니다. 빵과 포도주 주위로 열린 신비한 은혜의 공간에서 하나님과 인간이 서로의 영광을 인정하고 경축합니다.

   이처럼 우리는 성령께서 계시는 집에 차려진 만찬인 성찬을 통해 하나님과 선물을 교환합니다. 하나님을 초청하고 하나님께 초청받는 가운데 타인을 환대하는 법도 배워 갑니다. 성찬에 반복해서 참여하면서 환대의 공간을 채운 온화한 분위기를 체화하고, 폐 깊숙이 감미로운 공기도 채워 넣게 됩니다. 지배와 경쟁이 아니라 포용과 베풂의 문법에 따라 말하고 생각하고 행동하는 습관도 익히게 됩니다. 우리가 속한 세계를 조금은 더 관대하고 따스하게 보도록 시선도 어느새 부드러워지게 됩니다.

환대의 공간을 떠날 때

하나님이 무에서 세상을 창조하셨다는 믿음은 우리가 마주하고 경험하는 모든 것을 선물로 보게 합니다. 창조자 하나님은 모든 좋은 것의 마르지 않는 근원으로, 우리에게 관대하게 '선물을 베푸시는 분'입니다. 존재하는 모든 것을 하나님의 선물이라고 인식할 때 우리는 교환 가치나 사용 가치로는 온전히 설명해 낼 수 없는 모든 존재자의 '있음' 자체에 주목하게 됩니다. 이로써 우리는 각각의 존재자에 깃든 고유한 아름다움과 존귀함도 발견합니다.

> 그분은 만유의 심연 안에서 창조를 하십니다. 그것은 무상의 행위이며, 당신 자신의 몸짓이며, 인간의 행복을 창조하는 것이지, 무엇을 신적 지복(至福)에 덧붙이고자 하는 것이 아닙니다. 그분은 도저히 측정할 수 없을 만큼 풍성하게 존재의 경이를 흩뿌려 놓으십니다. 위대한 예술가처럼 하늘의 별들을 뿌려 놓습니다만, 무엇에 소용되는 것도 아닙니다. 아무것에도 소용되지 않는 별들은 그저 창조자를 증거할 뿐입니다.[47]

하나님의 피조물이라는 것, 나의 존재 자체가 선물이라는 사실은 어떤 현실의 논리도 꺾지 못할 인간으로서 자긍심의 원천입니다. 현실에서 누군가로부터 환대받음으로써 우리는 이러한 자긍심을 실제 경험하고, 누군가를 환대함으로써 자긍심을 강화합니다. 즉, 환대는 다양한 사람들과 더불어 살기 위한 실천적 지혜이기 앞서, 인간으로서 자신의 사람됨을 인식하고 표현하는 핵심 행위입니다. 이런 관점에서 보자면 삶에서 환대만큼이나 우리가 인간으로서 살아가는 데 결정적으로 중요한 또 다른 행위가 있습니다. 그것은

'축복'입니다.

성경에 나오는 믿음의 사람들은 나그네, 미망인, 고아, 가난한 자, 병든 자를 환대하였습니다. 하지만 그들은 타인을 축복하는 사람이기도 했습니다. 성경에는 다양한 축복 대상이 나옵니다. 개인을 위해 복을 비는 사례가 많지만, 예언자나 왕이나 제사장은 백성이나 공동체 전체를 축복했습니다(신 27:12; 삼하 6:18 등). 사람만이 아니라 사물, 특히 음식도 축복을 받았습니다(마 26:26; 막 8:7 등). 주의 깊게 볼 바는 축복이 일어나는 맥락입니다. 고대인들은 타인을 만날 때 대개 의례적으로 복을 기원했습니다. 가족이나 친지가 타향으로 가거나 새로운 삶을 개척할 때 축복은 더 큰 의미를 지녔습니다(창 14:19; 27:7; 31:55; 49:28 등). 즉, 익숙함으로부터 떠날 때, 낯선 사람에게서 혹은 낯선 공동체에서 다시 환영을 받아야 할 때, 자기도 누군가를 환대함으로 삶을 꾸려 가야 하는 상황을 앞뒀을 때 축복이 이뤄졌습니다.

사전적으로 '축복'(祝福)은 "행복을 빎"이라는 매우 단순한 뜻입니다.[48] 축복은 신의 은혜가 함께하길 바란다는 종교적 의미를 주로 가지지만, 일상적 삶에서도 무시하지 못할 사회적 기능을 담당합니다. 예를 들면, 학생들이 정규 과정 공부를 마치면 학교는 이를 기념하고자 졸업식을 엽니다. 졸업식은 학생들이 현 단계에 요구되는 조건을 충족하고 삶의 다음 단계로 가니 새로운 곳에서도 인격체로 인정받고 사람다움을 구현하며 살기를 기원하는 공적인 축복 예식입니다. 졸업식 외에도 '-식'으로 불리는 각종 공동체적 의례에서 대체로 축복의 언어가 등장하는 것을 보면 세속화된 사회에서도 축복이 사회적 역할을 담당하고 있다고 할 수 있습니다. 이에 관한 사회학자 엄기호의 설명을 들어 보겠습니다.

> 문화 의례적 관점에서 본다면 사람의 생애주기는 환대로 시작해 축복으로 마무리될 때 '인간적'인 것이 된다. 사람은 환대를 통해 사람(人) 사이(間)로 안전하게 들어가고, 축복을 통해 사람 사이를 빠져나와 자신감을 가지고 다른 사이로 들어가게 된다. 환대는 나를 해할지도 모르는 낯선 사이로 들어갈 때의 두려움을 없애 주는 문화적 의례이며, 축복은 나를 환대하던 사람들을 떠나 다시 낯선 사람 사이로 들어갈 때 용기를 북돋우는 의례 행위다. 환대와 축복 모두 낯선 것에 대한 두려움을 '홀로'가 아닌 '사이'로 맞이하게 한다는 점에서 '인간적'이다.[49]

인간이 다른 사람들과 공존하려면 사회나 타인으로부터 용납받는 환대가 우선 필요합니다. 하지만 우리는 한 집단에만 머물 수도, 계속 환대만 받을 수도 없습니다. 삶은 결국 낯선 환경과 사람들 앞에 노출되고, 우리는 그 가운데서 살아야만 합니다. 그렇기에 사회적 존재로서 인간 삶의 주기를 고려할 때 환대와 축복은 내적으로 연결됩니다.

환대가 외따로 떨어진 개인에게 공동체를 선물한다면, 축복은 "지금껏 함께한 이들의 힘(그들 속에서 성장한 힘)과 함께 떠나"게 합니다.[50] 환대의 힘은 공동체 내부의 사람들에 의해 용납되게 만든다는 의미에서 구심적 운동에 비유된다면,[51] 축복의 힘은 공동체

밖으로 나와 세상을 마주하게 한다는 점에서 원심력과 유사합니다. 축복 없는 환대는 타자를 환영한 이후 각자가 살아 낼 실존적 문제에 관심이 덜하다면, 환대 없는 축복은 개인의 욕구에 집중하다 기복신앙으로 변질할 우려가 있어 보입니다. 환대는 축복으로 완성되고, 축복은 환대 위에서 이뤄집니다.

성경에서도 환대와 축복의 연결 고리는 중요합니다(막 10:13-16; 눅 24:36-53 등). 대표적으로, 하나님은 나그네였던 이스라엘을 나그네를 환대하는 공동체로 빚으셨습니다.[52] 그런데 광야에서 이스라엘이 환대를 한참 배워 가던 가운데 축복 역시 주어졌습니다.

> 여호와는 네게 복을 주시고 너를 지키시기를 원하며
> 여호와는 그의 얼굴을 네게 비추사 은혜 베푸시기를 원하며
> 여호와는 그 얼굴을 네게로 향하여 드사 평강 주시기를 원하노라.
> (민 6:24-26)

풍족했던 이집트를 떠나 새로운 땅으로 가던 이스라엘만큼이나 21세기 사회를 살아가는 현대인도 환대와 축복이 함께 필요합니다. 한편으로 우리는 누군가의 환영과 베풂에 기대어 살고 있지만, 다른 한편으로 낯설거나 심지어 적대적인 사람들 사이에서 일상의 우연성을 마주하며 생존해야 합니다. 축복은 환대라는 보호막이 사라졌을 때 일어나는 두려움에 맞설 힘을 주고, 낯선 사람들 사이에서 폭력과 거짓이 아니라 진실함과 관대함을 삶의 원리로 삼도록 용기를 줍니다.[53] 어설프고 부족했던 나를 품어 줬던 공간

에서 '너는 다른 곳에서도 풍요롭고 정의로운 삶을 살 수 있어'라는 축복을 받고 떠날 때, 우리는 어디를 가더라도 환대하고 환대받는 존재가 되리라는 자긍심과 담대함을 가질 수 있습니다.

우리가 타인과 더불어 살아야 한다는 현존의 조건에서 벗어날 수 없는 한, 삶 속에서 환대와 축복의 주기가 잘 형성되어야 사람됨을 잘 구현할 수 있습니다. 환대와 축복은 일어나는 시점과 나타나는 모양새는 달라도, 근본적으로 같은 메시지를 우리에게 전해 줍니다. '너라는 존재는 선물이요, 두려움과 견제가 아니라 자비의 대상이다.' 이것이 빈부고하 남녀노소 막론하고 인간의 본질적 요소가 구성되는 데 환대와 축복이 중요한 이유입니다.

∧∧∧

이번 장을 마무리하며, 환대와 축복의 의미를 지금껏 전개한 성령론적 접근과 관련지어 짧게 성찰하겠습니다. 인류는 다양한 방식으로 환대와 축복을 표현해 왔지만, 성령의 전인 교회는 둘의 유기적 관계를 오감으로 지각하게 합니다. 환대가 선물을 교환하며 성령의 집에 머무르게 한다면, 축복은 받은 선물을 가지고 익숙했던 공간을 떠나 성령과 함께 더 큰 선물 교환의 사회적 망에 들어가게 합니다. 특히 예배는 세상으로부터 우리를 부르시는 하나님의 환대로 시작하고, 다시 우리를 세상으로 파송하는 축복으로 끝납니다. 예전이 '정신 속에 형성된 질서'와 '정신 밖 사회적 실재'를 융합하는 놀라운 힘이 있는 만큼,[54] 교회는 환대와 축복의 주기를 찬양과 설교와 기도로 이루어진 예배를 통해 몸과 마음에 익히게 합니다. 환대와 축복을 긴밀히 결합해서 생각하고 행동하도록 상상력과 언어의 확장도 촉진합니다.

환대로 시작되어 축복으로 마무리되는 예배가 우리 생각과 행동을 형성할 때 하나님이 주신 선물은 '우리 안에서, 우리와 함께, 우리를 통해' 세상으로 흘러가게 됩니다. 하지만 우리가 통제하기 힘든 일상의 우연성과 폭력은 늘 자기를 보호하도록 생각하고 행동하게 만듭니다. 거친 세상에서 환대와 축복에 희망을 걸려면, "이 빛이 꺼지지 않도록 보존하고 우리가 받은 은총의 선물들을 간직하기 위해 투쟁"이 필요합니다.[55] 이런 우리를 위해 전통적으로 교회는 "평화 가운데 가십시오"(Ite in pace)라는 파송의 축복으로 예배를 마쳤습니다.

광야 같은 현실에 맨손이 아니라 평화의 축복과 함께 들어가기에, 선한 삶에 대한 희망은 척박한 현실에서도 지금껏 시들지 않았습니다. 하나님이 주신 선물을 품고 각자의 일상으로 돌아간 수많은 이름 모를 이들 덕분에, 암울하고 폭력적인 세상 가운데서도 우리는 평화를 꿈꿀 수 있었습니다. 국가·민족·개인의 비극 가운데서도 평화를 비는 축복이 끊이지 않았기에, 인간은 삶에 거듭 속아 왔지만 슬픔과 노여움의 노예가 되지 않았습니다. 아무 대가 없이도 세상을 만들고 구원하시는 "찬란할 정도로 무용하신"[56] 하나님을 예배하는 사람들 때문에, 타인과 자신에게 더 친절하려고 애쓰는 바보스러운 환대의 삶도 이어졌습니다.

더 생각할 거리

환대, 머무름의 제자도

예수께서는 갈릴리 호수에서 베드로와 안드레에게 이렇게 말씀하셨습니다. "나를 따라오라. 내가 너희를 사람을 낚는 어부가 되게 하리라"(마 4:19). 이 구절이 워낙 인상적인 만큼 우리는 제자도를 '따르다'라는 동사 중심으로 생각하곤 합니다. 이를 제목과 내용으로 잘 구현한 디트리히 본회퍼의 『나를 따르라』(Nachfolge)는 제자도에 관한 한 명작으로 손꼽히고 있습니다. 그런데 로완 윌리엄스는 제자도에서 '머무름'의 중요성도 간과해서는 안 된다고 말합니다.[a] "내 안에 머물러 있어라.…너희는 내 사랑 안에 머물러 있어라"(요 15:4, 9, 표준새번역). 즉, 제자가 되기 위해서는 따르는 것도 중요하지만 은혜의 공간 안에 머무를 줄 알아야 합니다.

개인적으로는 제자도에서 머무름의 의미는 예수께서 마르다와 마리아의 집을 방문하시는 이야기에서 잘 보인다고 생각합니다(눅 10:38-42). 마르다는 열심히 음식을 준비하는데, 마리아는 손님 발밑에 자리를 잡고 말씀을 듣습니다. 이 본문을 가지고 많은 설교자가 우리에게 '마리아 아니면 마르다' 둘 중 하나를 선택하라고 합니다. 그런데 제자가 된다는 것은 예수 그리스도를 모범으로 삼는 것이기에, 제자됨의 참 모습은 마리아와 마르다가 아니라 예수 그리스도 안에서 찾아야 합니다. 물론 우리는 예수 그리스도를 따르고 닮아 가는 자이지 그분과 똑같아질 수는 없습니다. 대부분 마르다처럼 여러 일을 하느라 바쁠 것이고, 때로는 마리아처럼 말씀에 귀를 기울일 것입니다. 하지만 우리가 마르다와 마리아 사이만 오간다면 제자도의 궁극적 자리 언저리에서만 맴돌게 될 뿐입니다.

예나 지금이나 중동 지역에서는 여자만 있는 집에 가족 아닌 남자가 들어가는 것을 금기시합니다. 여자만 있는 집을 방문하는 일이 추문 거리가 되듯, 제자도의 실천은 사람들의 눈초리뿐만 아니라 큰 오해를 받을 수도 있는 일입니다. 그런데 그날 그 집에서 더 놀라운 일이 일어납니다. 마리아는 당돌하게도 외간 남자 발치에서 그의 말을 듣습니다. 유대 사회에서 발 앞에 앉는 것은 랍비에게서 배울 때 '제자'가 취하는 행동입니다.[b] 당시 유대 사회에서 여자는 율법 교육을 받을 수 없었기에 랍비의 제자가 될 수 없었습니다. 하지만 예수께서는 마리아에게 제자를 위한 상징적 공간을 허락하셨고, 랍비가 제자들에게 하듯 말씀을 가르치셨습니다.

제자가 되는 일이 그리스도 안에 그리고 그분이 계시는 곳에 머무르는 일이라면, 우리도 우리 앞에 타자를 위한 공간을 열어 줄 수 있어야 합니다. 즉, 예수께서 마리아에게 하셨듯 주변화되고 배제된 사람과 얼굴을 마주할 공간을 마련해야 합니다. 인간이 그어 놓은 경계를 넘어 타자를 위한 공간을 만들어 주고 그의 갈망과 필요에 적절히 반응할 수 있어야 합니다.

성경 본문을 보면 스승 앞에 있는 마리아와 달리 마르다는 소외된 듯한 인상을 받습니다. 하지만 예수께서는 마르다에게 다른 방식으로 공간을 내어 주십니다. 마르다가 음식 준비를 돕지 않는 마리아에 대해 불평하자, 예수께서는 "네가 많은 일 때문에 근심하지만 몇 가지 혹은 한 가지로 충분하다"라고 하십니다. 이 말씀의 의도가 무엇일지 정확히 알 길은 없지만 한 가지는 분명합니다. 많은 일로 마음이 요란한 마르다에게, '바쁘게 일할 때도 있지만 지금은 아니다' 혹은 '지금은 그럴 필요가 없다'라고 알려 주신 것입니다. 이로써 자기가 세운 기준을 맞추느라 마음의 여백이 사라진 마르다에게 지금 이 순간 무엇이 본질인지 보게 하십니다.

우리는 일상에서 속도에 취해 살고, 불안감에 늘 젖어 있습니다. 많은 일을 해야 하고 업적도 내고 성취도 해야 합니다. 그래서 불필요한 줄 알면서도 자신을 채찍질하고 남을 닦달할 때도 있습니다. 쉬어야 할 때 남의 시선을 의식하며 과시적으로 일하기도 합니다. 동료, 선후배, 고용인이 불필요하고 비본질적인 일로 분주함에도 '그렇게라도 하면 내게 조금이라도 이익이 되겠지' 혹은 '나는 그것보다 더하면 더했지'라고 생각하며 내버려둡니다. 인간이라면 어느 정도 공유한 이 같은 모순적 심리 가운데서 오늘날 타자를 환대하기 어렵게 하는 경쟁적이고 속도 중심적인 문화를 읽어 낼 수도 있습니다.

인간이라면 누구나 공유할 법한 이러한 실체 없는 불안이 별것 아닌 것 같지만, 아담과 하와가 에덴동산의 풍요에도 만족하지 못했음을 기억할 필요가 있습니다. 하나님으로부터 인간을 소외시키는 불안, 타자를 온전한 사람이 아닌 시기와 경쟁과 이용의 대상으로 보게 하는 불안, 그러한 불안 때문에 인간은 본질에서 벗어나 분주하게 삽니다. 이러한 요동치는 자아를 멈추게 해 줄 권위 있는 목소리가 우리에게 필요합니다. "그럴 필요 없다. 이걸로도 충분하다. 여기 공간을 마련해 두었으니 자리에 앉아 함께 기쁨을 나누자."

a 로완 윌리엄스, 『제자가 된다는 것: 그리스도인 삶의 본질』, 김기철 옮김(서울: 복있는사람, 2023), pp. 27-46.
b Fred B. Craddock, *Luke: A Bible Commentary for Teaching and Preaching* (Louisville: John Knox Press, 1990), pp. 151-152. 『누가복음』(한국장로교출판사).

5장

환대와 사람

> 하나님이 자기 형상 곧 하나님의 형상대로
> 사람을 창조하시되 남자와 여자를 창조하시고.
> 창세기 1:27

> 손님이 오시는 것은 그리스도가 오시는 것이다.
> (*Venit hospes, venit Christus*)
> 누르시아의 베네딕투스[1]

인류 역사에서는 쉽게 설명할 수 없는 일이 발생하곤 합니다. 고대 로마의 작은 속국에서 한 유대인을 추종하던 무리 중심으로 시작된 점조직 같던 종교가 단기간에 제국의 종교로 성장한 것이 대표적입니다. 미국의 종교사회학자이자 역사가 로드니 스타크의 말을 들어 보겠습니다.

> 결국 기독교의 발흥에 관한 물음은 하나로 수렴된다. 어떻게 그런

일이 일어났을까? 어떻게 로마 제국 변방에서 시작된 미약하고 이름 없는 메시아 운동이 고전 시대의 이방 종교를 밀어내고 서구 문명의 지배적 신앙으로 자리매김을 했을까? 하나의 물음이지만 답은 여러 갈래로 도출되어야 한다.[2]

지중해 일대로 기독교가 폭발적으로 퍼져 나간 이유는 복수의 관점에서 분석될 수 있고 또 분석되어야 합니다. 하지만 초기 교회의 성장에 관해 스타크를 포함한 여러 학자가 공통으로 주목하는 바가 있습니다. 당시 통상적인 로마인 눈에는 기이하게까지 보였던 그리스도인들의 삶, 특히 가난하고 병들고 소외된 이들과 자신을 동일시하면서까지 환대를 실천하던 모습입니다. 심지어 교회를 박해하고 옛 로마 종교를 회복하려던 율리아누스 황제조차 기독교가 급격히 성장한 이유가 나그네와 가난한 자에 대한 교회의 선행에 있다고 보았고, 로마의 제사장들에게 약자에 대한 기독교의 관심과 섬김을 모방해야 한다고까지 말했습니다.[3] 하지만 시간이 흐르는 가운데 환대의 의미와 중요성에 변화를 초래한 사건들이 일어났습니다. 여기서는 그중 두 가지에 집중하고자 합니다.

첫째, 4세기에 기독교가 로마 제국의 공인을 받으며 교회의 예배와 사역이 제도화·체계화되었습니다.[4] 사회 내에서 기독교의 역할이 커졌고, 교회가 베풀 수 있는 자원은 풍족해졌습니다. 제국의 지원을 받게 된 교회와 수도원이 학교, 병원, 숙박소 등을 만들고 관리하며 더 많은 사람을 돕게 되었습니다. 그런데 환대가 교회가 수행하는 기능 중 일부로 여겨지면서 '사역의 전문화'도 함께 일어났습니다. 환대는 모든 믿는 이가 실천해야 할 덕목이라는 생각은 자연스레 희석되고, 주로 교회와 수도원과 병원에 있는 사람들이 나그네와 병자와 가난한 이를 돕는 역할을 맡았습니다.

이와 맞물려 환대가 일어나는 '장소 변화'가 뒤따랐습니다.[5] 초기에는 환대의 공간이 집이었지만, 이제는 교회, 수도원, 병원 등에서 환대가 주로 이뤄졌습니다. 예전에는 나그네가 낯선 마을을 방문할 때 집주인의 접대를 받았다면, 이제는 수도원에서 운영하는 숙소를 찾아가게 되었습니다. 공적 공간에서 전문화된 인력이 환대를 담당하자, 집에 머물면서 음식과 이야기를 나누며 일어나는 인격적 교제가 약화하였습니다. 이로써 타자를 마주할 때 경험하는 윤리적 도전의 강도도 무뎌졌습니다. 물론 중세 시대 이후에도 집은 환대의 장소라는 기능을 계속 담당했지만, 집에서는 주로 개인적으로 손님을 초청하고 대접하는 사적 친교가 이루어졌습니다. 주교관이나 귀족의 저택 등에서는 방문객의 지위에 따라 영접 방식과 격식을 차별화하였고, 그 결과 환대가 사치스러워지고 형식주의화 되었습니다. 환대가 유사한 배경을 가진 사람들의 연대를 공고히 하는 수단이 되면서, '구제'로서 환대와 '친교'로서 환대 사이가 벌어졌습니다. 이러한 환대의 이원화 현상은 현대까지도 이어지고 있습니다.

둘째, 16세기에 일어난 종교개혁 운동이 가톨릭교회와 문화를 비판한 이유 중 하나가 중세 말기 그리스도인의 환대 풍습이 심각하게 왜곡된 일입니다.[6] 종교개혁자들은 교리적 개혁과 더불어 사회·정치적 문제에서 교회의 잘못된 행태와 영향력까지 문제 삼았습니다. 그들은 당시 귀족과 종교 지도자 사이에서 유행하던 환대 대신, 원시 교회가 보여 줬던 환대의 정신과 모습을 되찾길 원했습니다. 게다가 종교개혁 여파로 각지에서 난민이 발생했던 만큼, 이방인과 가난한 자들을 돕는 것은 개혁을 관철하는 데도 절실하고 필요했던 일이었습니다.[7]

하지만 종교개혁은 환대와 관련하여 모호한 유산도 남겼습니다. 여러 종교개혁자가 르네상스 이후 떠오르는 인간에 관한 관심에 부합하여 피조물로서 인간의 고귀함을 신학적으로 논증하였습니다. 이웃 사랑의 방법으로서 검소하고 분별력 있는 환대를 지향하기도 했습니다. 하지만 '오직 믿음'을 강조하는 주류 개신교의 구원론은 환대의 '실천'을 덜 중요시하는 역논리가 되었습니다. '순수한' 교리에 대한 종교개혁 진영의 강박은 종교적 신념이 '이질적인' 사람과 집단 사이에 갈등과 폭력을 조장하기까지 했습니다. 이러한 현상을 보고 스위스 출신 프랑스 철학자 장 자크 루소는 다음과 같이 비꼬았습니다.

> 시민적 불관용과 신학적 불관용을 구분하는 사람들은 착각하고 있다. 두 형태의 불관용은 떼려야 뗄 수 없다. 우리가 [신에게] 저주받았다고 간주하는 사람들과 평화를 이루며 사는 것은 불가능하다. 그들을 사랑하는 것은 그들에게 벌주는 신을 미워하는 일이 될 것이다.[8]

시간이 흘러 근대 국가가 성립하면서, 환대를 수행하는 데 세속 영역의 비중이 압도적으로 커졌습니다. 이제는 정부가 세금으로 빈자와 병자를 돌보는 기관을 설립하고, 전문 인력을 체계적으로 훈련하게 되었습니다. 그 결과 병원이나 구제소 등을 운영하던 교회의 전통적 역할이 모호해졌습니다. 게다가 여가 산업이 발달하며 호텔이나 식당 등이 외지인들의 필요를 채워 주자, 공적 영역과 사적 영역 모두에서 환대에 대한 상상력이 발휘될 여지가 줄었습니다.

환대의 중요성에도 불구하고 기독교 문명에서 환대 담론과 실천이 덜 강조되거나 심지어 주변화될 여러 계기와 신학적 이유가 수백 년 동안 쌓였습니다. 그런 만큼 환대에 관한 관심이 현대 세계에서 일어나기까지 새로운 역사적 경험만이 아니라 사상의 발전도 필요했습니다. 그중 두 차례의 세계대전과 이후 찾아온 이주와 이민의 시대 가운데 등장한 '타자'에 대한 철학적·신학적 성찰이 유독 큰 역할을 했습니다. 이번 장에서는 20세기 초 등장하여 지금껏 큰 영향을 끼치는 타자 철학에 관한 간략한 소개로 시작하여, 전통적인 신학적 인간론의 범주를 현대적 감각으로 재해석함으로써 기독교적 관점에서 환대의 인간론을 제안하고자 합니다.

'너'라 부르기

인간은 자기를 생각과 행동의 중심으로 인식하며 산다는 의미에서 '주체'입니다. 이는 곧 자기 외 다른 것은 자신의 힘을 발휘해 지식을 얻고 영향을 끼칠 대상인 '객체'로 파악함을 뜻합니다. 그런데 다른 사람도 인격체일 텐데 그를 단지 우리의 인식과 행위의 대상으로 규정할 수 있을까요? 그도 사람인 만큼 자기만의 고유한 개성을 가지고서 생각하고 말하고 행동하지 않을까요? 내가 나를 정확히 알 수 없어 '나 자신을 수수께끼'처럼 여기듯,[9] 그 역시도 자기를 수수께끼로 인식하지 않을까요? 수수께끼 같은 두 인격이 마주했을 때 한 명이 다른 이를 완전히 알거나 완벽히 통제할 수 있다고 생각하는 것도 망상이지 않을까요?

    이러한 문제의식을 첨예화하며 타자 철학으로 가는 발판을 놓은 사람으로 오스트리아 출신 유대인 종교철학자 마르틴 부버를 손꼽을 수 있습니다. 1923년 작품 『나와 너』(Ich und Du)에서 그는 철학의 근원어(Grundworte)는 '나'(Ich), '너'(Du), '그것'(Es)처럼 대명사 하나가 아니라, '나-그것'(Ich-Es) 혹은 '나-너'(Ich-Du)처럼 대명사의 짝으로 이루어진다고 봅니다.[10] 이는 주체인 '나'가 타인과 세상을 바라보고 대하는 태도에 따라 만들어진 조합입니다. 우선, 주체는 자기 이외의 것을 도구화하고 통제 가능한, 심지어 다른 것으로 얼마든지 대체할 수 있는 비인격적 대상으로 대할 수 있습니다. 이처럼 '나-그것'은 분주하고 복잡한 삶 가운데 우리가 세상에 대한 정보를 얻고 밥벌이를 하면서 접하는 수많은 사람과 사물을 수단으로 대하는 태도를 가리킵니다. 반면, '나-너'는 상대를 대상화하지 않고 다른 무엇과도 대체 불가능한 유일한 '너'로 봄으로써 맺어지는 인격적이고 상호적인 관계를 뜻합니다. 여러 동기생 중 특별히 소중한 벗, 이름을 부르면 달려오는 반려견, 근처를 지나갈 때마다 꼭 찾아가 그 그늘 밑에서 느리고 긴 쉼을 누리게 하는 오랜 소나무 등은 나에게 '너'라 불릴 존재입니다.

부버는 주체가 대상을 대하는 태도로 '나-너'와 '나-그것'을 대조하고는,[11] 진정한 '나'는 '너'와의 관계성 가운데 찾아진다고 제안합니다. 타인을 '그것'이 아니라 '너'라고 부름으로써 그를 향해 내 생각과 행동의 축이 기울어지고, 나도 타인에게 '너'라고 불림으로써 그의 축이 나를 향해 기울어집니다. 이렇게 둘이 상호적이고 대화적인 관계에 들어가면서 추상화도 수치화도 할 수 없는 각자의 고유한 인격과 사람됨이 서로에게 살포시 드러납니다.

얼핏 사변적 설명 같아도 두 근원어는 우리가 일상에서 실제 타인을 대하는 태도를 잘 반영합니다. 우리는 타인과 인격적 관계를 맺지 않고도 나이, 학벌, 직업, 배경, 신체 특징 등 객관화된 정보만으로 그에 대해 잘 안다고 자부하기도 합니다. 심지어 타인을 나의 이익을 추구하거나 욕망을 실현하기 위한 도구로 삼기도 합니다. 반면 타인에게 귀 기울이고, 그를 인격체로 대우하며, 상대를 향해 나를 개방하고, 서로가 선사할 새로움을 고대하면서 '나-너' 관계를 맺을 수도 있습니다. 이때는 타인에 대한 많은 정보가 없더라도, 혹은 둘 사이를 벌려 놓을 법한 장해물이 있음에도 상대를 속 깊이 알아 가게 됩니다. 이와 같은 '너'와의 만남은 노력으로 성취하거나 시공간 안에서 완전히 경험될 수 없습니다. 그 관계를 내가 원한다고 계속 소유할 수도, 다른 사람에게 물려 줄 수도 없습니다.[12] 진정한 의미에서 너와의 조우는 나에게 하나님의 은혜처럼 신비롭게 '선물'로 주어집니다.

물론 우리의 사회생활은 '나-너' 관계로만 채워질 수 없습니다. 대상에 대한 정보를 가능한 한 많이 얻음으로써 복잡한 상황에서 통제력을 잃지 않고 어떤 판단이 좋을지 결정하기도 합니다. 게다가 인간은 본능적으로 이질적 존재를 마주할 때 그것이 일으키는 날것 같은 느낌을 자기가 수용하기 편하게 누그러트리려 합니다. 그런 만큼 일상을 살아갈 때 '나-그것' 경험의 불가피성과 장점도 있습니다. 하지만 '나-그것'의 관계 맺음은 수직적 위계와 도구적 효용성을 추구하는 만큼 비인간화를 초래할 위험을 내재합니다. 대상화와 지배 욕구를 통해서는 상대에 대해 제대로 알 수도, 그와 인격적 관계에 들어설 수도 없습니다. 이런 맥락에서 부버는 '나-그것' 구도에 익숙한 현대인이 주체의 힘을 확대하다 타자를 향한 진정한 관심을 잃고, 사람됨에 대한 질문 대신 과학기술이 바꿔 나갈 물리적 세계에 과하게 주목한다고 비판했습니다.[13] 삶의 전 영역을 효율화·규격화하는 기술 물질문명 가운데서 사람됨의 가치와 긍지를 발견하려면 '너'라고 부르며 나의 존재를 개방할 존재가 필요합니다.

이쯤에서, 부버의 사상을 더 자세히 소개하는 대신 이러한 독특한 만남과 관계의 철학을 잉태한 그의 소년 시절 경험을 엿보고자 합니다. 열한 살이 되던 해 여름 부버는 할아버지의 농장에 머물렀습니다. 거기서 그는 검정 얼룩이 있는 회색 말과 만났고, 말의 모습에 매혹되어 아침이면 홀로 마구간에 가서 말을 쓰다듬었습니다. 말은 낯선 소년의 손길을 친숙하게 받아들였지만, 때로는 놀랄 법한 몸짓으로 그를 맞았습니다. 말과 나눈 신비로운 교감은 이후 철학사에 크게 이바지할 소년에게 '나와는 다른 것'에 대한 감각을 일깨웠습니다.

> 내 손에 여전히 매우 생생하게 남아 있는 기억을 가지고 지금 설명한다면, 말을 어루만지면서 나는 타자, 무한한 타자성을 가진 타자를 경험했다고 말해야 할 것이다. 그것은 황소나 숫양의 타자성처럼 낯설지 않았고, 오히려 나를 가까이 끌어당기고 쓰다듬도록 한 타자성이었다.[14]

피부와 피부의 접촉을 통해 소년은 종의 경계를 넘어서는 경이로운 생명력을 경험했습니다. 다름과 낯섦은 말과 인간을 멀어지게 하기는커녕 한데 묶으며 교감을 불러일으켰습니다. 그러던 어느 날 부버는 말을 쓰다듬는 게 재미있다고 처음 느꼈고, 그 감정은 불현듯 말을 대상화하고 있는 '자기' 손을 의식하게 했습니다. 이후 말과 교감하는 신비가 영영 사라졌고, 예민했던 소년은 말에 대해 죄책감을 느꼈습니다. 성인이 된 부버가 회상하길, 한 소년과 그의 손길에 자신의 존재를 개방한 말 사이에는 '나-너' 관계가 형성되어 있었습니다.[15] 하지만 말과 자신의 피부 사이에 끼어든 인간의 자의식은 말을 '그것'으로 되돌려 놓았습니다.

부버의 사상은 어떻게 타자와 관계를 맺을지, 어떻게 나와 다른 이들과 유대를 쌓을지 등에 큰 통찰을 줍니다. 그의 제안 이면에는 타자의 이질성에 대한 솔직한 인정, 그리고 낯섦이 경계와 갈등이 아닌 매혹과 대화의 계기가 될 수 있다는 믿음이 깔려 있습니다. 하지만 그보다 한 세대 뒤에 활동한 또 다른 유대계 철학자는 이러한 제안에 의문을 표합니다. '나-너'만으로는 "우정과는 다른 삶을 설명하지 못한다"는 이유 때문입니다.¹⁶

타인의 얼굴 마주하기

우리는 일상에서 수많은 타자를 만나지만 모두와 인격적이고 상호적인 관계를 맺지는 못합니다. 게다가 현대 사회는 부버가 생각할 수 없을 정도로 커졌고, 정치·경제적 상황은 복잡해졌습니다. 살아가며 많은 이를 오래도록 곁에 두고 대화를 나누면 좋겠지만, 삶은 스쳐 지나가는 만남으로 채워져 있습니다. 이러한 현실을 고려할 때 이름 모를 수많은 타자를 향한 태도를 설명할 범주로 '나-너'는 제한적이기에, 타자의 타자성을 존중하고 설명할 다른 방식이 필요합니다.

오늘날 환대에 대한 철학적 담론을 논할 때 거의 빠지지 않는 사람으로 에마뉘엘 레비나스가 있습니다. 그는 러시아어를 사용하던 리투아니아의 유복한 유대인 가정에서 태어나 히브리어와 성서 교육을 받았습니다. 이후 유학길에 올라 독일 현상학의 영향을 깊게 받았고, 프랑스로 돌아와 철학자로 활동했습니다.¹⁷ 1906년 태어나 1995년에 세상을 떠났던 그의 생은 두 차례 세계대전, 탈식민지화, 냉전체제, 68운동, 동구권 몰락 등 이른바 '극단의 시대'라 불리는 20세기를 관통했습니다.¹⁸ 제2차 세계대전 당시 전쟁포로로 수용되었던 만큼, 그는 철학이 지금껏 인간의 폭력성 문제를 제대로 다루지 못했다는 데 비판적이었습니다. 그는 서양철학이 골몰했던 형이상학이나 인식론 대신 윤리학을 우선시하는 새로운 사유를 실험했습니다.[19] 여기서 방대하고 복잡한 그의 사상을 전체적으로 조망하기는 불가능하니, '얼굴' 개념 중심으로 그가 어떻게 환대를 철학의 화두로 삼았는지 간략히 살펴보고자 합니다.

레비나스에 따르면 타자는 우리에게 얼굴로 나타납니다. 얼굴은 눈, 코, 입, 귀, 뺨, 이마, 턱 등으로 이루어집니다. 우리는 상대의 얼굴이 가진 특성으로 그를 기억하고 다른 사람과 구분합니다. 다른 사물도 크게 다르지 않은 방식으로 존재합니다. 의자는 다리, 좌판, 등받이, 팔걸이 등으로 구성되고, 이 의자는 저 의자와 차별화되는 고유한 특성이 있습니다. 의자와 얼굴 모두가 물리적 요소의 조합이지만, 의자와 달리 얼굴은 "바라보고 호소하며 스스로 표현"합니다. 심지어 "얼굴과의 만남은 사물과는 전혀 다른 차원을 우리에게 열어" 주기까지 합니다.[20] 즉, 우리가 얼굴이라고 할 때 이는 피부, 혈관, 뼈, 근육, 털, 신경의 총합인 물리적 얼굴 이상을 뜻합니다. 레비나스는 얼굴이 시선으로 포착 가능한 현상을 초월한 그 무엇이기에 '비가시적'이라고 말합니다. 그렇다면 눈앞의 얼굴을 눈으로 볼 수 없다는 심오한 역설을 어떻게 이해해야 할까요? 레비나스의 유명한 설명을 직접 들어 보겠습니다.

> 얼굴은 포함되기를 거부하는 가운데 현전한다. 이런 점에서 얼굴은 파악될 수 없다. 다시 말해 포괄될 수 없다. 보여질 수도, 만져질 수도 없다. 시각적이거나 촉각적인 감각 속에서 자아의 정체성은 바로 내용이 되는 대상의 타자성을 감싸 버리기 때문이다.[21]

우리는 사람의 얼굴을 보면서 피부색은 어떤지, 입이 얼마나 큰지, 눈과 코가 조화를 잘 이루는지 등을 따져 봅니다. 이와 같은 관찰, 혹은 주체와 대상 사이의 일치를 추구하는 '봄'이라는 지각 활동은 우리가 경험하는 현상의 세계를 배경 삼아 일어납니다.[22] 하지만 우리는 대상에 대한 사실적 지식만이 아니라 의미를 질문하고 추구합니다. 의미는 생각과 언어와 행동이 삶의 다채롭고 구체적인 맥락 가운데 위치함으로써 드러납니다. 예를 들면, 나 자신을 곰곰이 들여다본다고 나라는 사람의 의미가 드러나지 않습니다. 나의 의미는 한 가족의 가장, 학생을 가르치는 교사, 택배를 주문한 고객, 출판사에 원고를 제때 줘야 하는 저자, 동네 카페 단골손님, 여권에 기재된 나라들의 방문객 등의 여러 위치와 활동이 직조되는 가운데 형성됩니다.

반면 얼굴은 그 사람의 존재 의미를 '맥락 없이' 드러내고는 얼굴의 요구에 조건 없이 반응하라고 우리에게 명령합니다. 적군의 얼굴을 마주하면 전쟁 중일지라도 '살인하지 말라'라는 계명이 귀에 어른거립니다. 굶주림에 고통받는 난민의 얼굴에서 '네 이웃을 내 몸과 같이 사랑하라'라는 호소가 들립니다. 이처럼 얼굴은 단지 자연적 삶이나 사회적 관계에서 부여되지 않고, 마치 신성한 것인 양 우리 앞에 불현듯 현현(epiphany)합니다.[23] 얼굴 모양새와는 달리 얼굴의 의미는 관찰할 수 있게 대상화되지도, 그 내용이 체계화되지도 않습니다. 사회적 관계망 가운데 적당한 위치를 마련해 주기도 불가능합니다. 레비나스의 말대로, "타인을 마주하는 제일 좋은 방식은 타인의 눈동자 색조차 알아채지 못하는 것입니다!…지각은 확실히 얼굴과의 관계를 지배할 수 있지만, 얼굴 특유의 것은 지각으로 환원되지 않습니다."[24]

얼굴의 의미 작용은 맥락 없이 일어나기에 우리가 속한 세계의 전체성을 넘어 '무한'을 지향합니다. 타자의 얼굴은 개념이나 숫자로 정의 불가능한 고유함을 지녔고, 세상을 해석하는 방식으로 설명될 수 없기에 철저히 '외재성'을 지닙니다.[25] 이처럼 초월적이고 신비로운 얼굴이 우리의 존재 지평 안에 현현할 때는 강력한 윤리적 명령을 수반합니다. 일례로 레비나스는 러시아 작가 도스토옙스키의 『카라마조프가의 형제들』을 즐겨 읽었습니다. 거기서도 특히 조시마 장로라는, 성인으로 추앙받는 수도사에 깊은 관심을 기울였습니다. 귀족 출신 조시마는 젊은 시절 잘난 척하고 자존심 강했던 장교였지만, 삶의 급격한 변화를 경험하고는 종교에 헌신하기로 합니다. 그를 완전히 뒤바꾼 극적 회심은 화를 참지 못한 채 자기와 마찬가지로 '하나님의 형상'인 당번병의 얼굴을 피투성이로 만든 경험 때문에 일어났습니다.

> 눈앞에 아파나시가 서 있고 나는 그의 면상을 후려쳤다. 그는 대열 속에 있을 때처럼 차렷 자세를 취한 채 머리를 꼿꼿이 세우고 눈을 부릅뜨고 있었다. 그는 맞을 때마다 몸을 부르르 떨면서도 감히 그것을 피하기 위해 손을 쳐들지도 못했다. 사람이 사람을 때리다니, 인간이 과연 이럴 수가 있는가? 이런 큰 죄가 또 어디 있으랴! 나는 뾰쪽한 바늘 끝에 내 영혼이 꿰뚫린 것만 같았다.[26]

타자의 얼굴을 마주할 때 우리는 인과율로 촘촘히 맺어진 세계, 혹은 사회적 관습이 축적되다 굳어진 세계를 초월하여 저기 다른 편, 즉 윤리적 책임의 세계로 인도됩니다. 타자는 대부분 현실에서 나그네, 과부, 고아, 병들고 가난한 자 등 도움이 필요한 '약한 자'로 다가옵니다. 동시에 타자는 마치 주인인 것처럼 내게 윤리적 명령을 한다는 점에서 '강한 자'의 모습으로 임합니다. 타자는 무력하면서도 강력한 자라는 역설을 레비나스는 이렇게 설명합니다.

> 결론적으로, 타자는 가장 부유하고 가장 가난한 존재자입니다. 가장 부유한 것은 윤리적 차원에서입니다. 나의 권리보다 선행할 타자의 권리, 즉 언제나 나보다 타자가 먼저 오기 때문입니다. 가장 가난한 것은 존재론적 혹은 정치적 차원에서입니다. 타자는 철저하게 취약하고 노출되어 있기에, 내가 없다면 아무것도 할 수 없기 때문입니다. 타자는 우리의 존재론적 현존에 유령처럼 따라다니고, 영혼을 각성한 불면의 상태로 언제나 깨어 있게 합니다. 우리가 존재론적으로 타자를 거절할 자유가 있더라도, 우리는 언제나 나쁜 양심에 비난받는 상태에 처합니다.[27]

타자가 가난하고 약한 모습이지만 명령하는 주인의 얼굴을 가지고서 현현하기에, 주체와 타자의 관계는 본질상 비대칭적입니다. 주체와 타자 사이에 대칭적인 호혜성을 기대하는 것 자체가 어느 한쪽의 기준에 다른 쪽이 따르기를 요구하는 것이기에 타자의 타자됨에 위협을 가합니다.

레비나스는 인간이 다른 인간을 인간 이하로 대우하던 야만의 시대를 유대인으로서, 전쟁 포로로서, 디아스포라로서 겪어 냈습니다. 이러한 시대 경험을 반영하듯 그는 타자, 얼굴, 윤리, 책임 등을 핵심어로 삼는 철학적 사유를 시도했습니다. 레비나스가 세상을 떠나자 데리다가 쓴 조사에는 레비나스의 사상이 몇 개의 문장으로 인상 깊이 요약되어 있습니다. "그것은 존재론에 앞선, 또 존재론 너머의 윤리입니다. 국가나 정치 너머의 윤리입니다. 그러나 또한 윤리 너머의 윤리이기도 합니다."[28] 환대의 요구는 현실의 정치, 경제, 문화, 종교, 역사, 인종의 논리를 뛰어넘는다는 레비나스의 급진적 사상은 많은 사람을 매혹했습니다. 환대는 주체로서 인간이 선택하는 윤리적 선택지 중 하나가 아니라 환대가 오히려 인간을 진정한 의미에서 윤리적 주체로 만든다는 생각은 신학계에도 적잖이 영향을 줬습니다.[29]

정리하자면, 부버처럼 레비나스도 '나'라는 주체를 향했던 서양철학의 시선을 '타자'로 향하게 했습니다. 하지만 레비나스가 볼 때 타자성은 '나-너' 관계 안에 담길 수 없습니다. 타인은 나로부터 철저히 낯설기에 나의 친절함으로도 포섭할 수 없습니다. 타인의 얼굴은 위장도 은폐도 안 되고 벌거벗겨진 채 현현하며 나에게 책임감 있고 헌신적인 반응을 요구합니다. 이와 같은 얼굴의 호소에 응답할 때 자율적 개인의 선한 의지를 윤리의 기초로 삼는 근대적 기획과 대척점에 서게 됩니다. 타인의 얼굴이 나의 자유로운 생각과 행동에 제동을 걸기 때문입니다. 타인에 대한 책임을 인식할 때 그의 얼굴의 요청이 나의 자유에 앞서는 것을 인정한 셈이기 때문입니다. 이로써 근대 철학이 이상으로 삼았던 자율적 주체성을 대신할 '환대로서의 주체성'이 탄생하게 됩니다.[30]

타자 철학은 이론적으로도 깊이 있고 실천적으로도 호소력 있지만, 여러 궁금증을 우리에게 남겨 둡니다. 타자의 얼굴이 개념화할 수 없는 신비의 현현이라지만, 언어화할 수 없는 대상과 우리는 인격적 관계를 얼마나 깊게 맺을 수 있을까요? 타인에 대한 책임은 사회가 합의한 법적 경계, 정치적 정체성, 윤리적 올바름을 언제나 넘어서야 할까요? 타자의 선함과 악함을 따지지 않는 무한한 책임은 환대를 너무 낭만화하는 것 아닐까요? 예를 들어, 자국민을 학살하고도 뉘우치지 않는 독재자가 병환에 시달릴 때 그에게 책임을 진다는 것은 어떤 의미일까요?[31] 환대의 명령을 하는 타자의 얼굴마저 넘어선 더 초월적인 윤리의 근원이 있을까요? 무엇보다, 타인의 요구에 응답할 수 있는 지혜와 선한 힘이 우리에게 있을까요?

인간이 지닌 하나님의 형상

정현종 시인의 "방문객"은 한 사람의 도래를 일상적 시간 의식에 다 담을 수 없는 초월적 사건으로 묘사합니다. 그 도입부를 인용해 보겠습니다.

> 사람이 온다는 건
> 실은 어마어마한 일이다.

그는

그의 과거와 현재와

그의 미래와 함께 오기 때문이다.

한 사람의 일생이 오기 때문이다.

(정현종, "방문객" 중)

현대 철학에서 타자를 재발견한 데서도 타자는 대상화도 길들이기도 할 수 없는 무한으로 임한다는 생각이 전제되어 있습니다. 이는 종교적 '계시 없이' 인간 현상을 진지하게 응시하고 기술함으로 얻은 결론이지만, 타자가 찾아온 순간을 일상의 평범함에 묻어 두지 말고 '계시적'으로 받아들이도록 윤리적 상상력과 감수성을 고양합니다. 기독교 신학에서도 인간은 그의 외모나 사회경제적 상황 등으로 정의될 수 없고, 그 참된 정체성은 우리에게 숨겨져 있다고 봅니다. 단, 타인의 사람됨이 지각의 영역으로는 다 담길 수 없는 신비라는 생각은 단지 관찰이나 사변의 결과물이 아니라 '계시'로부터 주어졌습니다.[32]

성경 여러 곳에 타인과의 만남이 신적 존재와 조우하는 것과 비견되지만(창 18:1-15; 19:1-11; 마 25:31-46; 갈 4:14; 히 13:1-3 등), 환대의 신학과 인간 존엄에 관한 생각 전반에 큰 영향을 끼친 개념으로 '하나님의 형상'을 꼽을 수 있습니다. 성경에 따르면, 여러 피조물 중 인간만이 하나님의 형상으로 만들어졌고(창 1:27-28), 하나님의 형상인 인간에 대한 물리적·언어적 폭력은 금지됩니다(창 9:6; 약 3:1-12). 인간이라면 누구나 신적 요소와 맞닿아 있기에 타인을 외모, 출신, 배경, 평판, 과거사 등으로 환대할지 환대하지 않을지를 결정할 수 없습니다. 일례로 스트라스부르와 제네바에서 난민들을 돌봤을 뿐만 아니라 본인도 이곳저곳에서 망명 생활을 했던 종교개혁자 칼뱅은 인간이 하나님의 형상이기에 누구나 고귀하다고 말합니다.[33]

> 비천하고 배우지도 못한 사람이 [도움을 요청]한다고 하자. 그러나 주님은 그 사람 속에서도 자신의 아름다운 형상이 빛난다고 말씀하신다(사 58:7). … 우리를 미워하는 자를 사랑하고, 악을 선으로 갚아 주며, 저주하는 자에게 축복한다는 것은(마 5:44) 정말 어려운 일일 뿐 아니라 인간의 본성도 완전히 거스르는 일인데, 그런 일을 이룰 수 있는 길은 오직 한 가지밖에는 없다. 곧, 사람의 악한 것에 개의치 않고 그들 속에 있는 하나님의 형상을 바라보는 것이다. 그 하나님의 형상이 그 사람들의 잘못된 점들을 덮어 주고 제거시켜 주는 동시에, 그 형상의 아름다움과 위엄으로 우리를 이끌어서 그 사람들을 사랑하고 포용하게 만들어 주는 것이다.[34]

인간은 인간으로서 존엄하게 대우받아야 하지만, 하나님의 형상으로서 현 세계의 논리를 초월하는 영광과 가치마저 지닙니다. 하나님의 형상이 첫 인류 아담의 타락으로 훼손되었다지만, 그렇다고 인간이 하나님의 형상이라는 존재론적 규정이 취소된 것은 아닙니다.[35] 그렇다면 이러한 가르침이 어떻게 환대의 인간론을 구성하는 기본 생각들을 제공할지 간략히 살펴보겠습니다.

첫째, 기독교에서는 모든 사람이 하나님의 형상이라고 믿기에 타인의 얼굴에 더 특별하게 의미를 부여합니다.[36] 얼굴은 옷과 장신구, 호칭과 지위 같은 인위적인 것들이 벗겨지며 인격을 그 자체로 접하는 곳이자 인간의 지각 활동으로 그 의미를 파악할 수 없는 신비한 곳입니다. 동시에 얼굴은 타자와의 첫 만남이 일어나는 장소이기도 합니다. 아기는 태어나며 타자, 즉 자기를 받아 주는 사람의 얼굴을 봅니다. 아이를 받는 이도 타자인 아기의 얼굴을 접하며 경이와 웃음으로 응답합니다. 루마니아 정교회 사제이자 시인인 콘스탄틴 비르질 게오르규가 자신의 출생을 어떻게 묘사했는지 잠깐 보겠습니다.

> 이 세상에서 처음으로 내 눈앞에 나타난 사람은 바로 나의 아버지였다.…나는 요람에 누워 있었고, 그는 내게로 몸을 숙였다. 아버지와 나, 우리 둘은 굉장히 놀라워하며 서로를 쳐다보았다.…나는 이 지상 세계에서 처음으로 접한 형상이 인간의 얼굴이었다는 사실을 생각할 때마다 매우 자랑스럽다. 사람의 얼굴을 봄으로써 나는 하나님을 본 것이다. 그리고 하나님을 보는 사람은 우주 전체를 본다.[37]

하나님의 형상이라는 관점에서 보자면 인간의 탄생은 유일무이한 환대의 사건입니다. 신생아가 세상에 처음 나오면 연약한 그의 몸을 하나님의 형상인 다른 누군가가 받아 줘야 합니다. 이때 아기는 하나님 형상의 손에 안겨 하나님께 환대받고, 창조주이신 하나님을 통해 삼라만상으로부터도 환영받습니다. 어머니의 태에서 신생아가 나올 때 주위 사람은 시공간 안에 하나님의 형상이 드러나는 것을 목격합니다. 태초의 창조 이래 하나님의 형상은 아기의 탄생을 통해 늘 새로운 몸을 입고 세상으로 들어옵니다. 하나님의 형상이 끊이지 않고 세상 가운데 늘 새롭게 가시적으로 거한다는 것은, 그 형상을 입은 아기와 더불어 인류가 이전의 갈등과 폭력의 기억을 뒤로하고 하나님의 평화와 정의를 더 온전히 반영할 미래를 향해 나갈 수 있다는 약속이기도 합니다.[38] 이처럼 하나님의 형상으로서 인간의 출생 자체가 경이로운 환대의 사건이자, 역사가 똑같은 굴레에 갇히지 않게 하는 희망의 모판이 됩니다.

둘째, 아무리 죄로 일그러졌다고 할지라도 하나님의 형상인 이상 타인의 참모습은 우리의 오감으로 지각 가능한 영역 너머에 있습니다. 타자의 무한성은 현실에서는 사람들의 생각과 언행과 삶의 방식의 고유함과 다양함으로 드러납니다. 따라서 하나님의 형상이라는 관점에서 인간을 볼 때 중요한 전제는 '나는 타인을 절대로 알 수 없다' 혹은 '타인은 절대로 나와 동일하지 않다'입니다. 이방인만이 아니라 이웃과 친구와 가족도, 심지어 나 자신도 나에게 낯선 신비입니다. 예를 들면, 기독교 신앙에 얼마나 진지하게 헌신하는지와 별개로, 사람마다 세상과 신앙을 이해하는 방식과 언어에는 차이가 있습니다. 이를 인정하지 않고 진리가 나의 언어로만 규정되고 표현되리라 생각하는 순간 타인의 타자성은 압살당하고, 진정한 의미에서 환대는 불가능합니다.

하나님의 형상에게 하나님이 선물하신 지성은 진리를 함께 찾아 가자는 겸손함을 배우게 합니다. 반면, 죄는 '너는 내가 이해하는 방식으로 진리를 알아야만 해'라는 망상을 주입합니다. 아우구스티누스는 인류 역사의 파괴적 모습 이면에 타자를 지배하려는 욕망(libido dominadi), 즉 타인의 타자성을 무시하고 나의 말과 행동으로 그를 규정하고 통제하려는 폭력적 힘과 도착된 욕망이 있다고 봅니다.[39] 이런 맥락에서 보자면 죄란 타인을 감싼 신비의 아우라를 꿰뚫고 그의 존재와 삶의 의미를 파헤치고 조종하려는 생각과 태도와 행위로 재정의됩니다.

셋째, 타자를 마주할 때 하나님의 형상인 우리에게 요구되는 바는 그의 타자성이 존중받고 발현되게 우리 자신을 비우는 일입니다. (2장에서 봤듯) 태초에 하나님은 세상을 만드시며, 타자로서 피조물이 존재하고 번영할 공간을 마련하고자 자기를 제한하십니다. 이러한 신적 사랑의 가시적 형태는 하나님 아들이 "자기를 비워(ἐκένωσεν) 종의 형체를 가지사 사람들과 같이" 되신 성육신에서 결정적으로 드러났습니다(빌 2:7). 이후 신학에서는 자기 비움의 사랑을 '비움의 행위'를 뜻하는 그리스어 단어를 사용해 케노시스(κένωσις)라고 부르기도 합니다.

독일의 신학자 미하엘 벨커는 자기 비움의 특징을 "타자의 타자성에 대한 열렬한 관심, 타자 스스로 자유롭게 자신을 드러내게 만드는 데 관한 열렬한 관심, 타자의 삶을 펼치기 위해 길을 닦으려는 데 관한 열렬한 관심"이라고 요약합니다.[40] 하지만 우리가 현실에서 자기를 비우고 타인과 연대하려면 타고난 권리, 합법적 이익, 성공 가능성, 익숙한 삶의 방식 등을 제약하거나 포기해야 합니다. 그렇기에 자기 비움의 사랑은 아름다워 보여도 거리껴집니다. 2세기에 한 익명의 교부가 디오그네투스라는 귀족에게 쓴 편지에서 그러한 낭만적(?) 사랑은 낯설지만 불가능한 것이 아니라고 조언합니다.

> 그리고 만약 각하께서도 하나님을 사랑하신다면 하나님의 선하심을 본받는 사람이 될 것입니다. 사람이 하나님을 본받을 수 있다는 것을 이상하게 여기지 마십시오. 하나님은 원하시기만 하면 하실 수 있습니다.…이웃의 짐을 떠맡는 사람, 자기 처지가 더 나으면 부족한 이를 기꺼이 돕는 사람, 하나님께 받은 모든 것을 궁핍한 사람들에게 나눠 주는 사람, 이러한 사람은 그러한 은혜를 입은 사람들에게는 하나님 같아집니다. 그는 하나님을 본받는 사람입니다.[41]

예수께서는 자신의 신적 영광으로부터는 '거리'를 두시고, 비참함 가운데 있는 인간과 '함께'하셨습니다. 이로써 공생애 중간에 사회적 약자를 포함한 여러 사람이 거할 공간을 자기 곁에 만드셨고, 궁극적으로는 성령을 선물하시며 삼위일체의 교제 안에 우리를 위한 공간을 여셨습니다. 우리도 타자가 자신의 사람됨과 자유로움을 드러낼 공간을 만들고자, 익숙했던 것에서 '떠나고' 그의 상황을 '받아들이는' 자기 비움을 실천할 수 있습니다.[42] 하나님의 사랑을 받고 하나님을 사랑하는 가운데, 하나님의 형상으로서 인간은 타자를 사랑하는 그분의 방식을 배워 가기 때문입니다.

그리스도의 형상, 우리 안의 타자성

그리스도인은 구약성경과 신약성경 모두를 하나님의 말씀이자 정경으로 받아들이는 만큼, 하나님의 형상을 단지 성부의 창조만이 아니라 성자의 구원과 성령의 완성이라는 포괄적 맥락 가운데서 파악해야 합니다. 실제 신약성경의 '형상' 개념은 창세기만으로 접근할 때와는 비교가 힘들 정도로 하나님과 인간과 세계의 관계를 놀랍게 재조직합니다.

아담이 하나님의 형상으로 창조되었지만, 사실 그는 완전한 하나님의 형상은 아니었습니다. 그가 하나님께 불순종해서가 아니라, 본성상 피조물이었기 때문입니다(창 1:27-28; 5:1-3). 역사 가운데 온전히 드러난 하나님의 형상은 인간 아담이 아니라 인간이 되신 하나님 예수 그리스도입니다(요 14:9; 고후 4:4; 골 1:15; 히 1:3). 우리가 일상에서 보는 인간, 즉 죄를 범하고 에덴에서 추방된 아담의 후손은 누구도 예외 없이 불완전한 하나님의 형상입니다. 그런데 성경에는 놀라운 반전이 있습니다. 그것은 인간이 피조물이고 죄에 물들었어도 그에게 성령의 능력 안에서 그리스도의 형상으로 변모한다는 약속이 주어져 있다는 사실입니다(고후 3:18; 갈 4:19; 골 3:10 등).

성경에서 하나님의 형상이 무엇인지 정확히 말해 주지는 않지만, 이 개념이 사용된 여러 맥락을 종합하면 최소한 하나님의 형상이 창조 때 아담에게 부여된 고정된 실체이거나 인간이 통제할 수 있는 소유물이 아님은 명확합니다. 특히 바울이 그리스도의 형상은 이야기하면서도 하나님의 형상은 언급하지 않았던 만큼, 그의 강조점은 궁극적으로 인간이 하나님의 은혜로 그리스도의 형상에 이른다는 데 있습니다.[43] 달리 말하면, 그리스도의 형상은 태초에 인간이 창조될 때부터 품은 종말론적 목표입니다(롬 8:29; 고전 15:49 등). 그리스도의 형상은 인간의 기원과 목표의 실제적 내용을 구성하면서도 자연적인 인간 본성에는 낯선 만큼 '인간 존재 안에 새겨진 타자성'이라고 할 수 있습니다.[44]

다른 피조물과 달리 하나님의 형상인 인간은 하나님 말씀에 순종하고 은혜에 반응함으로 그리스도의 형상에 이르도록 만들어졌습니다. 하지만 아담의 범죄로 인류는 죄의 힘 아래 놓이게 되었고, 하나님의 은혜로운 개입 없이 그리스도의 형상에 도달하지 못하게 되었습니다. '이러한' 인간의 구원과 완성을 위해 성부께서는 성자와 성령을 보내셨습니다.[45] 성자는 인간이 되심으로 하나님 형상의 온전한 모습을 계시하고 실현하셨습니다. 아들의 영이자 새 창조의 영인 성령은 지금도 평범한 인간을 그리스도의 형상으로 빚고 계십니다. 우리가 성자와 성령의 사역으로 예수께서 지니신 형상에 이르기까지 새롭게 되는 것, 혹은 아담의 후손이 하나님의 자녀가 되는 것을 구원론적 용어로 '신화'(神化, deification)라고 합니다.

이러한 이유로 동일한 창세기 1장 본문을 두고 고대의 교부들은 유대교와는 달리 하나님의 형상에 구원론적·종말론적 관점을 투영했습니다. 이는 그리스도가 마지막 아담임을(고전 15:45), 또한 그리스도의 형상으로 회복시키시는 성령의 활동을 강조한 바울의 권위를 교부들이 인정하기에 불가피했습니다. 게다가 그들은 당시 통용된 그리스어나 라틴어 번역 구약성경을 주로 봤습니다. 그러다 보니 "하나님이 이르시되 우리의 형상을 따라 우리의 모양대로 우리가 사람을 만들고"(창 1:26a)라는 구절의 의미를 파악하고자, '형상'과 '모양'을 두 다른 그리스어나 라틴어 개념으로 설명했습니다.[46] 대표적으로 오리게네스는 "사람이 첫 창조에서 [하나님 형상]의 품위를 받은 반면, [하나님 모양]의 완전함은 완성 때까지 유보되었다"라고 해석합니다.[47] 즉, 하나님의 형상은 창조 때 부여되었지만, 하나님의 모양은 종말 때에야 성취됩니다.

16세기 이래 개신교 신학자 대부분은 하나님의 형상과 모양을 다른 개념으로 보는 전통적 입장에 회의를 표합니다.[48] 그렇다고 그리스도의 형상을 새롭게 입는 것이 온 피조물이 갈망하는 종말론적 목표라는 성경의 가르침을 부정한 것은 아닙니다. 그런 만큼 하나님의 형상에 대한 고대의 논의에서 현대 개신교가 재발견할 것은 구원이 개인의 궁극적 운명에 관한 것을 넘어 그리스도론적인, 그래서 종말론적이고 우주적인 지평을 가진다는 사실입니다.[49] 신약성경에 따르면 하나님은 삼라만상을 그리스도 안에서 그리스도로 말미암아 그리스도를 위하여 창조하셨습니다(요 1:3; 골 1:16-19; 히 1:2 등). 그리고 하나님은 그리스도의 십자가를 통해 만물과 화해하셨고(골 1:20), 궁극적으로는 만유의 주로서 만유 안에 계심을 드러내실 겁니다(고전 15:28; 엡 4:6; 골 3:11 등). 인간의 종말론적 목표는 바로 이러한 그리스도의 형상에 이르는 것입니다. 그리스도인이 하나님과 세계와 인간의 운명에 관해 이토록 원대하고 아름다운 그림을 심상에 품고 이것이 실현되리라 믿는 것은 우주의 기원과 목적 모두 그리스도에게 놓여 있다는 성경 말씀 때문입니다.

인간이 그리스도의 형상을 입는 것은 개인을 향한 하나님의 뜻이자, 피조 세계 전체가 지향하고 바라는 목표입니다. 그렇다면 하나님이 첫 인류에게 주신 "생육하고 번성하여 땅에 충만하라 땅을 정복하라…모든 생물을 다스리라"(창 1:28b)라는 명령도 달리 보아야 합니다. 오랫동안 이 구절은 다른 피조물에 대한 인간의 탁월성과 우월성에 관한 것인 양 곡해되었고, 심지어 인간이 자연을 착취하고 파괴하는 일을 정당화했습니다.[50] 하지만 피조물로서 자연은 인간 지식과 통제력을 언제나 넘어서 있기에 우리 앞에 타자로서 현존합니다. 자연의 타자성을 무시하고 인간의 욕망이나 필요를 위해 자연을 조작과 통제 대상으로 간주하는 습관이 마음에 들면, 신적 타자나 타인을 마주할 때도 폭력적 시선과 그를 지배하려는 몸짓을 감출 수 없을지 모릅니다.[51]

하나님 형상의 기원과 목표에 관한 성경 이야기 전체를 배경 삼아 보자면, 창세기 1:28은 다른 동식물과 경쟁하는 피조물 인간이 아니라 그리스도의 형상에 도달할 존재에게 주어진 명령입니다. 하나님의 아들처럼 되어 가는 인간이 '생육하고 번성'하며 땅에 '충만'해질 때 창조자 하나님의 뜻이 우주에 가득해집니다. 이로써 텅 빈 물리적 공간으로서 우주의 무의미함이 '정복'되고, 하늘 뜻이 땅에서 이뤄지듯 모든 생명체가 하나님의 뜻으로 '다스려'질 것입니다. 이런 맥락에서 정교회 신학에서는 그리스도가 참 제사장이시듯(히 10:11-18) 그리스도의 형상으로 변모할 인간도 하나님과 다른 피조물을 중재하는 제사장으로 봅니다.

> 흔히 인간을 가리켜 호모 사피엔스(*homo sapiens*, 생각하는 존재), 호모 파베르(*homo faber*, 도구를 사용하는 존재) 등으로 부른다. 그렇다. 그러나 무엇보다도 인간은 호모 아도란스(*homo adorans*), 즉 "찬미하는 존재"다. 인간에 대한 으뜸가는 가장 기본적인 정의는 인간은 "제사장"이라는 것이다. 인간은 세상의 중심에 서서 하나님을 찬양하는 자신의 행위—하나님으로부터 세상을 받아서 다시 그것을 하나님에게 바치는 행위—안에서 세상을 하나로 통합하는 존재다.[52]

그리스도 안에서 만유가 하나님과 화해한 것처럼, 그분의 부름에 응답할 때 우리도 깨어진 현실 가운데서 화해의 계기가 됩니다. 이것이 세상의 이곳저곳으로 나를 바삐 부르는 목소리가 범람할지라도, 우리 귀에 '하나님을 사랑하고 이웃을 사랑하라'라는 낯설고도 자비로운 목소리가 계속 들려오는 이유입니다.

사람됨의 궁극적 목표

하나님의 형상을 그리스도를 통해 완성될 창조라는 빛 아래서 볼 때 풍성하고 포괄적인 환대의 인간론이 구성됩니다. 이러한 맥락 속에서 인간의 궁극적 목표는 자기 죄를 씻는 것이 아니라 만물의 주이신 그리스도의 형상에 이르는 것입니다. 그리스도의 형상이라는 타자성을 자기 안에 지니는 것은 현재의 나에 안주하거나 그 모습을 절대화하지 않으면서, 그리스도처럼 될 종말론적 가능성을 품고 사는 것을 의미합니다. 인간의 최종 운명인 그리스도의 형상에 이르려면 우리는 지금 여기서부터 그리스도와 연합해야 합니다. 이를 위해 성령께서는 세례를 통해 우리를 그리스도에게 접붙이고 그분의 몸인 교회가 되게 하십니다(롬 6:1-11; 고전 12:13; 골 2:12 등). 이로써 기독교 신앙의 우주적 지평은 교회를 통해 오늘 구체화하고 여기서 현실화합니다(엡 1:23). 바울은 그리스도의 형상에 따라 공동체로서 형성되는 인간의 모습을 이렇게 노래합니다.

> 몸이 하나요 성령도 한 분이시니 이와 같이 너희가 부르심의 한 소망 안에서 부르심을 받았느니라. 주도 한 분이시요 믿음도 하나요 세례도 하나요 하나님도 한 분이시니 곧 만유의 아버지시라. 만유 위에 계시고 만유를 통일하시고 만유 가운데 계시도다. (엡 4:4-6)

지난 2,000여 년 동안 그리스도인은 서로 다른 시대에 각자 다른 위치에 있었지만 하나의 거룩한 공교회를 이루고 있습니다. 달리 표현하면, '성령'의 능력 아래서 지역과 문화, 시대와 기억, 인종과 언어, 성별과 나이, 계급과 이념을 초월하며 모두가 '하나의 몸'으로 살아갑니다. 이때 '세례'는 각기 다른 모양으로 살던 이들을 그리스도의 몸으로 환대하는 예식입니다. 인류를 환영하는 주님의 몸으로 들어선 이들은 중동의 환대 풍습에 따라 새 옷, 즉 '그리스도'를 입습니다.[53] 하나님 아들의 옷을 입은 사람은 모두 하나님 자녀로 영광과 지위를 인정받는 만큼, 현실에서 그들을 구분하고 갈라놓던 인위적 경계는 하나님의 집에서는 사실상 무의미해집니다. 바울은 갈라디아 교회에 보내는 편지 가운데 이러한 주제들을 다 녹여 냈습니다.

> 너희가 다 믿음으로 말미암아 그리스도 예수 안에서 하나님의 아들이 되었으니 누구든지 그리스도와 합하기 위하여 세례를 받은 자는 그리스도로 옷 입었느니라. 너희는 유대인이나 헬라인이나 종이나 자유인이나 남자나 여자나 다 그리스도 예수 안에서 하나이니라. 너희가 그리스도의 것이면 곧 아브라함의 자손이요 약속대로 유업을 이을 자니라. (갈 3:26-29)

이토록 거대한 우주적 서사와 인간의 고귀함에 대한 찬양이 '현실적'이라면, 그 근거는 실현 가능성 유무가 아니라 교회라는 '역사적 실체'에 지금도 그리스도가 성령으로 현존하시며 우리 한 사람 한 사람을 새로운 생명으로 부르신다는 사실에 있습니다.

하나님의 환대가 궁극적으로 우리를 의로운 개인이 아니라 그리스도의 몸인 교회로 빚어낸다는 생각은, 인간을 개인으로 생각하는 데 익숙한 현대인에게는 낯설고 불편할 수도 있습니다. 하지만 하나님의 형상이 처음에는 완전했다가 아담의 배은망덕한 죄로 파괴되었고 그리스도의 십자가로 회복되었으니 이를 믿는 개개인이 구원받는다는 식의 논지를 펼치다가는 기독교 신앙과 실천에 환대가 들어설 여백이 쪼그라듭니다. 이러한 논리는 사실상 하나님의 환대가 구원받는 사람에게만 한정한다고 보게 함으로써, 삶의 현장에서 그리스도인이 실천하는 환대를 개인주의적 구원론으로 제약할 여지가 큽니다.[54]

각 사람의 가치는 눈에 보이는 대로 결정될 수 없고, 인간 본성이 고정된 실체로 우리에게 부여된 것도 아닙니다. 참 인간은 우리가 성령의 능력 안에서 그리스도처럼 변화하면서 드러낼 신비입니다. 이러한 독특한 신학적 이해 덕분에 초기 그리스도인들은 당시 고대 로마인들이 기대하지 못할 정도로 인간의 존엄과 가치에 관한 생각을 급진적으로 전개했습니다. 남자와 여자, 노예와 자유인, 유대인과 이방인이라는 서로를 갈라놓던 사회적 기표가 상대화된 공동체가 1세기에 탄생했듯, 그리스도의 형상을 향해 변모하는 사람들이 있는 한 그리스도의 몸이라는 환대의 집은 어제도 오늘도 내일도 세상 가운데 현존할 것입니다.

∧∧∧

원시 기독교에서 신학적 인간론과 환대의 실천이 긴밀히 결합했듯, 오늘날에도 기독교적 의미에서 환대의 인간론을 재발견할 필요가 있습니다. 동방정교회 신학자 블라디미르 로스키는 하나님의 형상으로서 아담은 "자기 안에 낙원을 지닌 사람으로서, 온 세상을 낙원으로 바꿔야 했다"라고 말합니다.[55] 아담은 자기 안의 낙원을 외부 세계와 연결하는 사명을 실현하는 가운데 온 우주가 신적 영광으로 빛날 그 순간을 기다려야 했습니다. 하지만 그는 시선을 돌려 자기 영광을 응시하며 하나님처럼 되려고 했습니다(창 3:5-

6). 이로써 인간이 지닌 낙원의 창조적 에너지가 사그라들었고, 타자를 마주하고 그에게 책임 있게 행동할 힘도 쪼그라들었습니다.

범죄한 아담은 하나님의 얼굴을 피해 나무 뒤에 숨고 아내 하와를 불행의 원인으로 지목했습니다. 세계를 낙원으로 바꾸기는커녕 자연이 그 때문에 저주를 받았습니다(창 3:8-17). 이렇게 하나님의 형상이 불만과 후회와 적의와 얽히고설켜 버리면서, 타자를 환영하거나 타인의 호의에 자기를 노출하는 것은 인간에게 쉬운 일이 아니게 되었습니다.

아담 이후 인류 한 사람 한 사람은 잃어버린 낙원에 대한 기억의 조각을 품고 살아갑니다. 그래서인지 신비롭게도 타인과의 만남에서 외따로 있을 때는 인지하지 못하던 숨겨진 낙원의 기억이 촉발되기도 합니다. 심정 깊은 곳에서 우주 전체가 아름다운 성전이 되며 영광이 가득하기를 바라는 갈망이 불현듯 일어나기도 합니다. 서로 용납하고 극진히 대접하는 것이 실제 힘들다는 것을 잘 알면서도, 미련하게도 계속 환대에 기대를 걸기까지 합니다. 정현종 시인이 사람이 오는 것은 '그의 과거와 현재와 미래'가 함께 오기에 어마어마한 일이라고 했다면, 그리스도인은 사람이 오는 것이 '낙원의 기억'과 함께 오는 것이기에 어마어마한 일이라고 노래해야 할지 모르겠습니다.

하지만 현실에서 우리는 관심과 시선을 타인이 아니라 자신에게 두고, 무지한 가운데 두려움과 시기심을 품고 타인을 대합니다. 게다가 우리는 낙원이 아니라 각종 법률과 규제와 관습으로 규정된 세계에서 살아갑니다. 다른 시민과 공유한 시스템과 사회적 합의 가운데서 타인에게 호의를 표하기도 폭력을 가하기도 합니다. 일상에서 경험하는 환대는 언제나 모호하고, 어김없이 한계에 봉착하며, 이런저런 상황을 고려하며 이뤄집니다. 그렇다면 여기서 근원적인 질문을 다시 던져야 할 것 같습니다. 모든 환대는 현실적인 제약과 제한 가운데서 일어날 수밖에 없는 것일까요? 조건을 걸고 타인을 받아들이고 대접하는 행위를 엄밀히 말해 환대라고 할 수 있을까요? 복잡하게 환대라는 오래되고 불완전한 개념과 풍습에 희망을 거느니, 인간과 인간 사이를 연결하는 각종 제도적 장치에 투자하는 것이 낫지 않을까요?

더 생각할 거리

환대의 인간론과 선교적 신화

"사람이 무엇이관대"(시 8:4) 하나님은 우리에게 엄청난 선물을 주시고, 심지어 우리도 선물을 베푸는 환대의 존재가 되기를 원하실까요? 왜 하필 말 많고 문제 많은 인간을 통해 도움이 필요한 곳으로 은혜가 흘러가게 하실까요? 이 문제를 풀기 위한 실마리를 찾고자 인간 본성이라는 미로를 헤매다가는 출구 없는 막다른 벽에 도달하게 될지 모릅니다.

신약학자 마이클 고먼은 요한복음 전체를 해석하는 관점으로 '선교적 신화'(missional theosis)를 제시합니다.[a] 선교를 뜻하는 영어 단어 mission이 '보냄'을 뜻하는 라틴어 *missio*에서 나온 만큼, 성자가 보내지고 제자가 파송되는 모습을 담은 요한복음은 선교적인 책입니다. 또한 '하나님의 은혜로 우리도 신적 영광과 생명을 누리는 존재가 된다'는 신화(神化)라는 구원론적 주제가 요한복음에서 두드러집니다. 선교와 신화라는 두 단어가 요한복음에서는 삼위일체론적 맥락에서 연결되며 '우리를 위한' 하나님의 사역이 입체적으로 드러납니다.

- **하나님**은 아들을 보내셨고, 부활하신 성자는 **성령**을 파송하셨다. 성자와 성령의 활동이 **하나님의 선교**지만, 영원부터 하나님은 삼위일체이신만큼 그분은 본성상 선교적이시다.

- 하나님이 성자와 성령을 **파송**하신 것은 세상을 심판하기 위함이 아니라 **구원**하기 위함이다.[b]
- 성자와 성령의 파송 덕분에 인류는 **하나님의 선교**에 **참여**하게 된다. 이를 위해 하나님은 우리를 그리스도 안에서 성령을 통해 **하나님 자녀로 변모**시키신다.

요한복음은 '머무름'이라는 단어로 이와 같은 삼위일체론적·선교적·구원론적 주제를 함께 엮어 냅니다. 영원부터 성자께서 성부 안에 머무르셨다면, 역사 속에서는 성자와 제자들 사이에 상호 참여가 있습니다. "그날에는 내가 아버지 안에, 너희가 내 안에, 내가 너희 안에 있는 것을 너희가 알리라"(요 14:20). 특히 포도나무 비유로 잘 알려진 요한복음 15:1-11에 '거하라'라는 명령어가 9번 등장하는데 대표적으로 다음 구절을 들 수 있습니다. "내 안에 거하라. 나도 너희 안에 거하리라. 가지가 포도나무에 붙어 있지 아니하면 스스로 열매를 맺을 수 없음같이 너희도 내 안에 있지 아니하면 그러하리라"(요 15:4). 그래서 고먼은 '선교적 신화'를 요한복음에서 반복되는 단어를 사용해 "머물라. 그리고 가라"(Abide and Go)라고 요약합니다. '머물기'가 우리 신화의 근거라면, '가라'는 선교의 기초입니다.[c]

그리스도와 우리 사이의 상호 참여는 복음의 핵심이자 그리스도인의 실천과 교회의 선교의 중요한 신학적 전제입니다. 우리가 그리스도 안에, 그리스도가 우리 안에 거하게 될 때 본래 우리 것이 아닌 생명(Life)을 선물로 받게 되고, 이로써 우리 삶(life)이 생명의 하나님의 삶(Life)에 상응하도록 변화되기 때문입니다.ᵈ 성령을 통해 그리스도의 생명이 우리 안에 머물고 활동할 때 우리의 욕망과 상상력, 그리고 언어와 행동 전체를 바꿔 나가기 때문입니다.

성부 하나님은 성자와 성령 하나님을 통해 죄인이고 피조물인 우리를 환대하시면서 동시에 환대의 존재로 빚어내십니다. 포도나무 가지가 열매를 맺으려면 포도나무에 붙어 있어야 하듯, 우리가 환대를 실천하려면 먼저 하나님 안에 머물러야 합니다. 타인을 환대하게 하는 힘의 근원은 인간 본성이 아니라 하나님, 특별히 성령의 사역에 있습니다. 성령이 그리스도와 우리 사이의 상호 내주를 가능하게 함으로써 영원한 생명을 주시고 그에 부합하는 삶을 오늘 여기서부터 살게 하시기 때문입니다. 이처럼 환대는 단지 그리스도인에게 주어진 윤리적 명령이 아니라 우리를 자녀로 빚으시는 하나님의 선교 핵심에 자리 잡고 있습니다.

a   마이클 고먼, 『움직이는 포도나무: 요한복음에 나타난 선교적 영성』, 김효찬 옮김(서울: 한국해외선교회출판부, 2023), p. 34. 번역서에서는 missional theosis를 옮길 때 theosis를 음역하여 '선교적 테오시스'라고 표기하였다. 고먼은 '신화' 혹은 '테오시스'라는 단어가 거북하다면 '선교적인 변혁적 참여' 혹은 '참여적인 선교적 성화'라고 불러도 무방하다고 밝힌다.

b   이는 요한복음에서 두드러지는 관점이지만, 성경 다른 책(특히 바울서신)에서도 세상을 사랑하셔서 성자와 성령을 보내시는

하나님의 모습이 나온다. 참고. 마이클 고먼, 『십자가 형태의 하나님 안에 살다: 바울의 구원론이 말하는 케노시스, 칭의, 테오시스』, 최현만 옮김(서울: IVP, 2024).

c 고먼, 『움직이는 포도나무』, pp. 57, 119-167. *Abide and Go*는 책의 원서명이기도 하다.

d '생명'과 '삶'이 다른 단어인 한국어와 달리 대부분 서양 언어에는 한 단어에 두 의미가 모두 들어 있다. 영어 life, 독일어 Leben, 이탈리아어 vita. 프랑스어 vie, 그리스어 ζωή 등이 대표 사례다.

6장

경계 넘기

내가 나의 형제에게는 객이 되고
나의 어머니의 자녀에게는 낯선 사람이 되었나이다.

시편 69:8

인생은 낙원이에요. 우리는 모두 낙원에 살고 있어요.
하지만 우리는 그것을 알고 싶어 하지 않을 뿐이에요.
만약 알려고만 한다면 내일이라도 지상의 낙원은 이루어질 거예요.

마르켈[1]

인간은 하나님의 형상이라는 성경의 가르침은 윤리적 상상력을 확장하여 타인을 성별, 배경, 계급, 인종, 언어에 구애치 말고 존엄하게 대하도록 합니다. 인간이 그리스도의 형상으로 온전히 빚어질 때 온 우주도 하나님의 영광이 빛나는 성전으로 변모하리라는 아름다운 종말론적 희망을 불어넣기까지 합니다. 이토록 경이로운 존재인 인간에게 하나님은 이렇게 명령하십니다. "너희는 각기 이웃을 조심하며 어떤 형제든지 믿지 말라. 형제마다 완전히 속이며 이웃마다 다니며 비방함이라"(렘 9:4). 역시 하나님 보시기에도 인간은 어쩔 수 없는 것일까요?

현대인이 마주한 현실이라고 이와 크게 다르지 않습니다. 우리는 생면부지 이방인만이 아니라 함께 살아가는 사람마저 힘들어 합니다. 그의 개성과 욕구를 어떻게 대할지도 잘 모릅니다. 인류가 서로 환대하며 생존해 왔음을 알아도 진심으로 타자를 환영하지 못합니다. 마음의 원함과 실제 행동, 삶의 중심을 잡아 주는 신념과 삶에서의 실천 사이의 간격은 크게 벌어져 있습니다. 이러한 불일치는 개인만이 아니라 사회적 차원에서도 늘 관찰되었습니다. 그런 만큼 '무엇이 옳은가'라는 질문을 스스로 던질 줄 아는 인간이 왜 도덕적으로 실패하는가도 인류를 둘러싼 신비 중 하나입니다.

현실에 악이 범람하고 폭력이 만연하다 보니 인간 본성은 악하다고 단정 짓고픈 유혹을 받곤 합니다. 하지만 고대 이래 인류 사상의 발전을 이끈 여러 지혜자는 인간 존재가 품은 신비를 단순화하려는 이 같은 시도에 저항했습니다. 선을 행하려는 의지와 실제 행동 사이의 부조화가 보편적으로 관찰되는 만큼, 이들은 인간이 선과 악이 뒤섞인 역설에 사로잡혀 있다고 생각했습니다.[2] 사도 바울도 이렇게 말하지 않았습니까? "내가 원하는 바 선은 행하지 아니하고 도리어 원하지 아니하는 바 악을 행하는도다"(롬 7:19).

인간성에 깊이 새겨진 모순을 이해하는 방식은 사람마다 학파마다 종교마다 다릅니다. 기독교는 성경의 언어인 은혜와 죄를 통해 이를 설명해 왔습니다(롬 7:20-25 등). 다른 어떤 인식론적 도구로도 도달할 수 없는 인간성의 신비를 하나님의 계시가 밝혀 준다고 믿기 때문입니다. 이와 유사하게 적지 않은 철학자와 심리학자가 사람이 지닌 악에 대한 경향성은 단지 경험적으로는 설명 불가능하다고 생각했고, 선과 악 사이에서 투쟁을 일으키는 비밀이 인간 본성 안에 있다고 보았습니다. 일례로 철학자 칸트는 아무리 선한 사람이라도 악의 지배 아래 놓이게 되는 이유를 설명하고자 근본악(das radikale Böse) 개념을 제시하면서, 인간에게 있는 악의 세 가지 성향으로 심성의 근원적인 허약성, 불순성, 악의성을 거론하였습니다.[3]

오늘날 급속도로 발전하는 신경과학의 여러 연구 결과는 뇌의 성장과 활동 방식이 우리가 이방인이나 낯선 상황에 보이는 경계하는 태도 및 배타성과 관련이 있음을 가리킵니다.[4] 이러한 연구들은 죄 혹은 근본악 등의 개념으로 설명되던 인간 본성의 어둡고 모순적인 모습에 관한 새로운 통찰을 선사합니다. 생후 1년 6개월 정도 된 아기의 뇌는 자아 인식이라는 고차원적 의식을 형성하려 합니다. 이를 위해 뇌는 '나'와 '나 아닌 것'을 구분하는 활동을 하게 됩니다. 아기가 생존 욕구를 충족하며 자라나는 과정에서, 뇌는 주위 환경을 통제하며 '자기'에게 친숙한 것을 선호하게 합니다. 자기와 비슷한 사람들로 둘러싸인 안전한 환경에 안주하며 이러한 성향은 강화합니다.

성인이 되어서도 뇌는 쉬지 않고 낯선 사람과 상황이 도움이 될지 위협이 될지 판단합니다. 새롭고 낯선 것에 대해 자연스레 방어적 반응을 보이며 미지의 것은 통제하고 이질적인 것은 익숙한 것에 통합하려 합니다. 거기에 따라 호르몬을 분비하고 감정을 만들고 행동을 일으킵니다. 이러한 반응이 과도해지고 고착될 때 실생활에서 차별과 배제를 일으키는 신경생물학적 계기로 작용할 수 있습니다. 스페인의 정치철학자 아델라 코르티나는 이러한 뇌의 활동은 의식적 반성과 사회적 합의 이면의 조건으로서 인정할 필요가 있다고 주장하고는, 이를 '생물학적으로 설계된 제노포비아(이방인 혐오)'라고 부릅니다.

> 외국인들에 대한 두려움은 매우 자연스러운 감정이다. 사람들은 모습이 비슷하고, 같은 언어를 쓰는 사람들을 선호하기 마련이다. 우리의 문화와 선언들을 기준으로 보면 이런 혐오는 용납될 수 없지만, 생물학적 관점에서 볼 때는 친숙한 사람들이 생물학적 안전을 주고, 친숙하지 않은 사람들은 불안과 불편을 초래할 수밖에 없다.[5]

뇌에서 경계와 두려움의 회로가 작동하기에 인간은 자신과 다르거나 잘 모르는 사람에게까지 공감을 쉽게 확대하지 못합니다. 게다가 수천 년 동안 인류는 자기 종족 속에서 안전을 찾았던 만큼, 이방인을 경계하고 감정적 교류를 억제하는 사회적 습관도 발전시켰습니다.

자신을 타인과 구분하고 낯선 것에 방어적인 성향이 뇌에 있다고 하여, 타 인종과 문화에 대한 편견은 인간 본성이라는 생물학적 결정론이 정당화되지는 않습니다. 뇌는 인간이 살면서 겪게 되는 다양한 경험과 학습 등을 계기로 신경 회로를 계속 재조직하고 변화시키는 엄청난 가소성이 있기 때문입니다. 또한 최근 신경생물학자들도 인류의 삶에서 자기와 구분된 존재를 돌보고 친절하게 대하는 자연적 성향도 보편적으로 관찰된다고 주장합니다.[6]

인간 뇌의 신경 회로에는 타자에 대한 경계와 돌봄이 함께 새겨져 있습니다. 코르티나의 말대로, "선천적으로 우리는 '공감적인 제노포비아'"가 있는 존재입니다.[7] 뇌가 이러한 모호성과 한계를 우리에게 새겨 놓았지만, 뇌 자체는 기계론적이거나 결정론적이지 않습니다. 우리는 인류의 언어와 행동에 입힌 신경생물학적 패턴에 고착되지 않게 개인적 품성을 함양하고 사회 구조를 형성할 수 있습니다. 이를 위해서는 우리는 자기에게 익숙한 삶을 지킬 수 있는 폐쇄적인 안전 공간에서 나와, 도덕적 상상력을 확장하고 이를 현실화하는 데 필요한 문화적·정치적·사회적·경제적·종교적 도전을 수용해야 합니다.

이번 장에서는 선과 악의 갈등 가운데 본성이 있음에도 인간이 다른 사람을 환대한다는 것의 의미와 가능성을 살펴보고자 합니다. 이를 위해 환대하는 삶을 제약하는 여러 한계와 긴장의 형태부터 분석하고자 합니다. 그러고는 인간에게 이기적 속성이 있음에도 우리가 상상할 수 있는 환대의 가장 극적인 형태인 무조건적 환대를 살펴보고자 합니다. 그리고 뒤이어, 조건 없이 환대를 실천할 때 맞닥뜨리게 되는 윤리적 문제를 독일 출신의 신학자이자 순교자 디트리히 본회퍼의 신학을 통해 성찰하며 지금까지 이어 온 논의를 일단락하겠습니다.

환대의 한계와 경계

환대가 중요함을 머리로는 알더라도 현실에서 실천하기는 쉽지 않습니다. 현실적 이유로 타인을 영접하고 대접할 공간, 재정, 음식과 같은 물리적 자원이 부족하다는 점부터 들 수 있습니다. 그런데 뉴스를 보면 국내외에서 빈민을 구제하는 선행에는 사람들이 큰 반감을 갖지 않고 박수를 보내도, 난민을 받아들이는 문제를 두고서는 갑론을박을 합니다. 즉, 환대가 어려운 이유는 단순히 자원의 풍성함 여부에 달려 있지 않습니다. 환대를 안 하면 굳이 존재하지도 않을 혼란과 불편을 떠안기기에 환대는 어려운 일입니다. 지금부터는 낯선 이를 포용할 때 우리가 겪을 수 있는 갈등과 경험하게 되는 한계는 어떤 것이 있는지 살펴보겠습니다.[8]

첫째, '주인과 손님의 문화' 사이의 긴장이 있습니다. 타자는 벌거벗은 몸으로 오는 것이 아니라 자신의 언어, 가치관, 생활 풍습, 세계관, 종교적 신념 등과 함께 옵니다.[9] 손님이 가져오는 이질적 요소들과 맞닥뜨림으로써 자신을 주인이라고 자처한 사람의 삶에도 새로운 도전이 발생하고, 심지어 자기 삶의 상당 부분을 희생하는 상황에 몰릴 수도 있습니다.

둘째, 공동체의 '정체성과 개방성' 사이의 긴장도 발생합니다. 현실에서 외부인이 공동체 안으로 들어오려고 할 때 낯선 이를 환대할지, 어느 정도 공동체를 개방할지 등을 놓고 구성원 사이에서 토론, 합의, 논쟁, 설득, 강요, 저항 등이 일어납니다. 사도행전 15장에 나온 예루살렘 회의를 보더라도, 유대인의 정체성을 지켜 준

할례와 토라에 대한 충성심이 이방인에 대한 수용 문제와 충돌하며 당시 교회가 꽤 혼란스러웠음을 알 수 있습니다.

셋째, 낯선 이가 올 때 그가 '손님인지 적인지' 구분하기가 힘듭니다. 적이 자기 정체를 의도적으로 숨기는 일도 있지만, 선량했던 손님이 눈앞의 어려움을 피하고자 호의를 이용하고 배신까지 할지 모릅니다.[10] 새로운 환경에 정착하는 과정에서 차별과 견제를 계속 받다 증오가 쌓여 폭력적으로 돌변하는 사람이 생기기도 합니다. 최근 유럽에서 문제가 되는, 이민자 2-3세대가 자생적으로 테러리스트가 되는 사례가 대표적입니다.

넷째, '자기 공동체에 대한 돌봄과 손님에 대한 베풂' 사이의 부조화도 일어나게 마련입니다. 사람이 사용할 수 있는 시간, 열정, 자원 등은 한정적이기에, 타인을 환영하고 도움을 주는 일에 헌신하다 자신과 자기 주변에 소홀해질 수도 있습니다. 이는 난민이나 이민자, 빈민과 함께하는 활동가, 사역자, 선교사의 가족들이 자주 토로하는 어려움입니다.

다섯째, 환대를 '시작할 때와 이후 상황' 사이의 차이도 있습니다. 처음에 일을 벌일 때 어느 정도 자원으로 몇 명을 어느 정도까지 돕겠다고 합의했더라도, 이후 일이 커지고 더 많은 사람을 더 많이 보살피게 되면 경제적·시간적·육체적 압박을 받게 됩니다. 원래 건강했던 공동체가 환대를 열심히 하다 허약해졌다는 증언을 잠깐 들어 보겠습니다.

오래전 나는 환대를 힘써 행하는 교회를 출석했다. 우리는 수백 명의 난민과 인근의 많은 가난한 사람들 및 노숙자들을 영접해 들였고 함께 예배를 드렸다. 우리는 집, 교회, 재정, 식사, 에너지를 함께 나누었으며, 모든 사람의 필요를 다 채우려 노력했다. 그것은 믿을 수 없는 만큼 열매가 풍성하고 복된 시간이었다. 하지만 몇 년 지나지 않아 교회 자체가 과중한 사역으로 인해 무너져 버렸고 지도자들은 엄청나게 밀어닥치는 궁핍한 나그네들 때문에 녹초가 돼 버렸다. 교인들도 더 이상 헌신하지 않으려 했다.[11]

지금껏 환대를 실천할 때 겪는 일반적 어려움 몇 가지를 열거했습니다. 하지만 이와는 결을 달리하며 교회와 그리스도인만이 마주하게 되는 독특한 형태의 갈등과 곤란함도 있습니다.

우선, 교회의 사명으로서 '말씀 선포와 환대 사역' 사이의 긴장이 있습니다. 교회를 "복음이 올바로 선포되고 성례가 올바로 집례되는 성도의 교제"로 정의하는 종교개혁 신학에 따르면,[12] 환대를 설교처럼 본질적 사명이라고 간주하기는 어렵습니다. 하지만 성경에 따르면 환대 자체가 하나님과 예수 그리스도를 영접하는 일이요, 그리스도의 몸인 교회는 환대의 공동체이며, 이웃 사랑은 구약과 신약을 관통하는 가장 중요한 명령입니다. 말씀 선포를 통한 영혼 구원과 타인에 대한 환대가 양자택일의 문제는 아니지만, 현장에서는 어느 한쪽에 방점이 찍히며 교회의 사역과 선교도 방향이 구부러집니다.

또한, '국가의 법과 교회의 환대' 사이에도 갈등이 일어납니다. 고대부터 교회는 정부가 돌보지 못한 사회적 약자를 구제하고 지켰습니다. 실정법에 따라 보호받지 못하고 때론 배제당하는 이를 환영하기까지 했습니다.[13] 이 경우 국가와 교회 사이에 갈등이 일어나기도 하지만, 교회의 사명이 무엇이냐를 놓고 내부적으로도 불화가 생길 수 있습니다. 일례로 미국의 적잖은 교회가 불법 이민자를 위해 예배 공간과 임시 처소를 마련해 줍니다. 추방을 피하도록 법적 조언을 하고, 인간답게 살도록 기본적인 사회 서비스를 제공하기도 합니다. 그러다 보니 교회가 불법을 용인하고 부추기는 것은 아닌가, 정부가 이러한 교회에 법적 강제력을 행사할 수 있는가 등의 주제로 논쟁이 일어나곤 합니다.[14]

심지어 하나님의 '말씀과 말씀' 사이의 긴장도 발생합니다. 약자와 이방인을 환대하라는 하나님의 명령이 다른 율법과 충돌하는 듯한 상황이 벌어집니다. 말씀 자체이신 예수께서도 타인을 환대하는 가운데 바리새인들로부터 모세의 율법을 무시한다는 의심을 자주 받으셨습니다(마 9:11; 12:9-14 등). 초기 교회도 유대인의 경계를 넘어 로마 제국 내 다양한 사람들에게 복음을 전할 때 아모스의 예언으로 구약 율법을 급진적으로 재해석해야 했습니다(행 15:16-17). 이러한 사례 몇 개만 봐도, 1세기에 교회는 말씀과 말씀이 일으키는 긴장 가운데서 타자를 포용하려 노력하면서 잉태되었다 할 수 있습니다.

말씀과 말씀이 어긋나는 것 같은 극명한 사례로 환대의 명령과 거짓말 금지 명령이 일으키는 긴장을 들 수 있습니다. 히틀러 정권하에는 유대인을 숨겨 놓고 게슈타포에 거짓 증언을 했던 의로운 그리스도인들이 여럿 있었습니다.[15] 종교의 자유가 없는 나라에서 선교사들은 교회와 현지인 보호를 위해 가짜 정체성을 가지고 활동하기도 합니다. 이렇게 기독교 역사 속에는 타인을 환대하고자 말씀을 어겨야 하는 위험한 상황을 감수하는 이들이 있었습니다. 이러한 도전은 모습을 바꾸며 반복되었고 지금도 계속되고 있습니다.[16]

인간이 유한하기에 환대는 언제나 '경계'와 '한계' 가운데서 일어납니다. 환대의 성공 여부는 개인과 공동체가 가진 상황과 조건을 인정하고 이에 유연하게 반응할 줄 아는 지혜에 달려 있습니다. 이런저런 어려움과 부족함에도 환대하려는 의지와 노력이 다양한 형태의 공존하는 삶을 일궈 나갑니다. 이처럼 제한적 상황에서 환대가 담당하는 긍정적 역할을 인정하면서도, 이것이 진정한 환대라 불릴 수 있을지 의문을 표하는 사람들도 있습니다. 우리의 연약함에서 나온 '현실적으로 어쩔 수 없잖아'라는 한마디는 손님과 주인 사이를 즉각 가로막아 버릴 수 있습니다. 환대하면서도 공동체의 안녕과 신앙인의 정체성을 어떻게 지키느냐는 문제도 종종 제기됩니다. 이런저런 조건을 달다 환대의 공간에 주인이 손님에게 자의적으로 권력을 발휘할 여지를 남길 수도 있습니다. 그러다 환대가 주인이 예측과 통제가 가능한 것이 되고, 급기야는 환대가 환대 아닌 것으로 변질할 가능성도 있습니다.[17]

무조건적 환대의 불가능성과 필요성

인간은 유한한 만큼 스쳐 지나가는 모두에게 호의를 극진하게 베풀 수는 없습니다. 얼굴과 얼굴을 맞대며 속 깊은 관계를 맺을 수 있는 사람도 한정됩니다. 누구를 받아들이고, 어디까지 환영하며, 어떤 선물을 할 것인가 하는 현실적 문제에서도 벗어날 수 없습니다. 환대라고 하면서도 실제로는 인정, 관용, 동화에 더 가까운 태도를 지향할 수도 있습니다.[18] 이런저런 사항들을 따지다 보면 우리는 어느새 타인을 '조건적'으로 환대하는 자신을 발견하게 됩니다.

오늘날 환대에 관한 철학적 담론에서는 조건적 환대와 대비되는 '무조건적' 환대 개념에 주목합니다. 조건 없는 환대는 초청하지도 않았는데 찾아온 손님, 정체를 알 수도 없고 왜 왔는지도 모르는 외지인, 이해할 수 없는 언어를 사용하고 과거조차 숨겨진 낯선 이에게 먼저 두 팔을 활짝 펴는 일입니다. 나에게 편안함과 안정감을 주던 집으로 이방인과 소수자를 맞아들이며 겪게 될 불편과 불안을 감수하는 모험입니다. 안정적이었던 사적 공간이 흔들리며 찾아오는 현기증과 울렁증에도 타인을 포용하려는 의지를 꺾지 않는 것입니다. 그런 의미에서, 무조건적 환대는 초대(invitation)가 아니라 방문(visitation)의 환대이고, 동질성(sameness)의 환대가 아니라 다름(alterity)의 환대라고 말하기도 합니다.[19]

성경뿐만 아니라 여러 고대 신화에는 신적 존재가 나그네나 가난한 자로 변장하고 찾아올 수 있으니 손님을 조건 없이 극진히 대접하라는 가르침이 있습니다. 그만큼 무조건적 환대라는 이상은 오랜 역사를 지니고 있습니다. 하지만 특이하게도 무조건적 환대는 최근 '비종교적' 이유로도 진지하게 논의되고 있습니다. 주된 이유는 현대 사회에서 환대의 필요성은 더해 가지만 실제 경험하는 환대는 허약하고 쉽게 왜곡되기 때문입니다. 오늘날 이민, 난민, 파견, 유학 등 다양한 이유로 더 많은 사람이 국경을 넘나듭니다. 도시화 현상으로 이질적 문화를 가진 낯선 이들을 이웃 삼아 살아야 합니다. 빈민 문제와 부의 양극화 문제는 해결될 기미가 안 보입니다. 정치적 당파성, 외교적 힘겨루기, 고질적 경기 침체, 사이비 역사학, 종교적 극단주의, 가짜뉴스 등은 타인에 대한 경계와 두려움을 증폭시킵니다. 이러한 상황 가운데서 개인적으로 타인을 환영하려고 할 때 겪는 한계도 여럿이지만, 공적 지평에서 환대가 계획되고 실천될 때는 국가나 사회가 요구하는 더 복잡한 조건에 얽매여 버립니다.

이와 같은 이유로 우리가 일상에서 이런저런 제약 가운데 각종 상황을 따져 보며 실천하는 환대로는 환대의 진정한 모습이 무엇인지 말하기가 턱없이 부족합니다. 환대를 환대 되게 하려면, 혹은 우리의 환대가 오염되고 타락하지 않으려면 현실의 조건을 초월한 환대의 절대적 이념에 관한 논의도 필요합니다. 달리 표현하자면, 무조건적 환대는 인간이 이타적이고 능력이 있어서가 아니라, 타자를 환대하기에는 이기적이고 무능하기에 필요한 개념입니다. 데리다가 예리하게 관찰했듯, 무조건적 환대의 불가능성과 필요성은 서로 붙어 있습니다.

> 이 순수하고 무조건적인 환대를, 환대 **그 자체**를, 최소한 사유해 보지도 않는다면, 우리는 환대 일반의 개념을 갖지 못할 것이며 (자신의 의례와 법규, 규범, 국내적 관례나 국제적 관례로 이루어지는) 조건부

환대의 규준조차 정할 수 없을 겁니다. 이 순수 환대의 사유(그 나름의 방식으로 그 역시 하나의 경험인 사유) 없이는, 타자에 대한 관념, 타자의 타자성에 대한 관념, 다시 말해, 초대받지 않고도 당신 삶으로 들어오는 그 혹은 그녀에 대한 관념을 갖지도 못할 겁니다.…무조건적 환대는 법적이지도 정치적이지도 않지만, 그럼에도 불구하고 정치적인 것과 법적인 것의 조건입니다.[20]

데리다는 무조건적 환대와 조건적 환대의 관계를 극명하게 드러내고자, 이 둘을 각각 환대의 '법'(la loi)과 환대의 '법들'(les lois)이라는 개념으로 설명합니다.[21] 환대의 유일무이한 '법'은 손님이 문지방을 넘어올 때 두 팔 벌려 그를 조건 없이 환영하라고 명령합니다. 하지만 현실에서 타자를 환영하고 존엄하게 대하려면 각 사회의 고유한 정치·경제·문화적 상황을 고려하여 환대의 정신에 법적 지위나 정치적 무게감, 실용적 모양새를 부여해야 합니다. 민심을 반영해 토론과 입법을 하고, 정부가 법을 시행하고 강제하며, 공동체가 현실적인 실천 방안과 재정을 마련하는 등의 과정을 거쳐 환대의 '법들'이 구체화합니다.[22]

환대의 법이라는 관점에서 보자면 여러 조건으로 범벅이 된 환대의 법들은 순수한 환대의 타락이요 위반입니다. 환대의 법들이라는 관점에서 보자면 모든 맥락을 초월한 환대의 법은 실현 불가능한 이상입니다. 하지만 환대의 법에 담긴 고귀한 정신이 조금씩이라도 현실화하려면 환대의 법들이 있어야 합니다. 환대의 법들이 정치·경제 논리나 문화 전쟁의 포로가 되지 않으려면 환대의 법이 윤리적 상상력을 끊임없이 자극하고 고취해야 합니다. 이처럼 환대의 법과 환대의 법들은 구분되지만 분리될 수는 없습니다.[23] 환대의 법과 환대의 법들을 떼어 놓지 않고 함께 사유할 때, 달리 말하면 무조건적 환대의 이상을 꼭 쥐고 있을 때, 여러 한계와 조건 가운데서 이루어지는 환대라도 때론 예측 불가능한 풍성한 결과를 가져올 수가 있습니다. 그런 만큼 오늘날 윤리적 담론에서 무조건적 환대 개념은 자주 등장할 수밖에 없습니다.

무조건적 환대를 윤리화하기

무조건적 환대는 환대의 정신이 오염되지 않은 '순수한' 환대이자, 현실적 조건과 타협하지 않은 환대의 '절대적' 이념이라고 할 수 있습니다. 이러한 환대가 우리가 사는 실제 세상에 온전하게 현실화할 수 없다는 것을 잘 알면서도, 이에 관한 담론은 계속 이어지고 있습니다. 특히 무조건적 환대에 관한 철학적 논의는 현실의 문법 속에 환대가 맴도는 것을 막는 것을 일차적 목표로 하지만, 사실 '현행법 밖'에 있는 타자를 향한 윤리적 관심과도 깊이 결부되어 있습니다.

다양한 이해관계를 가진 각계각층의 사람이 공간과 자원을 공유하며 살아가는 사회에서는 정의로운 법이 있어야 평화를 유지하고 질서를 세울 수 있습니다. 하지만 아무리 정의로울지라도 실정법은 본성상 특정 지역이 당면한 상황에 맞춰 정의의 이념을 조건적이고 부분적으로 반영하며 만들어집니다. 그 결과 역설적이게도 사회 어딘가에서는 법의 명령에 따라 '합법적으로' 차별과 배제를 당하는 사람이 생겨납니다. 예를 들면, 백인에게만 참정권이 있던 1965년 이전 미국 사회에서 흑인을 현행법의 틀에서 최대한 친절히 대한다는 것은 결과적으로 그들을 계속 이등 시민으로 취급하겠다는 말이었습니다. 이와 마찬가지로, 시민을 보호하는 정부의 권한 외부로부터 도래하는 난민, 가부장적 법률과 관습이 지배하는 사회에서 살아가는 여성, 촘촘히 구성된 사회적 안전망 밖에 존재하는 이민자 등은 '법에 의해' 법의 보호와 합당한 대우를 받지 못합니다. 이렇게 사회에 통용되는 법 외부에 거하는 사람들에게 '법대로 하자'는 것은 이들을 보이지 않는 사람처럼 대하는 일에 불과합니다.

따라서 우리가 살아가는 세상에서는 대중의 욕구에 잠식된 현실 정치와 문자로 고정된 법률이 요구하는 것 너머의 윤리적 상상력, 혹은 데리다의 표현으로는 '법 밖의 정의'에 따라 타자를 대하는 도발적 실천이 요구됩니다.[24] 이러한 정의의 이념은 법전과 판례를 형성하는 정신적 뼈대이면서도, 특정한 법 조항이나 해석에 한정되거나 묶이지 않습니다. 오히려 사람과 사람 사이로 늘 새롭게 흘러넘치며 사회적 관계를 재조직하고 법을 재해석하게 이끕니다. 이와 같은 '잉여적이면서도 초월적인' 정의의 이념이 현실에서 낯선 이와 사회적 약자를 마주할 때 조건 없는 환대라는 모양새를 띱니다. 철학자 김애령의 설명을 들어 보겠습니다.

> 환대의 행위가 자기 배반에 빠지지 않게 하기 위해, 모든 만남의 장

소에서, 모든 관용의 공간에서 절대적 환대는 살아 있어야 한다. 절대적 환대는 불가능하면서도 가능해야 하고, 현전하지 않으면서 도래해야 하고, 경험할 수 없는 경험으로 경험되어야 한다. 그리고 바로 그렇기 때문에, 절대적 환대의 이념은 곧 정의이다.[25]

무조건적 환대에 관한 논의는 필요하지만 난해합니다. 중요하지만 냉소주의적인 저항을 불러냅니다. 시의적절하지만 현실로 옮기기는 매우 어렵습니다. 그 자체로 실천 불가능하기도 하지만, 그 모양새를 공적 담론에 적합할 정도로 구체화하기도 힘듭니다. 이 땅에 발붙인 우리의 윤리적 상상력에 '이미' 영향을 끼치지만, '아직' 온전히 현실화하지 않았기에 장차 '도래할 환대'(hospitality-to-come)라 불릴 만합니다.[26]

무조건적 환대에 관한 철학적 논의의 대다수는 순수하게 증류된 환대의 이념으로 조건적 환대의 한계를 드러내고, 환대를 가로막는 각종 논리를 해체하는 데 주력합니다. 어쩌면 이것이 환대의 철학이 현대의 윤리적 담론에 이바지하는 바이자, 비신학적 접근으로서 마주할 태생적인 운명일지 모릅니다. 그런데 환대의 절대적 이념은 타자를 위해 희생하기를 요구하고, 현실화할 수 없음에도 끊임없이 요청된다는 점에서 솔직히 종교적 아우라가 느껴집니다. 게다가 따져 보자면 '무조건'은 유한이 아니라 무한의 영역을 서술할 때 적합한 술어입니다. 그런 만큼 영원과 절대에 대한 믿음으로 현실을 조망하고 삶을 해석하는 종교적 가르침과 전통은 무조건적 환대를 성찰하는 비옥한 담론의 터전이 될 수 있습니다.

기독교 신학은 유한한 인류를 '조건 없이' 환영하는 무한하신 하나님을 지식의 원천으로 삼습니다. 따라서 환대의 신학자들은 여러 학문 분야에서 생산하는 환대 관련 문헌을 진지하게 탐구하면서도, 인간을 사랑하시는 하나님의 은혜와 그분의 말씀으로부터 환대를 이해하고 재구성할 언어와 핵심 논리를 발견하려 합니다. 낯선 이를 환영하고 사회적 약자를 보호하라는 성경의 가르침으로 환대의 순수성을 타협하도록 압박하는 현실의 조건들을 상대화하고, 조건 없는 환대의 삶이 어떤 것일지 보여 줄 실천적 지혜도 탐색하기까지 합니다.[27]

몇 가지 예를 들어 보겠습니다. 우리가 언어나 종교, 출신, 문화 등을 따지지 않고 낯선 이를 환영해야 하는 것은 하나님이 나그네를 환대하라고 하시면서 어떤 조건도 달지 않으셨기 때문입니다(레 19:33-34 등). 하나님에 대한 올바른 예배가 무엇보다 중요하고 하나님의 선택을 못 받는 사람들이 있지만 환대가 여전히 중요한 것은, 성육신하신 하나님이신 예수께서 이웃 사랑을 명령하셨을 뿐만 아니라 급진적 환대의 모범을 직접 보이셨기 때문입니다(마 22:34-40; 눅 10:25-37 등). 타자에 대한 증오나 경계를 앞세우지 않아야 하는 것은 하나님이 용납하신 대상이 잘난 의인이 아니라 나그네 이스라엘과 하나님의 원수인 우리이기 때문입니다(신 10:19; 롬 5:6-11 등). 생물학적으로 타인을 두려워하고 자기방어적인 우리가 환대의 존재가 될 수 있는 것은 성령 안에서 자연적 경향성을 극복하고, 서로 사랑하는 가운데 그리스도를 닮아 가기 때문입니다(롬 8:1-17; 벧후 1:4; 요일 4:7-21 등). 넉넉지 못한 경제 상황 가운데서도 환대를 베풀 수 있는 것은 부유함의 근원이 우리의 통장이나 창고가 아니라 하나님이시기 때문입니다(고후 9:8-11 등).

그런데 신학에서 환대를 논할 때 쉽게 빠지는 유혹이 있습니다. 무조건적 환대가 하나님의 조건 없는 은혜를 가장 잘 반영하는 만큼, 이를 그리스도인이 실천할 윤리적 삶의 모습이자 교회가 함께 실천할 바라고 너무 성급하게 주장하는 것입니다. 물론 환대의 순수한 이상은 고귀하고, 나그네와 사회적 약자를 사랑하라는 성경의 말씀과도 닿아 있습니다. 하지만 하나님은 하늘에 계시고 우리는 땅에 있습니다(전 5:2). 유한자로서 환대의 절대적 이념에 다다를 수 없기에, 무조건적 환대의 필요성을 당위처럼 해석해서는 안 됩니다. 무한의 영역에 속하지 않은 인간에게 언제 어디서나 타인을 아무 경계와 빗장 없이 환영하라고 강요할 수도 없습니다. 무조건적 환대라는 표현이 주는 짜릿한 어감 자체에 현혹되어 이상과 현실 사이의 팽팽한 긴장을 놓치는 순간 환대의 명령은 환대의 정신을 억압하고, 우리를 지치게 하며, 공동체를 파괴하는 폭력적 율법주의로 둔갑합니다. 1세기 교회 상황에 관한 성경의 증언을 보더라도, 원시 그리스도인은 무조건적 환대 이념을 앞세우며 타자를 만난 것이 아닙니다. 그들은 자신이 처한 상황에서 맞닥뜨린 특정 장해물을 성령의 인도를 따르다 넘어섰을 뿐입니다.

그리스도인이든 아니든 인간인 이상 환대의 순수한 이념을 자기 힘으로 실천할 수는 없습니다. 무조건적 환대 개념에 몰두하다가 조건 없는 환대와 조건적 환대를 '불가분'의 관계가 아니라 '양자택일'의 문제처럼 인식해서는 안 됩니다. 아직은 현실화하지 않은 절대적 환대라는 개념에 시선이 고정된 나머지 눈앞에 현존하는 타자에게 눈길을 주지 못하는 기만을 조심해야 합니다.[28] 그런데 놀랍게도 환대의 절대적 의무를 낭만화하지 못하게 막는 중요 단서가 성경에도 있습니다. 그것은 바로 타자를 절대적으로 환대하려 할 때 스며드는 폭력성의 문제입니다.

무조건적 환대의 폭력성

무조건적 환대는 낯선 손님과 사회적 약자를 조건 없이 자신의 공간에 머무르게 할 것을 요청합니다. 이는 환대의 주인에게 '절대적으로 책임적인 존재' 혹은 '타자에 사로잡힌 존재'가 되라고 요구하기에 어려운 일입니다.[29] 조건 없는 환대라는 개념이 숭고함을 불러일으킬수록 일상에서 실현 가능성은 더 희박해 보입니다. 이러한 상황에서 기독교 신학이 이바지할 수 있는 바는 성경의 몇몇 구절을 절대적 환대를 지지하고 촉구하는 증거 본문처럼 인용하는 데 있지 않습니다. 환대의 순수한 이상이 부분적으로 실현되는 것에 애달파하거나, 무조건적 환대는 불가능하다는 냉소에 저항하는 것으로도 불충분합니다.

신학은 하나님과 인간, 혹은 영원과 시간의 만남에 관한 계시적 지식과 공동체의 축적된 경험 위에 쌓아 올린 학문입니다.[30] 그런 만큼 '무조건적인 것'이 역사에 들어오면서 '조건적'인 것에 익숙했던 일상이 일그러지고, 지금껏 누렸던 삶의 안정성이 깨어지는 것을 묘사하는 것도 신학의 거부할 수 없는 사명입니다. 빛은 그림자라는 어둠을 만들지 않고는 못 비치는 것처럼, 성경 여러 곳에서 영원하신 하나님이 구원을 이루고자 역사에 들어올 때 비극을 대동하시는 것처럼 보입니다.[31] 큰 민족의 조상이 되게 하겠다는 약속의 성취를 위해 아브라함에게 아들 이삭이 태어나자, 첩 하갈과 서자 이스마엘은 광야로 추방되었습니다(창 21:8-21). 이스라엘이 오랜 노예 생활에서 해방되는 날 밤 이집트의 수많은 아이와 짐승들이 목숨을 잃었습니다(출 12:29-30). 인류를 구원하러 하나님 아들이 이 땅에 태어날 때는 팔레스타인의 수많은 아기가 수없이 학살당했습니다(마 2:16-18). 하나님과 세상이 화해한 장소인 갈보리 언덕에서는 하나님 아들이 직접 몸이 찢기고 피범벅이 된 채 다른 사형수들과 함께 십자가에 달렸습니다(마 27:32-44 등).

구원자 하나님이 조건 없이 누군가에게 선택의 빛을 비춰 주실 때, 그 이면의 그림자 속에서 누군가는 고통당하였습니다. 마찬가지로 우리가 타인을 환대하겠다는 순수한 의지를 관철하는 과정에서 어느 누군가에게는 불이익을 감수하고 삶이 깨지는 일이 발생할 수 있습니다. 타자를 조건 없이 환대하려는 의지가 강하고 노력이 집요할수록 누군가를 아프게 하는 강도는 더 강렬해질 수 있습니다. 그렇기에 타인을 환대하려는데 나의 두 손은 깨끗하고 속마음이 모든 사람에게 오해 없이 받아들여지리라 기대하는 것은 망상에 가깝습니다. 낯선 이에 대한 환영과 대접을 삶의 우선순위로 두면서도 공동체에서 좋은 평판을 유지하고 모두가 행복해지리라 바라는 것은 순진하다 못해 자기도취적일 수도 있습니다. 이러한 문제의식과 함께 성경에 나오는 환대 이야기에 엮인 폭력의 문제를 직시해 볼 필요가 있습니다. 나그네를 환대한 주인의 대표 사례로 소돔으로 이주한 롯과 기브아에 거류하던 노인이 있습니다. 이들은 자기 앞에 나타난 손님을 기꺼이 집으로 들이지만, 두 이야기는 이해하기 힘든 끔찍한 비극으로 마무리됩니다.[32] 밤에 주민들이 찾아와 손님을 내어놓으라고 위협하자, 시간과 장소가 멀리 떨어진 두 주인은 신기할 정도로 비슷한 해결책을 내어놓습니다. 이들은 손님을 지키고자 당장이라도 누군가를 해치려는 폭도 무리에게 여자들을 대신 내어 주려 합니다(창 19:8; 삿 19:24). 데리다가 지적했듯, 두 경우 모두에서 환대의 의무에 충실한 대가로 가부장적이고 남성중심주의적인 폭력이 용인되었습니다.[33]

수천 년 전 이야기지만 창세기와 사사기는 환대의 의무와 환대로 유발된 폭력, 즉 '환대의 두 얼굴'을 보여 줍니다. 현대인도 이러한 두 얼굴을 회피할 수 없습니다. 환대가 고상한 이념에 머물지 않고 다양한 이해관계가 얽힌 유한한 세계 가운데서 현실화하는 과정에 어떤 형태로든 폭력이 개입될 수 있습니다. 그것이 환대의 주인이 손님이나 주변인에게 가하는 폭력일 수도, 낯선 이를 보호함으로써 주인과 가족이 감내할 폭력일 수도 있습니다. 오랫동안 삶을 좀먹는 저강도 폭력일 수도, 단번에 삶을 박살 내는 고강도 폭력일 수도 있습니다. 창세기와 사사기의 사례처럼 여러 유형의 폭력이 얽혀 있을 수도 있습니다.

인간이 환대하든 안 하든 폭력에서 못 벗어나는 운명을 가졌다면, 과연 타인을 환대한다 하여 무슨 유익이 있을까요?[34] 무조건적 환대가 현실에서 어떤 결과를 불러오든 그 고귀한 이상과 꺾이

지 않는 선의지는 찬양받아야 할까요? 아무리 순수한 의도가 있
더라도 환대가 누군가에게 폭력과 고통을 유발한다면 그것을 이
상화할 수 있을까요? 절대적인 환대는 위험하기도 하니 최대 다수
의 최대 행복을 지향하면서 조건적으로 환대를 실천하는 것이 세
상 사는 지혜일까요? 유한한 세상에서 착한 일 하려면 희생양은
불가피하다며 양심을 위로할 수밖에 없을까요? 개인의 생명과 행
복이라는 기본권을 보호하기 위해 사적 영역을 완전히 개방하지
는 않고 공적 영역에서만 무조건적 환대를 실천해야 할까요?[35] 이
렇게 우리는 수천 년 전 롯과 기브아의 노인이 남긴 모호한 유산
에 아직도 정답 없는 질문을 계속 던지고 있습니다.

    무조건적 환대가 하나님의 사랑과 가까워 보인다고 이를 무조
건 이상화하거나 규범화해서는 안 됩니다. 환대의 절대적 이상이
폭력의 문제와 연관된 만큼, 역사적 예수의 삶에서 한두 낭만적
에피소드를 뽑아 무조건적 환대를 정당화하는 데에도 무리수가
있습니다. 우리를 위한 하나님의 조건 없는 은혜를 환대의 이상으
로 삼는다면, 하나님이 직접 인간의 폭력성을 다루신 방식을 피해
갈 수 없습니다. 달리 말하면, 세상과 화해하고자 '죄인을 위해 죄
인이 되신' 하나님 아들을 주목해야 환대에서 '무/조건'의 의미가
무엇인지 알아 가게 됩니다.

타인을 향한 무한한 책임

타인을 환대한다는 것은 어떻게든 내가 그의 필요와 안전과 행복

을 책임지는 존재가 되는 일입니다. 사전적 의미로 책임은 지위에 따라오는 의무 혹은 맡겨진 일에 충실한 태도 등을 뜻합니다. 이에 해당하는 영어 단어 responsibility를 분석하면 드러나듯, 책임은 상황에 '반응'(response)하는 인간의 '능력'(ability)을 전제합니다. 즉, 책임은 주체가 구체적 상황 가운데서 무엇이 옳은지 읽어 내고 행동하는 복합적 활동입니다.[36] 책임은 주체가 타자를 향해 대하는 태도의 특정한 방식인 만큼 윤리를 논할 때 빼놓을 수 없는 개념입니다.

레비나스나 데리다 같은 철학자들은 주체가 타인의 얼굴에 응답하고 낯선 이를 집에 들임으로써 타자에 대한 '책임'이 발생한다고 말합니다. 이와 유사한 듯 다르게 기독교 신앙은 책임이 일어나는 심오한 근원으로 모든 사람에게 있는 죄를 지목합니다. 도스토옙스키의 『카라마조프가의 형제들』에 나오는 담화의 일부분을 소개하겠습니다.

> 유일한 구원의 길은 자기 자신을 모든 인간의 **죄악에 대해 전적인 책임자**로 내세우는 길밖에 없다. 친구들이여, 이건 정말 사실이다. 왜냐하면 모든 일과 모든 사람에 대해 진심으로 **책임**을 지닌 순간에 여러분은 그것이 진짜 사실이며, 자기는 모든 사람에 대해, 모든 일에, **죄를 지었다**는 것을 당장 깨닫게 될 것이기 때문이다.[37]

이 알쏭달쏭한 인용문은 기독교적 사랑과 지혜를 육화한 인물인 조시마 장로의 입에서 나왔습니다. 사실 이는 조시마 장로의 친형 마르켈이 죽음을 앞두고 남겼던 말을 거의 그대로 반복한 것이기도 합니다.[38] 귀족 출신의 청년 마르켈은 세속적 삶과 새로운 지식을 추구하던 사람입니다. 그의 잘난 체와 자신감은 너무 부풀다 못해 사람들 앞에서 신을 부정하는 데까지 이릅니다. 그러다 열일곱 젊은 나이에 급성 폐결핵에 걸려 죽음을 마주하고 삶에 대한 태도가 급변합니다. 그는 하인들에게 사죄하며 자신이 죽지 않으면 그들을 섬기겠다고 말합니다. 심지어 정원으로 날아든 새들에게까지 용서를 구합니다. "주님의 새들아, 기쁨의 새들아, 나를 용서해 다오. 너희들에게 죄를 지었구나."[39] 이처럼 마르켈은 죄인인 자기가 수많은 생명체의 용납과 환영 위에 서 있음을, 그렇기에 자신은 세상의 모든 생명체에 책임이 있다고 고백합니다. 나의 업적과 성취가 아니라 누군가의 전적인 환대가 나를 나 되게 했듯, 나의 무한한 책임 안에 타자를 위한 자리도 마련되어 있음을 깨달았던 것입니다.

　이는 19세기 러시아인들이 당연시하던 신분제나 세계관을 넘어서는 기괴한 생각이었습니다. 당황한 어머니가 마르켈에게 아파서 밖에도 못 나가면서 어떻게 강도나 살인자보다 더 큰 죄를 지었느냐고 묻자 그가 이렇게 답합니다. "어머니께 뭐라고 설명드릴 수는 없지만, 사람들 앞에 죄인이 되고자 하는 것은 내가 그것을 원하기 때문이에요. 그들을 어떻게 사랑해야 좋은지 그것도 나는 모르고 있으니까요. 비록 내가 모든 사람에게 죄를 지었다 하더라도 사람들은 모두 나를 용서해 줄 거예요. 이것이 천국이지요."[40] 여기서 도스토옙스키는 우리가 타인을 사랑해야 하는 이유는 심정 깊은 곳에서 그저 우러나는 것임을, 즉 환대가 설명과 논증 없이 무조건적으로 발생하는 책임의 문제임을 알려 줍니다. 이로써 죄는 단순히 잘못이나 죄책이 아니라, 타자에 대한 무한한 책임이 일어나는 신비한 근원으로 재정의됩니다.

    죄에 대한 하나님의 무조건적 용서가 타자에 대한 무한한 책임으로 이어짐을 사유한 대표적인 개신교 신학자로 본회퍼를 들 수 있습니다.[41] 본회퍼는 젊은 시절 장래가 기대되는 신학자였지만, 나치 정권이 들어서자 공개적으로 아돌프 히틀러를 반대하며 요주의 인물이 되었습니다. 그는 자신의 인맥과 배경을 활용해 유대인들을 독일에서 몰래 빼내기도 했고, 히틀러 암살 모의를 했던 독일의 군사정보기관 아프베르(Abwehr)의 스파이로 활동하기도 했습니다. 그는 게슈타포에 의해 긴급 체포되어 약 2년 간 투옥 생활을 하였고, 제2차 세계대전의 종전이 몇 주 남지 않았을 때 교수대에서 생을 마감했습니다. 이처럼 본회퍼가 타자를 위해 책임지는 삶을 살았던 만큼 그의 신학은 더욱 진지하고 무게감 있게 다가옵니다.

    본회퍼가 가장 소중히 여겼지만 결국 미완성 유작이 된 『윤리학』에서 그는 다음과 같은 질문부터 던집니다.[42] 타자에 책임을 진다고 할 때 우리의 생각과 행동의 배경이 되는 세상은 어떤 곳인가? 성경에 따르면, 우리가 속한 세상은 도덕적으로 중립적인 물리적 공간도, 약육강식의 법칙에 따라 권력이 지배하는 사회도 아닙니다. 세상은 하나님의 사랑 대상이자 그리스도를 통해 하나님과 이미 화해한 곳입니다(요 3:16; 고후 5:19 등). "예수 그리스도 안에서 하나님에 의해 용납되지 않고 하나님과 화해할 수 없는 장소란 이 세상에는 존재하지 않는다.…세상은 그리스도에게 속해 있으며, 오직 그리스도 안에서만 세상다운 세상이 된다."[43] 편향된 시각을 가진 우리가 세상을 어떻게 인식하는지와 상관없이, 하나님의 현실은 그리스도 안에서 성취되었고 성령의 능력 안에서 지금도 피조물 가운데 실현되고 있습니다.

성경에서 증언하는 참 현실은 삼위일체 하나님이 용납·화해·보존하시는 세계입니다. 그러한 세계에서 윤리적 주체가 된다는 것은 무엇보다도 "성육신하시고, 십자가에 못 박히시고, 부활하신 주님, 그분의 유일한 형상과 같은 형상이 되는 것(Gleichgestaltung)"입니다.[44] 예부터 그리스도인은 그리스도를 뒤따르는 삶을 이상으로 삼아 왔습니다. 하지만 그리스도의 형상은 그리스도께서 성령의 능력으로 현실화하기에, 우리 힘으로 성취할 목표가 아닙니다.

그리스도인은 내적 성찰과 수양을 통해 그리스도처럼 되거나 진리를 획득하는 것이 아니라, 성령을 통해 지금 여기서 하나님의 말씀을 들음으로써 자신의 정체성과 삶을 형성합니다. 그런데 하나님의 생동하는 말씀(Wort)에 응답(Antwort)하는 것은 '오늘 여기서 예수 그리스도를 어떻게 따를까'라는 책임(Verantwortlichkeit)을 불러일으킵니다. 이는 성경의 가르침을 문자 그대로 지키거나 나의 내면에서 신비하게 들리는 정체 없는 목소리를 추구하는 것을 뜻하지 않습니다. 살아 계신 하나님은 성경의 문자나 교회의 해석에 묶이지 않으면서, 현실 한가운데서 우리에게 늘 새롭게 오십니다. 그렇기에 "[그리스도인]의 행동은 원칙적으로 확고하게 정해져 있

는 것이 아니라, 주어진 상황과 함께" 생겨납니다.[45]

일상은 기쁜 일만이 아니라 비참함, 궁핍, 거짓, 고통, 죄악 등으로 둘러싸여 있습니다. 책임이란 이러한 구체적이고 복잡한 상황을 예민하게 읽어 내며 "하나님 앞에서, 하나님을 위해, 그리고 사람들 앞에서 사람들을 위해" 하는 행동입니다.[46] 그렇다면 우리를 향한 '하나님의 말씀'과 '타자의 호소'를 함께 듣고 이에 응답하는 것이 그리스도인의 책임입니다.

> 굶주린 자는 빵을, 집 없는 자는 거처를, 권리를 빼앗긴 자는 권리를, 고독한 자는 사귐을, 방종에 빠진 자는 질서를, 노예는 자유를 필요로 한다. 굶주린 자를 굶주린 채로 내버려두는 것은 하나님과 이웃에 대한 모독이다. 하나님은 이웃의 곤궁에 가장 가까이 계신 분이기 때문이다. 그리스도의 사랑은 내 것인 동시에 굶주린 자의 것이기 때문이다.[47]

타인에 대한 그리스도인의 책임이 일어나는 궁극적 근원은 성경의 계명도 아니고, 타자의 얼굴도 아니며, '우리를 위한'(*pro nobis*) 하나님이신 예수 그리스도입니다. 그분은 "자기를 버리는 사랑으로 인하여…무죄성을 벗어던지고 인간의 죄 속으로 들어와 친히 그 죄를 짊어"지셨습니다.[48] 바로 이 지점에서 본회퍼는 자신의 그리스도론적 사유를 급진적 환대의 이상으로 전환합니다. '죄 없는' 그리스도께서 우리를 위해 '죄 있는 자'가 되셨다면, '죄 용서 받은' 그리스도인도 타인을 위한 무한한 책임을 지려면 '죄 있는

자'가 될 수 있어야 합니다.⁴⁹

그렇다면 타인의 죄를 짊어진다는 것은 어떤 의미일까요? 그리스도를 뒤따르며 전적으로 타인을 위해 살다가는 소중히 여겼던 현실이 찌그러지고 신념이 깨지는 위기로 내몰릴 수 있습니다. 타인을 도우려다 실정법이나 하나님의 명령을 어기며 죄인이 되기까지 합니다. 나치 시대 본회퍼는 자신의 지위와 인맥을 가지고 유대인을 몰래 독일 밖으로 망명시켰고 징집을 회피하기도 했습니다. 이를 위해 제국의 법을 위반하는 위험을 감수했고, 거짓말을 금지하는 성경의 말씀까지도 위배했습니다.⁵⁰ 생명을 살리는 일은 무엇보다 중요하고, 성경 구절은 맥락에 맞게 해석해야 한다는 것이 현대인에게는 상식이 된 만큼, 우리의 귀에 본회퍼가 한 선의의 거짓말이 그다지 도발적으로 들리지 않을 수도 있습니다. 그렇다면 유대인을 학살하고 전쟁에 미쳐 있던 독재자를 한시라도 빨리 끌어내리고자 "살인하지 말라"(출 20:13)라는 명령을 어기는 모험을 감수했다면 어떨까요?

물론 거짓말과 살인이 일어나는 빈도와 폭력의 강도는 다릅니다. 본회퍼가 히틀러 암살에 직접 가담했다는 확실한 증거도 없습니다.⁵¹ 하지만 거짓 증언과 암살의 사례는 타인에게 책임 있게 행동하고자 십계명을 어기는 죄를 범한다는 면에서 윤리적 딜레마의 구조가 크게 달라 보이지 않습니다. 이런 극단적 상황에 만약 우리가 처한다면 어떤 기준과 원칙에 따라 행동해야 할까요? 본회퍼의 답변을 들어 보겠습니다.

인간은 이렇든 저렇든 죄를 범하며, 또 이렇든 저렇든 오직 하나님의 은혜와 용서에 의해서만 살 수 있기 때문이다. 법에 매여 있는 자든, 자유로운 책임 가운데 행동하는 자든 똑같이 다른 사람의 비난을 들을 수밖에 없으며, 또 그 비난을 수용해야 한다. 아무도 다른 사람의 심판자가 될 수 없다. 심판은 오직 하나님께 속한 일이기 때문이다.[52]

본회퍼가 본 그리스도의 제자는 규율에 맞춰 행동하며 죄를 범하지 않는 모범 시민이 아닙니다. 죄인을 용납하는 하나님에 대한 믿음으로 죄인을 위해 죄인이 되신 그리스도를 따르는 위험한 모험에 발을 내딛는 자입니다. 용서의 은혜에 대한 믿음 가운데 타자에게 책임을 지는 죄인이 되도록 기도하고 성령의 인도에 자신을 개방한 사람입니다.

여기서 명심할 점은 타자에 대한 책임이 죄를 불가피하게 만드는 상황으로 몰아넣더라도 양심의 가책 없이 죄짓는 것은 정당화되지 않는다는 사실입니다. 그리스도인일수록 눈앞에 놓인 선택 가능성에 깊이 고민하고, 하나님 앞에서 죄를 범했다는 죄책감에 크게 눌리게 마련입니다. 이러한 혼란과 괴로움 없이 기꺼이 죄를 짓는다면, 그것은 죄가 없으심에도 우리를 위해 죄인이 되신 그리스도의 '값비싼' 은혜를 '값싸게' 만드는 모욕적인 일입니다.[53]

현실을 겹겹이 둘러싼 여러 장벽 앞에서 많은 갈등을 겪었던 만큼, 본회퍼는 "담대히 죄를 지어라, 그러나 더 담대히 믿어라"(*Pecca fortiter, sed crede fortius*)라는 루터의 명언을 좋아했습니다. 이와 같은 급진적 은혜론에 기독교 신앙이 서 있기에 그리스도인은 무조건적 환대를 단지 실현 가능성 유무로 판단하지도, 우리에게 명확한 형태로 주어진 계명으로도 인식하지 않습니다. 환대하는 삶은 죄인을 위해 죄인이 될 정도로 놀라운 하나님의 은혜를 믿는 지에 우선 달려 있습니다. 그런 믿음이 허상이 아니기에 무조건적 환대라는 개념을 모르고도 낯선 이를 위해 특권과 이익을 버리고, 사회의 통념에 저항하며 타자를 환영하다 모욕과 고통을 당한 그리스도 같은 삶을 사는 이들이 역사 속에 계속 나타날 수 있었습니다.

∧∧∧

우정은 고대부터 인류가 찬양한 고귀한 사랑의 형태입니다. 본회퍼가 야만의 시대 한복판에서 쓴 "친구"(Der Freund)라는 시가 있습니다. 여기서 우정은 "영혼의 갈망으로 한 친구가 다른 친구에게 선물처럼" 다가온 것으로,[54] 폭력적 세상에서 안식의 공간으로 칭송됩니다.

> 온갖 위험과 방황의 시간을 보낸 한 영혼이
> 되돌아갈 수 있는 성(城)
> 거기만 가면 안심하고
> 몸과 맘에 새 힘을 충전할 수 있는 산성(山城)과 같은 것이
> 친구의 존재. 서로가 서로에게.

친구끼리 우정으로 쌓은 성은 타인이 들어오지 못할 배타적 공간이 될지 모릅니다. 하지만 본회퍼는 우정으로부터 경험한 환영과 회복 덕분에 타인에게 자비롭고 불의에는 용기 있게 맞서는 그리스도의 제자가 될 수 있었습니다.[55] 우정의 성 안팎을 자연스럽게 오가던 여유가 있었기에, 공동체의 내적 친교와 타자에 대한 환대도 유기적으로 연결할 수 있었습니다.

우리 앞에는 친구만이 아니라 이방인과 사회적 약자도 현존합니다. 단, 이들은 친구와 달리 안전하게 거할 공간이 없습니다. 이들에게도 "안심하고 몸과 맘에 새 힘을 충전할 수 있는 산성과 같은" 공간이 필요합니다. 하지만 친구와는 공유할 수 있는 안식과 충전의 공간을 낯선 사람에게도 무턱대고 확대하기란 어려운 일입니다. 타자를 환대하지 않는다고 법적으로 문제가 생기지도 않습니다. 타인에 대해 적당한 책임만 져도 웬만하면 찬사를 받고, 최소한 도덕적 비난은 피할 수 있습니다. 이렇게 환대를 하지 않아도 될 이유가 차고 넘치는데 왜 우리는 경계를 넘어 타자를 환영하는 모험을 해야 할까요? 왜 본회퍼는 우정의 성에서 나와 타인들에게 책임을 지려다 자신의 생명을 위험에 처하게 했을까요?

무조건적 환대에 대해 글을 쓰고 설명한다는 것은 저자나 독자 모두에게 여러모로 부담스럽고 불편하며 불만족스러운 일입니다. 이 같은 답 없는 주제를 논리와 상식의 스캔들 없이 말하기도 불가능합니다. 이를 설득력 있게 이론화하려고 욕심부리는 순간 이미 어떤 식으로든 환대의 조건을 상정하고 있을지도 모릅니다. 하지만 하나님과 화해한 세상이라는 현실이 성령의 능력 안에서 실현되어 가는 곳에는 알게 모르게 환대의 순수한 모습이 현실화합니다. 역사를 돌아보면 타인을 향한 대접과 구제, 그리고 정의로운 법과 제도를 만들려는 노력 등을 통해 환대의 순수한 이상은 수줍은 듯 살짝 모습을 드러내기도 했습니다. 그러니 자기 이익을 따르기보단 낯선 이의 벗이 되길 선호하는 그리스도를 따르는 '거룩한 바보들'(holy fools)이 있는 한 무조건적 환대란 이념에 불과하다는 주장은 쉽게 입에 올릴 말이 아닙니다.

더 생각할 거리
죄인이자 의인으로서 환대하기

성경에 따르면 예수께서는 모든 점에서 우리와 같아도 '죄로부터' 자유로우셨습니다(히 4:15). 전통적으로 이 구절은 구원자의 무죄성을 입증하는 구절로 자주 인용되었지만, 오랫동안 간과된 이면의 의미에 주목할 필요가 있습니다. 그것은 예수께서는 죄에서만 자유로우셨지 다른 면에서는 우리와 다를 바가 없었다는 사실입니다. 그렇기에 그분도 세상의 복잡함과 타자의 이질성과 폭력이라는 사회적 습관에 얽매여 있었습니다.

예수께서는 짧은 생애 동안 여러 조건과 한계로 규정지어진 삶의 자리 가운데서 하나님의 무한한 자비를 타인에 대한 급진적 환대로 보이셨습니다. 연약한 우리 처지를 잘 아시면서도 우리에게 이러한 세상 가운데서 환대하는 자가 되라 명령하시기까지 했습니다. 따라서 예수 그리스도를 구원자로 믿는다는 것은 단지 '죄인으로서 인간이 자신의 공로가 아니라 그리스도의 공로를 전가(*imputatio*)받아 하나님 앞에서 의롭다고 여겨졌다'라는 교리에 동의하는 데 머물지 않습니다.[a] 기독교 신앙은 예수께서 계시하신 환대의 하나님을 주님으로 받아들이고, 우리를 조건 없이 용납하신 하나님이 우리를 환대하는 자로 빚어내셨음을 인정하며, 이를 일상에서 고백하며 환대하는 삶을 살아 내는 것까지 포괄합니다.

기독교 신앙을 세우는 골격의 한 축에는 "신적 환대는 우리가 하나님의 환영을 경험하는 것으로 끝나지 않고 인간의 환대도 이끌어" 낸다는 믿음이 있습니다.[b] 하지만 예수 그리스도처럼 조건 없이 환대하는 일은 성별, 지위, 직업, 인종, 언어, 종교, 재산 등으로 구분되고 갈라진 사회에서 모험적이고 힘든 일입니다. 더 나아가 성경은 죄 없으신 예수 그리스도와 달리 "만일 우리가 죄 없다 하면 스스로 속이고 또 진리가 우리 속에 있지 아니"하다고 단호하게 말합니다(요일 1:8). 죄가 있는 만큼 인간은 고질적인 주객 도식을 벗어나기도, 삶의 불확실성을 힘으로 통제하려는 습관을 극복하기도 힘듭니다. 안정적 삶에 대한 욕구는 낯선 이를 위협적 존재로 보게 하고, 막연한 공포는 서로 간 차이를 공존의 계기로 삼지 않고 힘으로 무마하게 만듭니다.[c]

성경은 죄의 영향력 아래 있는 인간의 현실을 무시하지 않고, 오히려 그러한 현실에도 불구하고 혹은 현실이 그러하기에 환대하라고 우리에게 명령합니다. 종교개혁자 루터의 언어를 빌리자면 우리는 '죄인이자 의인'(*simul iustus et peccator*)으로서 우리와 마찬가지로 '죄인이자 의인'인 타자를 환대하는 존재입니다. 우리는 계속해서 이기적 중력에서 못 벗어난 채 환대할 것이고, 타인은 우리의 환대를 자기식으로 이용할 것입니다. 죄의 실재와 함께 살아가는 한 우리가 현실에서 경험하는 환대는 가능성과 한계로 뒤범벅이 된 허약하고 모호한 모습을 띨 것입니다. 그런 만큼 우리는 한편으로 환대를 방해하는 죄의 파괴적 영향력을 인정하면서, 다른 한편으로는 환대하는 삶을 살라는 은혜의 명령을 따라야 하는 처지에 있습니다.

현대사회가 다원화되는 만큼 환대의 중요성과 필요성에 관한 논의는 증대되고 있습니다. 안타깝게도 혐오와 증오의 목소리도 함께 늘어나고 있습니다. 환대의 명령과 한계 사이의 골이 깊어 보일수록, 하나님은 깨어진 세상과 화해하고 죄인을 용납하기로 선택하셨고 이는 예수 그리스도를 통해 계시되었으며 십자가를 통해 성취되었음에 주목할 필요가 있습니다. 이것이 복음을 통해 드러난 하나님의 뜻이라면 하나님의 형상인 인간의 생각과 언어와 행동에서도 환대가 중심 위치를 차지해야 합니다. 이러한 맥락에서 볼프는 무엇보다도 "포용하려는 의지"(will to embrace)가 우선한다고 봤습니다.[d] 환대의 가능성과 그 효과에 대한 예측과 분석이 있어야 타인을 포용할 수 있는 게 아닙니다. 타인에게 공감하고 그에 대해 책임지려는 마음이 앞설 때 환대가 현실화합니다.

[a] 이러한 개신교적 구원론은 대표적으로 칭의를 다룬 「웨스트민스터 신앙고백」 11항에 압축되어 있다.
[b] 지프, 『환대와 구원』, p. 46.
[c] 구성원이 동일해질 때 사회는 폭력적으로 될 수 있다. 그런 의미에서 바벨탑이나 오순절 사건은 하나님이 차이의 가치를 알려주시는 사건이기도 하다. 참고. 러셀, 『공정한 환대』, pp. 94, 101.
[d] 볼프, 『배제와 포용』, p. 44.

나가는 말
환대의 문 열기

이때에 마리아가 일어나 빨리 산골로 가서
유대 한 동네에 이르러 사가랴의 집에 들어가 엘리사벳에게 문안하니
엘리사벳이 마리아가 문안함을 들으매 아이가 복중에서 뛰노는지라.

누가복음 1:39-41

한 사람이 유일하게 의지할 수 있는 사람이 된다는 것
…그 일이 나를 좋은 사람으로 만들어 주는 것 같았고,
할 수 있다면 조금이나마 그런 사람이 되고 싶은 마음이었다.

나[1]

환대가 무엇인지 이해하는 방식은 사람마다 차이가 있습니다. 환대를 이웃 사랑의 실천 방식처럼 다루기도 하지만, 환대는 이웃 사랑으로 대체할 수 있는 개념은 아닙니다. 환대는 삼위일체 하나님이 누구신지, 하나님의 은혜는 어떤 것인지, 하나님은 역사를 어떻게 이끄시는지, 하나님이 원하는 인간의 모습이 어떠한지 등을

알려 주는 만큼 그 신학적 함의도 큽니다. 환대라는 단어에 공간, 선물, 대접, 사람됨, 존엄, 책임 등의 관련어가 붙으면 의미가 풍성해지고 실천적 지향성도 더 명료해집니다. 환대는 신학을 철학, 사회학, 문학, 인류학, 정치학 등과 대화하도록 이끌며, 인간이란 무엇인지를 더 깊게 생각하고 다양한 사람이 함께 만들어 갈 풍요로운 사회를 꿈꾸게 합니다.

여기에 더해 나우웬은 환대에 인상적이고 실질적인 의미를 더합니다. 환대란 "손님에게 **주의를 집중**할 수 있는 능력"입니다.[2] 긴 호흡을 가지고 타인을 바라보는 것은 안구 근육을 잘 사용하면 될 것 같아도, 사실 어렵고 고통스럽고 당황스러운 과제입니다. 타인에게 온전히 주의를 기울이려면 자기로부터 객관적 거리를 유지할 줄 알아야 하는데, 인간의 본성은 자기중심적이고 마음은 각종 두려움과 욕구로 차 있습니다. 그래서 우리는 누군가를 만나면 그에게 내 생각을 투사하고 감정을 전위하며 권력을 행사하려 합니다. 세상을 자기중심으로 보려는 시선, 낯섦을 배제하려는 본능, 타인을 이용하려는 습관, 받은 상처는 복수로 보상하려는 정의감을 버리는 '자기희생'이 있어야 우리는 손님을 있는 그대로 맞이합니다.

그렇다면 우리가 지긋이 응시해야 할 손님이란 어떤 존재일까요? 우리가 식당에서 어떤 사람에게 음식을 사줄 때 그를 손님이라고 부르지는 않습니다. 보통 내 집으로 초대해서 대접할 때 손님이라고 합니다. 여기서 집을 한 사람이 소유하거나 거주하는 물리적 공간으로 한정할 필요는 없습니다. 집은 주인으로서 주도권과 통제력을 행사하는 안정적 공간이나 안락한 삶을 상징하기도 합니다. 그렇다면 가정, 공동체, 사회, 교회, 국가 등 타자를 환영할지 판단이 일어나는 곳이라면 거기가 집의 현관인 셈입니다.

문지방 앞에서

우리의 생활 반경에는 각양각색의 사람이 존재합니다. 매일매일 우리는 길거리, 지하철, 직장, 학교, 마트, 공원, 카페, 식당 등에서 수많은 사람을 마주칩니다. 그 가운데 우리가 환대할 사람을 찾기가 어렵지는 않습니다. 찾으러 돌아다닐 것도 없이 대부분 그가 '문' 앞에 있기 때문입니다. 예수께서도 이렇게 말씀하셨습니다. "볼지어다, 내가 문밖에 서서 두드리노니"(계 3:20a). 이처럼 환대를 위해 먼저 할 일은 시선을 돌려 문지방 앞에 있는 타자를 발견하고 문을 여는 일입니다.

여기서 우리는 환대가 봉사나 이웃 사랑, 구제, 원조 등과 어떻게 다른지 확인할 수 있습니다. 환대의 특별한 의미는 '집'이라는 공간적 은유와 그 안에서 일어나는 활동을 중심으로 주체와 타자의 정체성과 상호성을 해석함으로 드러납니다. 집 '밖'의 사람과 '안'의 사람 사이에 존재하는 신체·사회·문화·경제·정치적 차이에 주의를 기울이되, 둘 사이에 오가는 친절함과 관대함을 더 큰 사회적 관계로 확장함으로 평화와 공존의 길을 찾으려 합니다.

집을 은유로 사용하며 환대에 대한 사유를 더 명확하고 풍성히 하고자 할 때 우리는 '문'의 사회적 역할에도 주목해야 합니다. 문이 열리고 닫힘으로 안과 밖, 혹은 주인과 손님 사이에 경계가 생기기도 허물어지기 때문입니다. 노자가 『도덕경』(道德經) 상편 11장에서 말했듯, 텅 비어 무의미했던 공간은 문과 창을 만듦으로써 집으로서 쓸모가 생깁니다.[3] 무작위로 펼쳐진 땅 위에 벽을 세우며 통일성을 얻은 한 조각의 공간이 집이 된다면, 문과 창을 통해 벽 외부와 내부의 교류가 일어나며 집으로서 기능을 합니다.

문은 집 안팎을 분리하면서도 쌍방향의 이동과 교류를 가능하게 함으로써 사람됨의 중요한 측면인 사회성을 현실화합니다. 문은 주인이 세상으로부터 물러나 자기 세계로 들어가게 하기도, 자신의 익숙한 공간에서 벗어나 더 큰 세상에 나가게도 합니다. 문이 '열렸을' 때 집은 개방적 공간이 되고, 타자는 문지방을 넘어옴으로써 손님이 됩니다. 반면, 문이 '닫혔을' 때 집은 주인을 외부로부터 갈라놓는 배타적 기능을 합니다. 문이 굳게 잠겼을 때 실내 공간을 세계와 연결하던 통로 자체가 있다가 없어진 만큼 바깥으로부터 집이 더 철저하게 외떨어진 느낌마저 듭니다.[4]

창문도 문과 더불어 집을 집으로 만드는 요소입니다. 하지만 창문은 바깥 세계와 관계를 맺을 때 문과는 매우 다른 의미를 지닙니다. 이에 관한 짐멜의 설명을 들어 보겠습니다.

> 창문이 추구하는 목적은 거의 전적으로 안쪽으로부터 바깥쪽으로 향해 있다는 느낌을 준다.… 창문은 그 투명성 덕분에 안과 밖을 지속적으로 결합시키지만, 그 결합이 진행되는 방향의 일방성 때문에, 그리고 이에 못지않게 단지 눈을 위한 길이라는 제한성 때문

에 문의 심오하면서도 원칙적인 의미 중 단지 일부분만을 지닌다.[5]

창은 투명한 경계로서 본래 집 내부에서 바깥세상을 바라보게 할 용도를 지녔습니다. 그렇기에 정상적인 사람이라면 굳이 창을 통해 집 안에 들어오거나 밖으로 나가지 않습니다. 손님을 창문으로 들어오라고 하는 것은 큰 결례입니다.

창과 문의 유사하듯 미묘히 다른 기능은 교회가 세상 가운데 타자를 대하는 모습을 이해하고 설정하는 데도 도움이 됩니다. 지난 수십 년간 한국 교회에 크게 영향을 끼쳐 온 기독교 세계관 개념은 여러모로 창과 닮아 있습니다.[6] 기독교 세계관은 성과 속을 엄격히 분리하는 고질적인 이원론을 지양하고, 성경적 관점에서 세상을 바라보고 참여하도록 이끄는 개념으로 여겨졌습니다. 세속의 모든 영역을 기독교적으로 재해석하고 변화시키려다 보니 정치, 경제, 과학기술, 미디어, 교육, 예술, 문화, 스포츠 등 기독교 세계관과 무관한 분야가 없어 보일 정도로 인기를 누려 왔습니다.

그런데 창이 집 내부와 외부를 결합하는 방식과 유사하게, 기독교 세계관이 교회와 세상을 연결하며 설정한 관계는 '일방성'을 띤 경우가 많습니다. 세상 사람은 하나님의 진리를 모르는 이로, 교회 밖은 그리스도인이 선한 영향력을 행사하여 변화시킬 대상으로 간주합니다. 대낮에 창을 통해 집 안을 들여다보면 어두컴컴해서 내부를 분간하기가 어렵듯, 외부의 시선으로 신앙을 비춰 보고 이를 대화와 배움과 성숙의 계기로 삼는 데는 취약합니다. 기독교적 관점을 가진 주체와 비기독교적 대상을 나누는 주객 구도는 알게 모르게 우월 의식을 형성하고 강화할 수 있습니다. 노골적으로 배타적이고 무례한 태도는 취하지 않지만, 타자를 변혁하고 동화시켜야 한다는 생각이 알게 모르게 폭력을 유발할 수도 있습니다.

반면, 집 안과 밖으로 사람이 오가게 하는 문이라는 상징은 환대와 깊게 연루되어 있습니다. 창을 통해 사람을 관찰할 때가 아니라, 주인은 문을 열고 손님은 문지방을 넘어와야 서로 간 만남, 배움, 회복, 성숙, 우정이 일어날 가능성이 생깁니다. 이러한 환대의 정신은 인간이 되어 세상이라는 집에 손님으로 오셨다가, 오히려 그 집의 참 주인으로서 우리를 풍성한 만찬과 친밀한 교제로 초청하시는 하나님에 관한 복음과 닮아 있습니다. 그런 만큼 우리는 기독교 신앙을 환대라는 핵심어를 가지고 전체적으로 파악하고, 개인과 공동체의 실천을 타인을 향해 문을 여는 이미지를 중심으로 재상상할 필요가 있습니다.

비관주의와 이상주의 사이에서

지금까지의 설명과는 달리, 타인을 환대하려는 우리의 의지는 세상에 만연한 갈등과 곳곳에서 터져 나오는 혐오 발언 앞에서 쉽게 무너집니다. 승승장구하는 꼴 보기 싫은 악인, 나를 호구처럼 대하는 동료, 굴욕감을 주고자 누군가가 보낸 긴 문자 메시지에 요동칠 정도로 나약합니다. 게다가 타자와의 관계를 호의와 교제를 중심으로 정의하는 환대의 신학이 교회 안과 밖의 경계, 혹은 신앙인과 비신앙인의 차이를 상대화하는 것같이 느껴질지 모릅니다. 거칠고 타락한 세상에서 순수한 믿음을 '지키려' 하지 않고, 복음으로 세상을 '바꾸는' 데 미적지근한 것은 아닌가 의심도 들 수 있습니다. 이런 맥락에서 보자면 환대의 실천을 어렵게 하는 것은 타자를 경계하는 본능적 반응만이 아니라, 자기 삶의 안정성을 지키고자 확실성을 갈망하고 불확실성은 제거하며, 같음을 추구하고 다름은 배제하려는 본능이 아닐까 생각합니다. 인간이 모호함을 싫어하고 긴장을 견디기 힘들어하며 이질적인 것을 억누르려 한다는 것은 매일의 경험뿐만 아니라 과학적 실험과 역사의 증언을 통해서도 검증된 바입니다. 우리는 실재가 있는 모습 그대로 드러나고, 사태의 복잡다단함이 온전히 파악되기까지 인내하고 기다리기 힘들어합니다. 상황을 단순화하고 자기식으로 결론을 내림으로써 빨리 심리적 안정을 얻고자 합니다. 이 같은 '종결 욕구'(need for closure) 때문에 현실의 무게로 환대의 가능성을 압살하는 비관주의, 혹은 환대를 제약하는 현실의 복잡함을 무시하는 이상주의가 만연해집니다.

환대가 언제나 성공적이거나 기대하는 결과를 불러오지는 않기에, 환대하려는 의지가 단번에 꺾이지 않고, 몇 번의 실패로 냉소주의에 빠지지 않게 마음의 맷집을 길러야 합니다. 서로 다른 사람이 함께 사는 세상에서 환대에 희망을 걸 정도로 마음을 단련하려면, 쉽지는 않겠지만 평소 사람의 겉모습 대신 본질적 가치에 눈길을 두려고 해야 합니다. 내가 통제하는 안락한 공간보다는 타자가 함께하는 공존의 공간에 의미를 부여할 필요도 있습니다. 현실적 셈법이 아니라 하나님의 자비를 신뢰하고, 언제 어디서나 적용될 정답보다는 성령의 자유로우신 이끄심에 초점을 맞추는 훈련도 필요합니다. 기대치 않은 사람을 원하지 않는 때와 장소에서 준비가 안 된 채 맞아들일 불편한 가능성도 열어 놔야 합니다.

환대를 실천할 때 인간의 본성적 한계와 녹록하지 않은 상황 중 어느 한쪽에만 시선을 두어서는 안 됩니다. 외줄 타기를 할 때 긴 봉으로 균형을 맞추고 앞만 보고 한 걸음씩 발을 옮기듯, 환대의 필요와 어려움의 팽팽한 긴장 위에서 "사랑은 결코 사라지지 않습니다"(고전 13:8, 새한글성경)라는 약속에 시선을 맞추고 나아가야 합니다. 기독교 신학은 이 같은 긴장을 무너트리지 않으면서 오늘보다 더 나은 내일을 기대하도록 상상력을 조율하는 역할을 합니다.[7] 아우구스티누스가 주장하길, 인류 역사의 한 축에는 자기애에서 기인한 '타인을 지배하려는 욕구'가, 다른 한 축에는 은혜로 자기중심적 욕망이 치유되며 등장한 '타자에 대한 사랑'이 있습니다.[8] 예수 그리스도를 통해 하나님과 세상이 화해하였더라도, 종말에 이르기 전까지는 폭력의 질서와 환대의 질서가 세상에 공존하며 갈등을 일으킬 것입니다. 이런 현실 가운데서 하나님의 은혜는 환대를 가로막는 장애물을 단번에 '날리는' 방식으로 작동하지 않습니다. 오히려 성령은 불확실함과 긴장 가운데서 우리가 '슬픔 대신 기쁨'을 누리고, '근심 대신 찬송'을 하도록 희망을 일구는 방식으로 일하십니다(사 61:3).

∧∧∧

환대는 척박한 현실에도 '불구하고' 연약한 인간이 현실화하는 사랑이기에 아름답습니다. 현실이 척박하고 인간은 연약하기 '때문에' 요구되는 사랑이기에 고귀하기까지 합니다. 우리의 환대는 언제나 당황스러움, 부담스러움과 함께 시작되기에 어색하고 어려울 수밖에 없습니다. 환대의 사역을 오랫동안 하며 그러한 곤란함을 종종 겪었던 한 그리스도인이 자신은 현관 앞에 환대에 관한 아름다운 문장 하나를 예쁘게 써서 걸어 놓는다고 말한 것을 들은 적이 있습니다. 누군가 문을 두드리면 그를 손님으로 환영하도록 몸과 마음가짐을 되새기기 위해서입니다. 그렇다면 우리도 물리적인 문까지는 아닐지라도 마음의 문 위에 관대한 베풂과 친절한 환영에 관한 명언 혹은 시구를 새겨 두면 어떨까요? 그리고 문지방 앞에 있는 손님을 맞이하고자 마음의 문을 열 때마다 이를 상기하면 어떨까요? 그런 문장을 찾는 분을 위해, 수많은 작가와 예술가와 여행객에게 쉼과 우정의 공간이 되어 줬던 프랑스 파리의 한 오랜 책방에 적힌 문구를, 이제까지 긴 글을 읽어 주심에 감사하며 선물하고자 합니다.

낯선 이를 냉대하지 마십시오. 그가 변장한 천사일지도 모르지 않습니까.[9]

더 생각할 거리

"내가 무엇을 하여야 영생을 얻으리이까?"

한 율법 교사가 예수 그리스도를 슬쩍 떠보려 질문합니다. "내가 무엇을 하여야 영생을 얻으리이까"(눅 10:25). 맥락도 없이 튀어나온 말이라 당황스럽지만 사실 이는 인류 역사 속에 거듭 등장하는 물음입니다. 예수께서는 율법 교사라면 이미 잘 알 법한 성경 말씀, 즉 하나님 사랑과 이웃 사랑을 삶에서 살아 내라고 답하십니다. 이에 질세라 율법 전문가는 누가 이웃이냐고 재차 질문합니다. 예수께서는 특정인을 콕 집어 이웃이라 말씀하시지 않습니다. 그 대신 예루살렘에서 여리고로 내려가다 강도 만난 사람을 도운 사마리아인 이야기를 들려주십니다.

'선한 사마리아인의 비유'로 잘 알려진 이 이야기는 기독교 신앙에서 중요한 위치를 차지합니다(눅 10:29-37). 무엇보다도 예수 그리스도의 입을 통해 영생을 얻는 길로 이웃 사랑이 제시되기 때문입니다. 이처럼 '오직 믿음으로'라는 구원론적 대전제 이면에는 구원을 받으려면 타인을 환영하고 돌보며 도우라는 성경 말씀이 놓여 있습니다(마 25:31-46; 롬 13:8 등). 그런데 사랑의 중요성에 관한 성경의 여러 가르침 중에도 선한 사마리아인 이야기는 구성이나 등장인물의 상징성 덕분에 이웃 사랑의 깊은 의미를 극적으로 드러내 줍니다.

예수께서는 비유 속에 강도를 만난 사람 곁에 세 인물을 차례로 등장시키십니다. 먼저 등장한 유대 종교지도자 제사장과 레위는 쓰러진 사람을 보고 그냥 지나갑니다. 뒤이어 유대인들과 갈등 관계에 있던 사마리아 사람이 나타납니다. 그는 상처 입은 채 버려진 이를 보고 '가슴이 아파' 응급 처치를 하고, 나귀에 태워 여관으로 데려가 병간호를 합니다. 그러고는 여관 주인에게 환자를 돌봐 달라며 두 데나리온을 주고는, 비용이 더 들면 자기가 돌아오는 길에 돈을 더 내겠다고까지 말합니다. 이야기를 끝내신 예수께서 세 명 중 누가 강도에게 당한 사람의 이웃이냐고 물으십니다. 이에 율법 교사는 직접 사마리아인이라고는 하지 않고 '자비를 한결같이 베푼' 사람이라고 답합니다. 그러자 예수께서는 그렇다면 가서 그렇게 살라고 말씀하십니다.

짧지만 복잡하고 아름다운 비유를 통해 우리는 경계를 뛰어넘는 자비, 제도적 종교의 고질적 모습인 위선, 믿음에서 실천의 우선성, 타자에 대한 책임 등 환대와 관련한 여러 주제를 보게 됩니다. 동시에 '그리스도인이라면 마땅히 사마리아인처럼 이웃을 사랑해야 해'라는 매우 윤리적인 결론을 도덕주의적이지 않게 내려고도 합니다. 그런데 이레나이우스, 오리게네스, 암브로시우스 등 초기 교부들은 사마리아인의 비유를 단지 도덕적 의미로만 풀어내지 않고, 더 깊은 영적 의미가 숨겨진 신비한 본문이라는 관점에서 접근했습니다. 이들은 사마리아 사람을 이웃 사랑의 모범만이 아니라, 사탄에게 걸려 갈기갈기 찢긴 인류를 치유하시는 예수 그리스도의 알레고리로 보았습니다. 아우구스티누스의 해석을 소개하겠습니다.

사마리아인은 지나가며 우리를 못 본 체하지 않았습니다. 그는 우리를 고쳐 줬고 자신의 **짐승**, 즉 자기 **육체** 위에 태웠습니다. 그분은 우리를 **여관**, 즉 **교회**로 인도하였습니다. 그러고는 **여관 주인**, 즉 **사도**에게 우리를 맡기고는 우리가 치료받도록 두 데나리온을 주었습니다. **두 데나리온**은 곧 **하나님 사랑과 이웃 사랑**을 뜻합니다.ᵃ

비유에 등장하는 여러 인물과 소재를 구원론적 주제와 연결하는 신학적 상상력과 문학적 기교가 경이롭습니다. 하지만 아우구스티누스식 풀이는 본문의 문자적 의미를 훼손한 과도한 알레고리라고 비판받기도 합니다. 이러한 비유 읽기 방법이 시대에 뒤떨어졌다고 할 수 있지만, 현대적으로 성경을 읽을 때 얻기 힘든 깊은 통찰은 우리가 여전히 배울 필요가 있습니다.

아우구스티누스를 비롯한 초기 교부들은 사마리아의 어원이 '지키는 이'를 뜻하는 히브리어 단어 *shomer*와 관련되어 있기에, 사마리아 사람을 우리의 영원한 보호자 그리스도를 가리킨다고 생각하였습니다. 더 나아가 이러한 알레고리적 해석은 하나님이 문화적 전제, 종교적 기대, 인종적 구별을 거스르며 전적으로 낯선 '타자'의 모습으로 우리에게 오심을 알려 줍니다. 유대인들이 열등하다 취급하던 사마리아인에게서 흘러오는 도움처럼, 타자로서 하나님의 구원은 결코 편안하고 익숙하거나 예측 가능한 방식으로는 경험되지 않을 것입니다.

환대의 신학에서 중요한 본문으로 여겨지는 마태복음 25장의 최후 심판 이야기에 따르면, 예수께서는 목마르고 배고프고 옥에 갇힌 타자의 모습을 하고 계십니다. 여기서는 타자가 우리가 관대하게 베풀어야 할 환대의 대상으로 등장합니다. 더 나아가, 누가복음 10장의 사마리아인의 비유에 대한 알레고리적 해석은 낯설고 거북하고 이질적인 타자가 시혜의 대상이 아니라 오히려 우리를 환영하고 치유하는 존재임을 보여줍니다. 물론 모든 타자가 우리에게 호의적이지는 않겠지만, 타자를 진솔하게 마주하는 경험 자체가 없다면 우리는 끝내 불완전한 존재로 남을 뿐입니다. 어릴 적 고국에서 추방되어 평생을 이방인처럼 살았던 한 폴란드 시인이 노래한 것처럼 말이죠.

> 타인의 아름다움에서만
> 위안이 있다. 타인의
> 음악에서만, 타인의 시에서만
> 타인들에게만 구원이 있다.
> 고독이 아편처럼 달콤하다 해도,
> 타인들은 지옥이 아니다….[b]

그렇기에 환대에 대해 심각하게 생각하고 이를 실천할수록 타자에 대한 시선은 변화하고, 타자와 주체 사이에 왜곡된 채 굳어진 관계가 재조직화할 유연성이 생깁니다. 이로써 복잡하게 얽혀 있는 세상 가운데 새로운 삶이 잉태될 창조적 가능성도 발생합니다. "골짜기마다 돋우어지며 산마다, 언덕마다 낮아지며 고르지 아니한 곳이 평탄하게 되며 험한 곳이 평지가 될 것이요. 여호와의 영광이 나타나고 모든 육체가 그것을 함께 보리라"(사 40:4-5)라는 꿈이 먼 미래가 아니라 서로를 존엄하게 여기고, 약한 자에게 관대하게 베풀고, 타자를 환영하며 더불어 사는 가운데 실현되어 가는 것을 볼 수도 있습니다. 이것이 현실의 문제를 해결할 전략적 방법과 실용적 접근법이 빽빽하게 들어섰음에도, 그 사이로 밝혀 놓는 오랜 희망의 불씨가 꺼지지 않고 우리의 시선을 계속 끌고 있는 이유 아닐까요?

a Augustinus, *Enarrationes in Psalmos*, CXXVI, xi. 다음 영역본에서 중역하였다. https://www.newadvent.org/fathers/1801126.htm(2025. 4. 2. 최종 접속).
b 아담 자가예프스키, "타인의 아름다움에서만," 『타인만이 우리를 구원한다』, 최성은·이지원 옮김(서울: 문학의숲, 2012), p. 26.

주

들어가는 말 이웃과 나그네

1 Jonathan Sacks, "The Dignity of Difference: How to Avoid a Clash of Civilizations," *Sacred Heart University Review* 25/1 (2009), p. 18.

2 한국어 구약성경에서 '나그네'로 주로 번역되는 히브리어 *ger*(גֵּר)는 땅을 소유하지 않고 살아가거나 땅이 있더라도 언제라도 추방될 수 있는 사람인 만큼 한국어로는 '난민'에 가장 가깝다고 할 수 있다. 참고. 송민원, 『히브리어의 시간』(서울: 복있는사람, 2024), pp. 138-140.

3 그런 점에서 현대인 대다수는 도시에서 살며 경제적으로나 문화적으로나 풍족한 혜택을 누리면서도 그곳을 살기 팍팍한 광야처럼 경험하는 역설 가운데 있다. 참고. 김아영, "초대의 글," 『이스마엘 우리의 형제』 16(2023/겨울), p. 5.

4 경제협력개발기구(OECD)는 한 국가에서 체류 외국인 비중이 5퍼센트를 넘으면 다인종·다문화 국가로 분류한다. 2024년 4월에 대한민국은 전체 인구의 5.07퍼센트인 260만 2,669명이 외국인으로 집계되었다. 참고. 김소연, "아시아 최초 '다인종·다문화 국가' 한국," 『매일경제』(2024. 8. 30), https://www.mk.co.kr/economy/view/2024/645944(2025. 4. 2. 최종 접속).

5 김진혁, "성령과 함께하는 환대 (1)-(3)," 『이스마엘 우리의 형제』 16(2023/겨울), pp. 14-25, 38-51, 62-76. 이 잡지에는 세 번의 강의 녹취록과 함께 환대와 관련한 이슬람권 사역자들의 설교, 발표, 토의 내용 등이 수록되어 있다. 잡지 전문은 한국이슬람연구소 홈페이지에서 볼 수 있다. http://ttcis.ttgu.ac.kr/%ec%97%b0%ea%b5%ac%ec%86%8c%eb%a7%a4%ea%b1%b0%ec%a7%84/?mod=document&uid=147&pageid=1(2025. 4. 2. 최종 접속).

6   김진혁, "선물의 신학적·선교학적 의미: 무슬림 환대 사역을 위한 예비적 성찰," *Muslim-Christian Encounter* 18/1(2025), pp. 147-176.

1장 환대란 무엇인가

1   요한 크리소스토무스, 『라자로에 관한 강해』(*De Lazaro concio*) 2.6, 최원오, 『교부들의 사회교리』(칠곡: 분도출판사, 2020), p. 137에서 재인용.

2   "환대," 『표준국어대사전』, https://stdict.korean.go.kr/search/searchView.do?word_no=508866&searchKeywordTo=3(2025. 4. 2. 최종 접속).

3   환대가 이전에는 철학, 윤리, 신학 등 인문학 분야에서 주로 논의되다가 이러한 이유로 최근 사회과학 분야에서도 주목받는 연구 주제가 되었다. 참고. 최진우 엮음, 『환대: 평화의 조건, 공생의 길』, 한양대 평화연구소 문화정치 연구총서 2권(서울: 박영사, 2020), p. 3.

4   "hospitality," *Merriam-Webster Dictionary*, https://www.merriam-webster.com/dictionary/hospitality(2025. 4. 2. 최종 접속).

5   양승훈·정혜민·권다영, 『환대산업 서비스』(서울: 이프레스, 2018), p. 19.

6   왕은철, 『환대예찬: 타자 윤리의 서사』(서울: 현대문학, 2020), p. 10.

7   이하 배제, 차별, 동화, 관용, 인정, 환대의 구분은 다음을 참고했다. 최진우, "환대의 윤리와 평화," 최진우 엮음, 『다양성의 시대, 환대를 말하다: 이론, 제도, 실천』, 한양대 평화연구소 문화정치 연구총서(서울: 박영사, 2020), pp. 13-19.

8   한국어 번역은 다음과 같다. 엔리케 두셀, 『1492년 타자의 은폐: 근대성 신화의 기원을 찾아서』, 박병규 옮김(서울: 그린비, 2011).

9   프랑스 정부가 학교에서 이슬람 전통 의상인 아바야 착용을 금지하거나, 영국의 무슬림 부모 중 일부가 자녀가 학교에서 셰익스피어를 배우는 것을 반대하거나, 독일의 정치인 중 일부가 '독일의 표본 문화'를 독일적인 것으로 내세우는 등 유럽에서 일어나는 여러 현상이, 소수자들을 배제하거나 차별하지는 않되 그들을 기존 문화에 동화시키려는 과정 가운데 일어났다고 평가할 수 있다.

10 볼테르, 『관용론』, 송기형·임미경 옮김(서울: 한길사, 2001), p. 229.

11 자크 데리다, "자가-면역, 실재적이고 상징적인 자살," 지오반나 보라도리, 『테러 시대의 철학: 하버마스, 데리다와의 대화』, 손철성·김은주·김준성 옮김(서울: 문

학과지성사, 2004), p. 232.

12 관용 담론의 계보학적 추적, 관용 개념이 어떻게 억압과 통치의 도구가 되었는지는 다음 책을 참고하라. 웬디 브라운,『관용』, 이승철 옮김(서울: 갈무리, 2010).
13 문성훈,『인정의 시대』(고양: 사월의책, 2014), pp. 44-45.
14 게오르그 짐멜, "이방인,"『짐멜의 모더니티 읽기』, 김덕영·윤미애 옮김(서울: 새물결, 2005), pp. 84-88.
15 환대와 다른 입장의 차이를 간략히 요약하면 다음과 같다. 환대는 타인이 머물고 자신을 드러낼 공간을 마련해 주기에 배제, 차별과 다르다. 주체가 아니라 타자를 우선시하는 만큼 동화, 관용과도 구별된다. 상대를 포용하면서도 나와 너 모두가 변화할 가능성에 열려 있기에 인정과도 차이가 있다.
16 논란의 여지가 있을 수도 있지만, 인류 역사를 타자성으로부터 해방의 역사로 본다면 배제에서 환대까지를 발전이라는 관점에서 정의할 수도 있다. 참고. 최진우, "환대의 윤리와 평화," p. 11.
17 일례로, 2023년 5월 23일에 대한민국 정부가 공시한 외국인 입국 자격에 따르면, 미국 관광객과 중국 관광객, 일본 유학생과 일본 사업가, 레바논 사업가와 레바논 외교관 중 미국 관광객, 일본 사업가, 레바논 외교관만 무사증 입국이 가능하다. 각 개인의 방문 목적과 법무부가 허락한 합법적 거주 권한과 별개로 한국인이 이들을 대하는 태도는 인종, 문화, 종교, 국제 정세 등에 영향을 받는다. 참고. https://www.hikorea.go.kr/info/InfoDatail.pt?CAT_SEQ=161&PARENT_ID=135(2025. 4. 2. 최종 접속).
18 John Koenig,『환대의 신학』, 김기영 옮김(서울: 한국장로교출판사, 2002), p. 19.
19 이에 대해서는 다음을 참고하라. Michael H. Jameson, "Theoxenia," in *Cults and Rites in Ancient Greece: Essays on Religion and Society* (Cambridge: Cambridge University Press, 2014), pp. 145-178.
20 Homeros, *Odýsseia*, IX. 270-271. 한국어 번역은 다음에서 인용했다. 호메로스,『오뒷세이아』제2판, 천병희 옮김(파주: 숲, 2015), p. 224. 필자 강조.
21 Graeme D. Bird, "Hospitality," in *Cambridge Guide to Homer*, ed. Corinne Ondine Pache (Cambridge: Cambridge University Press, 2020), pp. 159-160. 이 글에서 잘 보여 주듯, 현대인에게 낯설어 보이는 고대 그리스 서사시에 등장하는

영웅들의 생각과 행동은 당시 환대 풍습을 알아야 이해할 수 있다.

22 심지어 『오뒷세이아』의 시작은 손님이 예를 지키지 못하며 일그러진 환대의 모습으로, 마지막은 참 주인이 돌아옴으로 회복된 환대의 장면으로 구성되어 있다.

23 Publius Ovidius Naso, *Metamorphōsēs*, VIII, 611-724. 원문은 라틴어이기에 제우스는 유피테르, 헤르메스는 메르쿠리우스로 되어 있다. 하지만 이 책에서는 앞서 그리스식 신명을 사용했기에 제우스와 헤르메스를 사용하기로 한다.

24 Ovidius, *Metamorphōsēs*, VIII, 707-710. 한국어 번역은 다음에서 인용했다. 오비디우스, 『라틴어 원전 번역 변신 이야기』 제2판, 천병희 옮김(파주: 숲, 2017), p. 369.

25 "그리고 예루살렘의 성전을 더럽히고 그 성전을 올림피아의 제우스신에게 봉헌하게 하고 그리짐산의 성소는 그 지방 사람의 소원대로 **나그네의 수호신**인 제우스에게 봉헌하게 하였다"(마카베오하 6:2, 공동번역). 필자 강조.

26 Gregory T. Papanikos, "Philoxenia and Xenophobia in Ancient Greece," *Athens Journal of Mediterranean Studies* 6/3 (2020): p. 238. 이 논문에서는 그리스어 *philoxenia*가 '낯선 이의 친구'가 아니라 '이방인의 친구'로 번역해야 한다는 주장이 나온다. 또한 저자는 고대 그리스에서 환대가 이방인을 무조건 친구 삼는 것을 의미하지 않는다는 데에도 주의를 기울인다. '그리스인과 야만인'의 구분은 고대 그리스 문화에서 중요한 역할을 했고, 이때 야만인의 용례는 어떤 면에서 현대어로 '이방인 혐오'(*xenophibia*)와 유사한 역할을 하기 때문이다.

27 이 장면은 거칠고 척박한 환경에서 여행자들을 보호하고 먹을거리를 제공해야 하는 의무를 강조했던 베두인 전통의 배경에서 나온 것으로도 볼 수 있다. John Koenig, "Hospitality," in *Anchor Bible Dictionary*, vol. 3., ed. David Noel Freedman (New York: Doubleday, 1992), p. 299.

28 아브라함의 환대가 가진 특수성과 그의 환대 행동이 가진 의미는 여러 학자가 분석하였다. 참고. Jeffrey M. Cohen, "Abraham's Hospitality," *Jewish Bible Quarterly*, 34/3 (2006): pp. 168-172; 정경호, "다음 세대를 위한 생명 살림의 신앙 삶: 아브라함과 사라의 환대의 밥상을 중심으로," 「성서마당」 103(2012): pp. 38-41.

29 크리스틴 폴, 『손대접』, 정옥배 옮김(서울: 복있는사람, 2002), p. 28. 원서에 나오

는 hospitality를 번역자는 '손대접'으로 옮겼다. 하지만 용어의 통일성을 고려하고 환대 관련한 타 학문과 수월하게 대화하고자 이 책에서는 모두 '환대'로 바꾸었다.

30　고대 유대교와 원시 기독교 문헌에서 아브라함의 환대가 어떻게 해석되고 있는지는 다음 연구를 참고하라. Andrew E. Arterbury, "The Custom of Hospitality in Antiquity and Its Importance for Interpreting Acts 9:43-11:18" (Ph.D.diss., Baylor University, 2003), pp. 100-121.

31　이사야서 후반부에서 하나님은 자신을 신랑, 백성을 신부라고 부르신다(사 62:4-5). 이로써 이스라엘을 향한 하나님의 신실함이 얼마나 강렬한지 드러난다. 신랑이 결혼 잔치의 주인이 되는 중동의 문화적 맥락에 익숙한 사람들은 이 구절을 봤을 때 신랑이신 하나님이 사람들을 잔치에 초청하시고는 포도주를 제공하시리라는 기대감을 갖게 되었을 것이다.

32　주님의 날에 다른 민족들에 내리는 하나님의 심판을 기대하는 구약 본문들도 있다. 하지만 조슈아 지프가 잘 지적하듯, 다른 민족들도 회복되어 이스라엘과 함께 하나님을 예배하는 것을 구약성경 여러 본문에서 기대하고 있음을 놓쳐서는 안 된다. 참고. 조슈아 W. 지프, 『환대와 구원: 혐오·배제·탐욕·공포를 넘어 사랑의 종교로 나아가기』, 송일 옮김(서울: 새물결플러스, 2019), p. 247.

33　구약성경과 중간기 문서에서는 주님의 날 혹은 메시아의 도래를 포도주나 연회와 관련지어 묘사한다(렘 13:12-13; 암 9:13-15; 호 14:7; 욜 3:18 등). 신약성경에서도 포도주가 있는 잔치는 메시아적 성취의 종말론적 상징이다(마 8:11; 22:1-14; 눅 22:16-18; 계 19:9). 참고. Raymond E. Brown, *The Gospel according to John: Introduction, Translation, and Notes*, vol. 1, AB 29 (Garden City: Doubleday, 1966), pp. 104-105. 『앵커바이블 요한복음 1』(기독교문서선교회).

34　누가복음 4장에 인용된 이사야서 본문은 히브리어 원문과 차이가 있다(사 61:1-2). 하지만 주의 깊게 볼 점은 이사야서에서도 주의 종이 은혜의 해, 즉 희년을 '바로 지금' 선포한다는 사실이다. 이사야서와 누가복음 모두에서 은혜의 해를, 율법 규정에 따라 지켜야 한다거나 미래에 일어날 일이니 그때가 오기까지 수동적으로 기다리라고 하지 않는다. 오히려 은혜의 해는 선포를 통해 바로 지금 이루어지는 오늘의 현실이다. 참고. 김근주, 『특강 이사야』(서울: IVP,

2017), p. 453.

35 요한복음 2장에 나오는 가나 혼인 잔치에서 물과 포도주가 지닌 상징적 의미가 무엇인지 정확하게 규명하기는 힘들다. 학자에 따라 물이 담긴 항아리를 옛 언약으로, 물을 시내산에서 하나님의 현현을 앞둔 정결 의식으로, 포도주를 새로운 지혜나 그리스도의 피로, 포도주가 제공되는 연회를 메시야적 축제로 보는 등 여러 해석이 공존한다. 참고. Seung-In Song, "Rethinking the Meaning of Water and Wine in John 2:1-11,"「신약논단」 27/3(2020): pp. 613-619.

36 최근 신약학계에서는 가나의 혼인 잔치와 그 속에 깊숙이 얽혀 있는 메시아적 상징은 유대교 맥락 속에서 적절히 이해될 수 있다는 주장이 힘을 얻고 있다. 특히 이번 장에서는 예수께서 잔치 자리에서 물을 포도주로 바꾸심으로써 하나님의 종말론적 잔치에 대한 예언과 더불어 하나님이 이스라엘의 신랑이 되신다는 예언이 함께 성취되고 있다는 다음 책의 분석을 많이 참고하였다. Brant Pitre, *Jesus the Bridegroom: The Greatest Love Story Ever Told* (New York: Image, 2014), pp. 39-45.

37 가나의 혼인 잔치에서 하나님이 신랑이 되신다는 이사야 62:4-5 말씀도 예수께서 직접 결혼 잔치의 주인이 되고 환대를 베푸심으로써 성취되었다고 볼 수 있다.

38 다음 논문은 환대의 신학이라는 관점에서 예수께서 보이신 '무조건적 환대'를 구성하는 네 가지 상징적 행위로 '경계 없는 접촉', '공동식사', '약자와 자신의 동일시', '원수사랑'을 강조한다. 정경일, "너희도 나그네였다: 환대의 신학,"「인간과 평화」 4/1(2023): pp. 22-25.

39 예수 그리스도의 수난과 죽음을 증언하는 요한복음의 구체적 방식도 고대 유대인들의 결혼 잔치라는 상징적 맥락 가운데서 해석될 수 있다. 참고. Pitre, *Jesus the Bridegroom*, pp. 82-113.

40 당시 유대 사회의 정결 제도와 이에 대한 비판으로서 예수 그리스도의 식탁에 관해서는 다음을 참고하라. 마커스 보그, 『미팅 지저스: 역사적 예수와 현대인의 신앙』, 구자명 옮김(서울: 홍성사, 1995), pp. 86-101. 율법이 '정결의 정치학'처럼 작용한 것을 분석한 점은 보그의 중요한 통찰이다. 하지만 최근 학자들은 율법에서 규정하는 정결함에 대한 감수성과 이에 헌신하는 정도는 팔레스타인 지역

내에서도 예루살렘과 갈릴리 사이에 차이가 있었으리라 추정한다.

41 김호경, 『예수의 식탁 이야기: 처진 어깨를 도닥거리는 위로와 초대』(서울: 두란노, 2024), pp. 18, 27.

42 참고. Koenig, 『환대의 신학』, pp. 63-65.

43 교회를 정의하는 여러 방법이 있음에도, 여기서는 예수 그리스도께서 행하신 환대 사역의 연속선상에 교회가 있다는 점에서 교회를 제자들의 공동체로 정의했다. 물론 신약성경이 보여 주듯 교회는 역사적으로 제자들의 공동체에서 비롯되었다. 하지만 이는 성경 혹은 교리적으로 교회의 본질을 설명하는 하나의 방식일 뿐이다. 교회에 관한 다양한 이해와 더불어 제자들의 공동체로서 교회에 관해 다음을 참고하라. 에버리 덜레스, 『교회의 모델』, 김기철 옮김(서울: 조명문화사, 1992), pp. 209-233.

44 환대의 관점에서 교제(*koinonia*)의 중요성은 다음을 참고하라. Koenig, 『환대의 신학』, pp. 28-31.

45 지프, 『환대와 구원』, p. 72. 고넬료를 만난 베드로는 이렇게 이야기한다. "나는 하느님께서 사람을 차별대우하지 않으시고 당신을 두려워하며 올바르게 사는 사람이면 어느 나라 사람이든지 다 받아주신다는 사실을 깨달았습니다"(행 10:34-35, 공동번역).

46 이것은 초기 교회가 다양성을 지녔음에도 그 안에서 공통으로 발견되는 환대 실천의 네 유형이다. 참고. 지프, 『환대와 구원』, p. 10.

47 레티 M. 러셀, 『공정한 환대』, 쉐논 클락슨·케이트 M. 오트 엮음, 여금현 옮김(서울: 대한기독교서회, 2012), p. 131.

2장 환대와 공간

1 앙투안 드 생텍쥐페리, 『어린 왕자』, 황현산 옮김(파주: 열린책들, 2015), p. 86.

2 다음을 보라. John Chapman, "Pope St. Clement I," *The Catholic Encyclopedia*, vol. 4. (New York: Robert Appleton Company, 1908), http://www.newadvent.org/cathen/04012c.htm(2025. 4. 2. 최종 접속).

3 아브라함과 롯과 라합의 환대에 관해서는 『클레멘스 1서』 10:7; 11:1; 12:1에 각각 나온다. 참고로 원문에서 아브라함과 라합의 경우에는 "믿음과 환대로 인

해"(*dia pistin kai philoxenian*), 롯의 경우에는 "환대와 경건으로 인해"(*dia philoxenian kai eusebian*)라는 표현이 쓰였다.

4 자크 데리다, "환대의 발걸음," 자크 데리다·안 뒤푸르망텔, 『환대에 대하여』, 이보경 옮김(서울: 필로소픽, 2023), pp. 217-221. 롯과 함께 데리다가 거론하는 사례는 기브아 노인이 한 레위인과 그의 첩을 자기 집에 머물게 한 이야기다(삿 19:1-25). 이에 관해서는 6장에서 더 상세히 다룰 것이다.

5 예를 들면, 영국의 복음주의 신학자 마이클 리브스는 클레멘스도 속했던 속사부 교부 시대에 나온 신학이 바울에게서 이탈했고 그런 의미에서 이후 종교개혁주의자들도 철저히 거부한 율법주의로 돌아가려는 경향이 광범위하게 일어났다고 진단한다. 마이클 리브스, 『처음 읽는 신학자: 아우구스티누스에서 칼 바르트까지』, 장호준 옮김(서울: 복있는사람, 2018), p. 33.

6 지프, 『환대와 구원』, pp. 24-30. 책에서는 누가복음과 사도행전에서 예수 그리스도와 사도들을 영접한 사람들에게 선포된 구원의 메시지에도 주목한다(눅 5:27-32; 7:36-50; 10:1-16; 19:1-10; 행 16:11-15, 25-34; 18:7-8 등). 『클레멘스 1서』에 언급된 롯과 라합에 관한 성경의 평가를 전체적으로 살펴보더라도 믿음과 환대를 둘로 날카롭게 나누기 힘들다(창 19:1-11; 벧후 2:7; 수 2:8-14; 히 11:31).

7 Christine D. Pohl, *Making Room: Recovering Hospitality as a Christian Tradition* (Grand Rapids: William B. Eerdmans, 1999). 1장 각주 29에서도 암시했지만, 한국어판 제목인 '손대접'은 환대의 의미를 잘 드러내지 못한다. 게다가 환대를 뜻하는 *philoxenia*의 문자적 의미인 '손님 대접'이 아니라 '손대접'인 것도 환대가 지닌 풍성한 의미를 협소화할 수 있다.

8 일상 언어에서 '공간', '장소', '자리'가 개념적으로 명확히 구분되지는 않는다. 이들은 영어로 각각 space, place, room으로 번역되기도 한다. 하지만 이러한 영어 단어도 맥락에 크게 의존하고 사람에 따라 사용 방식이 다른 만큼 번역어가 고정되지는 않는다. 일부 학자의 경우 필요에 따라 공간과 장소를 다르게 개념화하기도 한다. 이-푸 투안에 의하면, '공간'은 물리적 의미가 강조된 개념이고, '장소'는 공간에 경험, 가치, 기억 등이 배어든 상태를 가리킨다. 참고. 이-푸 투안, 『공간과 장소: 공간에 우리의 경험과 삶, 애착이 녹아들 때 그곳은 장소가 된다』, 윤

영호·김미선 옮김(서울: 사이, 2020). 하지만 두 개념의 구분이 일상 언어에서 명확하지 않고 개념화하는 방식도 학자마다 다르기에, 이 책에서는 공간, 장소, 자리를 맥락에 따라 적절히 혼용한다.

9 나지안조스의 그레고리오스, "가난한 자들에 대한 사랑에 대하여: 강론 14," 정교회 교부들, 『부와 가난: 부와 가난에 대한 거룩한 교부들의 설교』, 박노양 그레고리오스 옮김(서울: 정교회출판사, 2018), pp. 163-164에서 재인용.

10 칸트가 말하는 환대의 철학이 등장한 시대적 배경과 세계시민적 권리로서 환대, 이에 대한 정치철학자들의 해석에 관한 간략한 소개로 다음을 참고하라. 최병두, "이방인의 권리와 환대의 윤리: 칸트와 데리다 사상의 지리학적 함의," 「문화역사지리」 24/3(2012): pp. 16-26.

11 칸트는 먼저 국가들이 영구 평화를 이루지 못하는 요인부터 제지하고자 여섯 가지 예비 조항을 제시한다. 그러고는 영구 평화를 이루기 위한 적극적 조건으로 세 가지 확정 조항을 제안한다. 그중 마지막이, 세계시민권의 법은 보편적 환대의 조건에 한정되어야 한다는 것이다. 나머지 두 개의 확정 조항은 모든 국가의 헌법은 공화주의적이어야 하는 것, 그리고 국제법은 자유 국가들의 연방제에 기초해야 한다는 것이다.

12 Immanuel Kant, *Zum ewigen Frieden: Ein philosophischer Entwurf*, AB40. 본문은 다음 번역본에서 인용하였다. 임마누엘 칸트, 『영원한 평화』, 백종현 옮김(파주: 아카넷, 2013), p. 132. 단, 번역본에서는 Hospitalität가 '우호'로 번역되어 있다.

13 환대의 권리는 평화롭게 머무는 '임시 체류자'에게만 해당하기에 장기 체류와 이주와 망명 등에는 별도의 계약이나 법령이 필요하다.

14 마티나 뢰브, 『공간사회학: 물질성·구조·행위의 상호작용』, 장유진 옮김(공주: 제르미날, 2020). 뢰브의 책에서도 공간 개념이 사회적 관계와 의미를 담아낼 여지가 있다는 전제 아래 공간과 장소를 날카롭게 구분하지는 않는다.

15 김현경은 환대를 "타자에게 자리를 주는 행위, 혹은 사회 안에 있는 그의 자리를 인정하는 행위"로 정의한다. 김현경, 『사람, 장소, 환대』(서울: 문학과지성사, 2015), p. 207. 김현경 역시 영어 단어 place가 장소와 자리로 번역될 수 있음을 인지하며 이 둘을 혼용해서 사용한다(pp. 281-294).

16 김현경, 『사람, 장소, 환대』, p. 31.

17　헨리 나우웬, 『영적 발돋움』, 이상미 옮김(서울: 두란노, 1998), p. 83. 필자 강조.

18　self-sufficient는 스스로 만족한다는 뜻을 가졌기에 일반적으로 '자족하는'이라고 번역된다. 하지만 하나님의 속성을 이야기할 때는 스스로 존재한다는 의미에서 '자존하는'이라고 번역한다. 신적 자존성(self-sufficiency/aseity)이 가지는 형이상학적 의미에 관해서는 다음을 보라. 에티엔 질송, 『철학자들의 신: 역사적 개관』, 김진혁 옮김(파주: 100, 2023), pp. 94-99.

19　위르겐 몰트만, 『창조 안에 계신 하느님: 생태학적 창조론』 개정판, 김균진 옮김(서울: 한국신학연구소, 2002), p. 136. 번역서의 '하느님'이라는 신명을 인용문에서는 '하나님'으로 바꾸었다.

20　앤터니 티슬턴, 『조직신학: 진리·성경·역사·해석』, 박규태 옮김(서울: IVP, 2018), p. 87.

21　칼 바르트, "하나님의 인간성," 『하나님의 인간성』, 신준호 옮김(서울: 새물결플러스, 2017), p. 79.

22　미로슬라브 볼프, 『배제와 포용』, 박세혁 옮김(서울: IVP, 2012), p. 199.

23　토마스 토런스는 예수 그리스도의 사역은 "대표(representation)와 대속(substitution)의 개념을 상호 연관 지어 생각할 때 명확"해질 수 있다고 본다. 토마스 토런스, 『그리스도의 중재』, 김학봉 옮김(서울: 사자와어린양, 2024), p. 145.

24　Jean Calvin, *Institution de la religion chrétienne* (1541), IV. 다음 국역본에서 인용하였다. 장 칼뱅, 『기독교 강요: 1541년 프랑스어 초판』, 김태웅 옮김(서울: 복있는 사람, 2021), p. 374.

25　자끄 러끌레르끄, "무보수의 찬양," 『무지의 찬양 무보수의 찬양』, 박인우 옮김(왜관: 분도출판사, 1992), p. 72. 번역서의 '하느님'이라는 신명을 인용문에서는 '하나님'으로 바꾸었다.

26　Ioustinos ho martys, *Apologia I pro christianis*, 14.2-3. 다음 번역본에서 인용하였다. 유스티누스, 『첫째 호교론, 둘째 호교론, 유대인 트리폰과의 대화』, 안소근 옮김(왜관: 분도출판사, 2024), pp. 43-44.

27　참고. Augustinus, *De civitate Dei*, XV.2. 아우구스티누스가 '하나님의 도성'이라는 개념을 교회를 가리키고자 사용하기도 했지만 둘을 동일시하지 않았다는 점은 주의해야 한다.

28   다음 논문은 『어린 왕자』를 가지고, 환대의 철학에서 많이 언급되는 마르틴 부버와 에마뉘엘 레비나스의 철학과 대화하며 윤리학적 함의를 연구한다. 김모세, "앙투안 드 생텍쥐페리의 작품을 통해 본 관계와 책임의 윤리학," 『외국문학연구』 56(2014): pp. 31-57. 부버와 레비나스에 관해서는 이 책 5장을 참고하라.
29   생텍쥐페리, 『어린 왕자』, p. 37.
30   생텍쥐페리, 『어린 왕자』, pp. 86-87.
31   프랑스어로는 hospitalité와 hostilité를 결합한 hostipitalité다. 적환대 개념은 1997년 12월 2일 『르 몽드』(Le Monde)에 게재된 데리다의 인터뷰를 참고하라. 인터뷰의 영어 번역은 다음과 같다. Jacques Derrida, "The Principle of Hospitality," Parallax, 11/1 (2005), pp. 6-9.
32   알려진 바에 따르면, 아우구스티누스와 그의 어머니 모니카가 로마를 방문하려고 하는데 밀라노와 로마의 금식일이 다름을 발견했다. 그러자 암브로시우스는 자신이 밀라노에 있을 때는 토요일에 금식하지 않지만 로마에 가면 토요일에 금식한다고 답했다고 한다. 참고. Dwight Edwards Marvin, *The Antiquity of Proverbs: Fifty Familiar Proverbs and Folk Sayings with Annotations and Lists* (New York: G. P. Putnam's Sons, 1922), pp. 294-299. 이 라틴어 경구는 한국에서 '로마에 오면 로마법을 따르라'라고 각색되며 토착화되었다.
33   데리다는 환대의 순간 일어나는 이 같은 폭력은 이방인에게 자신의 언어가 아닌 다른 언어로 환대를 요청하도록 강제할 때 뚜렷이 보인다고 지적한다. "그는 정의상 그의 것이 아닌 언어로, 집주인(maître de maison), [손님의] 주인(hôte), 왕, 영주, 권력, 국민, 국가, 아버지 등이 그에게 강제하는 언어로 환대를 청해야 한다. 이들은 자신의 고유한 언어로의 번역을 이방인에게 강제하는데, 이것이야말로 첫 번째 폭력이다. 환대에 관한 물음은 바로 거기서 이렇게 시작된다." 자크 데리다, "이방인의 물음," 자크 데리다·안 뒤푸르망텔, 『환대에 대하여』, 이보경 옮김(서울: 필로소픽, 2023), p. 29.
34   이런 면에서 데리다는 다른 나라에서 평화롭게 머무르면 적대적으로 대우받지 않을 권리가 있다는 칸트와 차별성을 보인다. 흔히 전자를 '무조건적 환대', 후자를 '조건적 환대'라 부르기도 한다. 무조건적 환대에 관해서는 이 책 6장에서 더 상세히 다룰 것이다.

35 데리다, "환대의 발걸음," pp. 181, 183. 프랑스어에서는 손님과 주인을 모두 hôte로 표현하기에, 원서에서는 hôte라는 표현 뒤에 guest와 host를 병기하여 의미를 구분한다.
36 안 뒤푸르망텔, "초대,"『환대에 대하여』, p. 102.
37 데리다, "환대의 발걸음," p. 185. 참고로 공간에서 주인과 손님의 자리바꿈에 관한 데리다의 제안은 이 책 6장에서 살펴볼 그의 '무조건적 환대' 개념의 맥락에서 이해될 수 있다.
38 이러한 종교적 상상력과 문학적 상상력이 모인 대표 사례가 동방정교회의 성인전이다. 많은 성인이 가난한 자와 나그네를 기꺼이 받아들이며 거룩한 존재로 빚어지지만, 기존에 그들이 누리던 삶의 안정성과 특권을 잃어 간다.
39 참고. 폴,『손대접』, p. 28; Koenig,『환대의 신학』, p. 23 등.
40 Koenig,『환대의 신학』, p. 23.
41 다음 책에서 삼위일체론을 사랑의 유비를 통해 더 자세히 설명하였다. 김진혁,『우리가 믿는 것들에 대하여: 사도신경에 담긴 그리스도교 신앙 해설』(서울: 복있는사람, 2022), pp. 52-57.
42 Augustinus, *De Trinitate*, IX.2.2. 성부와 성자와 성령 하나님은 독립적 인격이면서 하나이시듯, '사랑하는 자'와 '사랑받는 자'와 '사랑' 중 하나라도 없으면 나머지 둘은 존재할 수 없다. 하지만 아우구스티누스는 사랑이 삼위일체의 유비인 만큼 여전히 신비를 설명하기에 부족함을 강조한다.
43 Augustinus, *De Trinitate*, XV.18.32.
44 여기서는 아우구스티누스의 선물로서 성령 이해를 단순화하여 설명하였지만, 사실 이는 그의 신학 전체를 파악하는 데 핵심적인 주제이기도 하다. 즉, 성령은 영원, 창조, 구원, 성화에서 선물이자, 교회와 역사와 종말에서도 신적 선물이다. 참고. Yong Won Song, "The Holy Spirit as Gift in Augustine of Hippo," *Korean Journal of Christian Studies* 129 (2023): pp. 217-256.
45 비슷한 맥락에서 레오나르도 보프는 삼위일체론을 논리적 신비가 아니라 구원의 신비, 즉 우리의 개인적 삶과 사회적 삶에서의 복음이라는 관점에서 보기를 주장한다. 참고. 레오나르도 보프,『삼위일체와 사회』, 이세형 옮김(서울: 대한기독교서회, 2011), pp. 224-227.

46 여기서 주목할 점은 그리스도의 대리적 사역과 성령의 중보에서 사용되는 성서의 언어가 거의 같다는 점이다. 토런스, 『그리스도의 중재』, p. 207.

47 헨리 나우웬, 『상처 입은 치유자』, 최원준 옮김(서울: 두란노, 1999), pp. 129-130.

48 그런 의미에서 성령의 '구속'(Erlösung) 사역에 강박으로부터 '풀어짐'(Lösung)이 포함된다고 보았던 칼 바르트의 통찰도 환대의 성령론에서 중요하다. 참고. Karl Barth, *Ethics*, ed. Dietrich Baum, trans. Geoffrey W. Bromiley (Edinburgh: T & T Clark, 1981), p. 502.

49 Sarah Coakley, "Kenosis and Subversion," in *Powers and Submission: Spirituality, Philosophy and Gender* (Oxford: Blackwell, 2002), p. 34. 새라 코클리 신학에서 하나님이 하나님 되시는 공간을 만드는 기도의 중요성에 관해서는 다음을 참고하라. 고형상, 『욕망, 기도, 비움: 새라 코클리의 생애와 신학』(고양: 100, 2021), pp. 51-59.

50 다음 논문은 새라 코클리 신학을 통해 기도가 타자의 신학의 새로운 가능성을 열어 줄지 질문한다. Robert L. Manzinger, "Kenosis as Creating Space: The Ethics of Emmanuel Levinace on Violence and the Other in Conversation with Sarah Coakley and Miroslav Volf," *American Baptist Quarterly*, 35/2 (2016): pp. 124-126.

51 참고. Hans Urs von Balthasar, *Engagement with God: The Drama of Christian Discipleship*, trans. R. John Halliburton (San Francisco: Ignatius, 1975), pp. 29-30.

52 윌리엄 윌리몬, 『사랑 안에 두려움이 없고』, 송동민 옮김(서울: 죠이북스, 2024), p. 122.

53 동방정교회에서는 하나님의 보살핌이 교회나 이콘 등의 성물(聖物)과 함께한다는 의미에서 성물에 삼위일체라는 이름이 붙은 경우가 종종 있다. 이는 "그 어떤 악한 세력이나 증오와 폭력이 더 이상 우리를 파멸시킬 수 없는 장소"로 삼위일체의 상징이 사용된 경우다. 참고. 김용규, 『파수꾼 타르콥스키, 구원을 말하다: 새로운 위기의 신학을 위한 7가지 메시지』(서울: IVP, 2023), p. 140.

54 생텍쥐페리, 『어린 왕자』, p. 90.

55 참고. 생텍쥐페리, 『어린 왕자』, p. 110.

3장 환대와 선물

1 데이비드 화이트, 『위로』, 이상원 옮김(서울: 로만, 2021), p. 82.

2 교황 프란치스코, 『교황 프란치스코, 자비의 교회』, 줄리아노 비지니 엮음, 김정훈 옮김(서울: 바오로딸, 2014), p. 248.

3 "선물," 『표준국어대사전』, https://stdict.korean.go.kr/search/searchView.do?word_no=444462&searchKeywordTo=3(2025. 4. 2. 최종 접속).

4 교황 프란치스코, 『교황 프란치스코, 자비의 교회』, p. 250.

5 참고. 폴, 『손대접』, pp. 155-180.

6 라틴어 *Beneficium*(베네피키움)은 은혜, 베풂, 우호, 친절, 봉사, 이익, 권리 등으로 번역되는 포괄적 의미를 지닌 단어다. *Beneficium*의 번역어에 관해서는 다음을 참고하라. 김혁, "세네카에서 '우리의 자리'," 루키우스 안나이우스 세네카, 『베풂의 즐거움』, 김혁·오명석·홍석준·안승택 옮김(서울: 눌민, 2015), p. 341n2.

7 Seneca, *De Beneficiis*, I.1.8. 한국어 번역은 다음에서 인용했다. 세네카, 『베풂의 즐거움』, p. 13.

8 "gift," *Merriam-Webster Dictionary*, https://www.merriam-webster.com/dictionary/gift(2025. 4. 2. 최종 접속).

9 일례로 고려의 태조 9년(926년)에 거란의 선물인 낙타 50필을 만부교 아래에 매어 놓아 굶어 죽게 했다. 이후 두 나라의 적대 관계가 이어졌고, 약 90년간 세 번의 전쟁이 있었다. "만부교사건," 『한국민족문화대백과사전』, https://encykorea.aks.ac.kr/Article/E0017609(2025. 4. 2. 최종 접속).

10 마르셀 모스, 『증여론』, 이상률 옮김(서울: 한길사, 2002), p. 45.

11 나탈리 제먼 데이비스, 『선물의 역사: 16세기 프랑스의 선물 문화』, 김복민 옮김(서울: 서해문집, 2004), pp. 32-33. 필자 강조.

12 대표적으로 로마서 13장과 이에 대한 해석사를 보라. 미야타 미쓰오, 『국가와 종교: 유럽 정신사에서의 로마서 13장』, 양현혜 옮김(서울: 삼인, 2004).

13 생산자와 소비자가 얼굴을 아느냐 모르느냐의 여부는 인간 심리에 큰 영향을 끼친다. 예를 들면, 서로 얼굴을 모를 확률이 높은 대도시인은 외부 환경에 대해 덜 감정적이고 더 지적이며, 덜 인격적이고 더 계산적인 반응을 보인다. 게오르그 짐멜, "대도시와 정신적 삶," 『짐멜의 모더니티 읽기』, 김덕영·윤미애 옮김(서

울: 새물결, 2005), pp. 35-53.

14　참고. 앙드레 비엘레, 『칼빈의 사회적 휴머니즘: 칼빈의 경제신학』, 박성원 옮김(서울: 대한기독교서회, 2003), pp. 54-57.

15　미로슬라브 볼프, 『베풂과 용서: 값없이 주신 은혜의 선물』, 김순현 옮김(서울: 복있는사람, 2008), p. 88.

16　볼프, 『베풂과 용서』, pp. 89-90.

17　그런 의미에서 일(work)과 노동(labor)은 비슷하면서도 개념적으로 구분된다. 일은 시간 단위와 연관된다. 즉, 일은 특정 시간에 시작하여 특정 시간에 끝난다. 노동은 자기만의 시간표에 따라 진행되기에, 그 안에는 일 외에도 자신과 타자를 위한 여러 활동이 포함될 수 있다. 일은 사회적 존재로서 인간의 생존을 위해 요구되는 것이라면, 노동은 삶의 과정에서 요구되는 것이다. 참고. 루이스 하이드, 『선물: 대가 없이 주고받는 일은 왜 중요한가』, 전병근 옮김(서울: 유유, 2020), pp. 137-140.

18　일상에서의 노동(혹은 직업)과 이웃 사랑의 관계는 다음을 참고하라. 우병훈, "루터의 소명론 및 직업윤리와 그 현대적 의의," 「한국개혁신학」 57(2018): pp. 72-132.

19　Seneca, *De Beneficiis*, I.6.2. 세네카, 『베풂의 즐거움』, p. 24에서 인용했다.

20　Seneca, *De Beneficiis*, I.4.3.

21　Seneca, *De Beneficiis*, I.4.2. 세네카, 『베풂의 즐거움』, p. 21에서 인용했다.

22　참고. 김왕배, "도덕감정: 부채의식과 감사, 죄책감의 연대," 「사회와 이론」 23(2013): pp. 135-172. 특히 감사에 관해서는 pp. 155-157를 보라.

23　게오르그 짐멜, "현대 문화에서 돈," 『짐멜의 모더니티 읽기』, 김덕영·윤미애 옮김(서울: 새물결, 2005), p. 11.

24　게오르그 짐멜, "감사, 사회학적 접근," 『짐멜의 모더니티 읽기』, 김덕영·윤미애 옮김(서울: 새물결, 2005), p. 16.

25　볼프는 선물에 대한 반응을 이와 유사한 방식으로 네 단계로 분석한다. 특히 신적 선물에 대한 인간의 반응을 그는 믿음, 감사, 의무, 참여로 설명한다. 볼프, 『베풂과 용서』, pp. 64-79.

26　짐멜, "감사, 사회학적 접근," pp. 177-178.

27 짐멜, "감사, 사회학적 접근," p. 177.
28 Seneca, *De Beneficiis*, I.4.3. 세네카, 『베풂의 즐거움』, p. 21에서 인용했다.
29 Seneca, *De Beneficiis*, I.17.3. 세네카, 『베풂의 즐거움』, p. 62에서 인용했다.
30 참고. 모스, 『증여론』, pp. 47-48.
31 다음 책은 현대 프랑스 철학자들의 선물 개념을 다채롭게 소개한다. 특히 데리다의 선물 개념을 '불가능성'과 '상호 호혜성의 배제' 중심으로 소개한 1장을 보라. Marcel Hénaff, *The Philosophers' Gift: Reexamining Reciprocity*, trans. Jean-Louis Morhange (New York: Fordham University Press, 2019).
32 Jacques Derrida, *Given Time I. Counterfeit Money*, trans. Peggy Kamuf (Chicago: University of Chicago Press, 1992), p. 7.
33 프랑수아 라블레, 『팡타그뤼엘 제3서』, 유석호 옮김(파주: 한길사, 2006), pp. 48-49.
34 라블레, 『팡타그뤼엘 제3서』, pp. 49-50.
35 데이비스, 『선물의 역사』, pp. 176-215, 특히 pp. 210-215를 보라.
36 라블레, 『팡타그뤼엘 제3서』, p. 56. 여기서 팡타그뤼엘이 인용한 구절은 로마서 13:8이다.
37 존 M. G. 바클레이, 『바울과 선물: 사도 바울의 은혜 개념 연구』, 송일 옮김(서울: 새물결플러스, 2019), p. 22.
38 바클레이는 은혜로서 선물을 이해하기 위해 6가지 범주를 제안한다. 초충만성(superabundance), 단일성(singularity), 우선성(priority), 비상응성(incongruity), 유효성(efficacy), 비순환성(non-cirucularity). 각 범주의 정의를 살펴보는 것이 바울의 은혜 개념을 이해하는 데 중요하지만, 이 책의 목적에서는 벗어나 있으므로 생략하기로 한다. 참고. 바클레이, 『바울과 선물』, pp. 131-140.
39 참고. Seneca, *De Beneficiis*, I.16.1.
40 존 M. G. 바클레이, 『바울과 은혜의 능력』, 김형태 옮김(서울: 감은사, 2021), p. 281; 『단숨에 읽는 바울: 바울의 역사와 유산에 관한 소고』, 김도현 옮김(서울: 새물결플러스, 2018), p. 56.
41 바클레이, 『바울과 선물』, pp. 101-120.
42 바클레이, 『바울과 은혜의 능력』, pp. 281-282.

43 바클레이, 『바울과 은혜의 능력』, p. 282.

44 바울 당시 유대교에서는 보답할 능력이 없는 자에게 주는 선물은 사실 하나님께 드리는 것이고, 이러한 관대함에 어떻게든 '하나님이 보상'하시리라는 믿음이 있었다. 이와 유사한 생각을 초기 교회도 공유했고, 특히 이는 바울의 선물 개념과 함께 기독교로 흘러왔다. 참고. 바클레이, 『바울과 선물』, p. 108. 이는 어떤 면에서 이웃에게 베푼 선행이 하나님의 우리에게 주실 선물인 구원에 영향을 준다는 공로 사상, 그리고 현실에서 보답받지 못한 것들이 내세에 주어진다는 상급 신앙과 유사한 면이 있다.

45 바클레이의 비유를 들면, 가톨릭에서는 바울서신과 복음서 목소리가 합창처럼, 개신교에서는 바울의 독창에 다른 신약 저자들이 화음을 넣는 것처럼 들린다. 참고. 바클레이, 『단숨에 읽는 바울』, p. 94.

46 대표적으로 데이비스는 16세기 프랑스에서 가톨릭과 개신교의 차이를 '인간이 하나님께 선물할 수 있는가'에 대한 견해차로 설명한다. 즉, 가톨릭은 하나님과 인간을 상호 호혜적 관계로 보는 경향이 강하다면, 칼뱅주의는 하나님의 은혜가 일방적으로 인간에게 주어지는 것을 강조한다. 이는 그리스도인은 타인에게 베풀 때 답례를 기대해서는 안 된다는 윤리적 엄격주의로 이어졌고, 제네바의 입법에까지 영향을 끼쳤다. 데이비스, 『선물의 역사』, pp. 176-210. 이에 대해 토드 빌링스는 데이비스의 역사학적 연구가 증여에 관한 모스의 인류학적 연구의 그늘에서 이루어졌음을 비판한다. 또한, 칼뱅의 신학에서 하나님과 인간의 관계를 '연합과 참여'라는 핵심어로 재구성함으로써 현대의 선물 담론에서 칼뱅의 위치를 새롭게 자리매김하려 한다. 참고. 토드 빌링스, 『칼뱅, 참여, 그리고 선물: 그리스도와 연합한 신자는 어떻게 살아야 하는가』, 송용원 옮김(고양: 이레서원, 2021).

47 기독교 신앙의 핵심을 구성하는 '무로부터의 창조'는 피조물과 창조주 사이의 비경쟁적 존재론을 구성하는 기본 전제다. 참고. 차보람, "해설: 데이비드 벤틀리 하트가 그리는 오래된 미래," 데이비드 벤틀리 하트, 『바다의 문들』, 차보람 옮김(서울: 비아, 2021), pp. 185-193.

48 다음 영어 번역에서 중역한 것이다. Martin Luther, On Christian Freedom, trans. Henrike Lähnemann, XXIII. Taylors Edition, https://editions.mml.ox.ac.uk/

editions/freiheit-1520/(2025. 4. 2. 최종 접속).

49 바울에 따르면, "하나님께 보답으로 드리는 선물(return-gift)은, 이와 동시에, 은혜가 다른 사람을 향하여(forward) 전달되는 것이기도 하다." 바클레이, 『바울과 은혜의 능력』, p. 282.

50 데이비스가 지적하듯 이는 칼뱅 신학에서 중요한 주제다. 데이비스, 『선물의 역사』, p. 207. 데이비스는 칼뱅이 내세운 선물 수여의 원칙을 다음과 같이 설명한다. ① 수여자의 가치를 따지지 말고 모든 이에게 관대하게 베풀 것, ② 기쁜 표정과 친절한 말씨와 자비로운 행동을 취하고, 수여자에게 답례의 의무감을 느끼게 하지 말 것, ③ 한 사람을 도와주는 것에 그치지 않고 베풀 능력이 다할 때 베풂을 멈출 것. 참고. Ioannis Calvini, *Institutio Christianae Religionis*, III.7.6.-III.7.7.

51 신학 입문서에서는 흔히 루터의 성찬 신학을 빵과 포도주가 실제 그리스도의 몸인지를 둘러싼 본성 논쟁 중심으로 소개한다. 하지만 이는 이후 루터가 개혁파와 성찬 논쟁에 들어가면서 부각된 주제다. 루터의 성찬 신학은 발전 단계에 따라 강조점이 변화하는데, 초기 성찬 신학에 해당하는 1519년 논문에서 그는 빵과 포도주를 성도의 교제를 가리키는 외적 기호로 보고 신자들의 믿음을 강조한다. 루터의 성찬 신학 발전 단계에 관해서는 다음을 참고하라. Gordon A. Jensen, "Luther and the Lord's Supper," in *The Oxford Handbook of Martin Luther's Theology*, ed. Robert Kolb (Oxford: Oxford University Press, 2014), pp. 322-323.

52 이하 다음 영역본에서 한국어로 중역했다. Martin Luther, "A Treatise Concerning the Blessed Sacrament of the Holy and True Body of Christ, and Concerning the Brotherhoods (1519)," in *Works of Martin Luther*, vol. 2., trans. J. J. Schindel and C. M. Jacobs (Philadelphia: A. J. Holman Co., 1916), p. 10.

53 Luther, "A Treatise Concerning the Blessed Sacrament," p. 11. 필자 강조.

54 이것은 루터의 "그리스도인의 자유"의 핵심 주제 중 하나다. 이 논문은 다음과 같은 두 명제로 요약된다. 첫째, 그리스도인은 전적으로 자유로운 만물의 주인이다. 둘째, 그리스도인은 전적으로 충실한 만물의 종이다. 두 명제는 그리스도인의 모습을 다른 각도에서 본 것인 만큼 둘을 떼어 놓고 볼 수 없다. 참고. Luther,

On Christian Freedom.

55 이는 사회 계약이 아니라 그리스도의 머리 아래 연합한 신자들의 선물 교환을 통해 형성된 교회의 삶을 통해 볼 수 있다. 참고. John Milbank, "Liberality versus Liberalism," in *The Future of Love: Essays in Political Theology* (London: SCM Press, 2009), p. 245. 밀뱅크는 사회를 선물 교환이 아니라 원자화된 개인들의 계약으로 보게 한 대표적 사람으로 루터를 언급한다. 하지만 이는 밀뱅크가 성공회 고교회파의 존재론적 참여론을 강조하고자 루터를 편파적으로 읽은 결과이고, 앞서 보았듯 이는 루터의 성찬 신학을 통해 보완할 수 있는 바다. 참고. Michael Richard Laffin, *The Promise of Martin Luther's Political Theology: Freeing Luther from the Modern Political Narrative* (London: Bloomsbury T&T Clark, 2016), pp. 83-85.

56 Augustinus, *De Trinitate*, XV.8.14. 앞서 인용한 성경 구절에서 강조는 필자의 것.

57 참고. Kathryn Tanner, *Economy of Grace* (Minneapolis: Fortress Press, 2005), p. 63.

58 데이비스, 『선물의 역사』, p. 215.

59 필자 강조. 사도행전 2:38의 *tou hagiou pneumatos*(투 하기우 프네우마토스)가 개역개정에는 '성령의 선물'로 되어 있지만, 여기서 성령과 선물은 병렬 소유격이기에 '성령을 선물로'로 번역할 수 있다. 개역한글, 표준새번역, 공동번역, 새한글성경, 가톨릭 성경 모두 후자의 번역을 따른다.

4장 환대와 성령의 집

1 월터 브루그만, 『완전한 풍요: 돈 음식 몸 시간 장소 그리고 그리스도인』, 정성묵 옮김(서울: 한국장로교출판사, 2021), p. 125.

2 Seneca, *De Beneficiis*, I.3.4-I.3.5. 세네카, 『베풂에 관하여』, pp. 18-19에서 인용했다.

3 현대 신학에서 공간적 은유로서 '집'의 중요성에 관해서는 다음을 참고하라. 미로슬라브 볼프·라이언 매커널리린츠, 『하나님의 집』, 백지윤 옮김(서울: IVP, 2024), pp. 19-62.

4 참고. Immanuel Kant, *Grundlegung zur Metaphysik der Sitten*, A1-A3.

5   스웨덴 루터교 신학자 안더스 니그렌의 지대한 영향으로 개신교에는 하나님의 사랑으로서 '아가페'와 인간의 사랑으로서 '에로스'를 나누는 경향이 크다. 하지만 밀뱅크를 포함한 여러 현대 삼위일체 신학자는 이런 도식에 의문을 표한다. 이들은 아가페가 욕심이 배제되고 자기희생적 사랑이라는 면에서 니그렌에 동의할지라도, 사랑의 상호성과 욕망을 강조하는 점에서 차이를 보인다. 참고. 안더스 니그렌, 『아가페와 에로스』, 고구경 옮김(서울: 크리스챤다이제스트, 1998).

6   John Milbank, "Can a Gift be Given? Prolegomena to a Future Trinitarian Metaphysic," *Modern Theology* 11/1 (1995): p. 132.

7   선물의 호혜성과 일방성의 문제에 관해서는 현대 신학 내에서 여러 의견이 공존한다. 일례로 하나님과 인간 사이의 교환까지 강조하는 영국 성공회 고교회파 신학자 밀뱅크는 호혜성을 강조하되 '정화된 교환'도 함께 주장한다. 미국의 성공회 신학자 태너는 인간은 하나님께 선물할 수 없고, 그런 의미에서 인간이 베풀 때도 하나님처럼 대가 없이 베풀기를 강조하며, 밀뱅크와 달리 데리다 방식의 '선물의 정화'에 공감한다. 둘의 강조점과 사용하는 언어에 차이가 있음에도, 그들이 제시하는 선물 신학의 배경에는 모두 시장 중심 자본주의에 대한 비판이 있는 만큼 둘의 신학에서 공통점도 많이 찾아볼 수 있다. 참고. Tanner, *Economy of Grace*, pp. 47-62.

8   '건강한 비대칭성'이라는 개념은 하나님과 인간의 관계를 이해하는 핵심어로 칼 바르트가 제시한 것이다. 참고. Karl Barth, *Church Dogmatics* II/2, ed. Thomas Torrance and Geoffrey Bromiley (Edinburgh: T & T Clark, 1957), p. 13.

9   Milbank, "Can a Gift be Given?," p. 131.

10 하이드, 『선물』, p. 49.

11 물론 이는 선물로서 장학금의 순환 과정을 이 책의 목적에 맞추어 매우 단순화한 것이다. 다음 책의 2장에서는 선물과 답례의 의무에 관한 모스의 통찰을 사용해 장학금 기부와 수여에 얽힌 복잡하고 다층적인 요소를, 남아프리카 학교들의 장학금 수여 사례를 통해 분석한다. 참고. Jennifer Wallace and Jennifer Feldman, *Scholarship Students in Elite South African Schools: The Gift of a Scholarship* (Singapore: Springer, 2022), pp. 15-35.

12 두미트루 스터닐로에, 『태초에 사랑이 있었다: 삼위일체에 관하여』, 김인수 옮김

(서울: 비아, 2024), p. 152. 필자 강조. 인용문에서 신명은 '하나님'으로 바꾸었다. 선물 담론을 풍성하게 할 성령론적 통찰은 『태초에 사랑이 있었다』 9-11장, 특별히 pp. 123-124와 pp. 145-146를 주의 깊게 보라.

13 빅토르의 리카르두스가 언급했듯, 삼위일체 하나님의 사랑에 관해 말할 때는 '완전한' 사랑 개념에서 시작해야 한다. 삼위일체론을 설명할 때 사용하는 단어인 관계, 교제, 기쁨 등을 깨어진 현실에 대한 우리의 경험을 가지고 이해할 때 삼위일체에 대한 오해에 빠지기 때문이다. 예를 들면, 사랑을 주고받는 중에 선물로 주어지는 기쁨을 사랑하는 둘만 누린다면 그들은 배타적 사랑을 하는 셈이다. 하지만 사랑이 배타적 관계를 만든다면 그것은 완전한 사랑일 수 없다. 완전한 사랑은 기쁨을 둘의 관계를 넘어서까지 흘려보낼 정도로 이타적이어야 하고, 그런 의미에서 완전한 사랑은 삼위일체적 구조를 필연적으로 가진다. 즉, 삼위일체 하나님의 사랑이 완전하다면, 그 사랑은 본성상 자기 외부의 타자와 기쁨을 나누고자 하는 사랑이다. 참고. Richard de Sancto Victoire, *De Trinitate*, III.11.

14 Augustinus, *De Trinitate*, XV.26.46.

15 성부 성자 성령 하나님은 모두 인격적이다. 하지만 현대 신학자들은 영이신 하나님이 창조 세계 전체에 내재하시며 활동하시는 모습을 묘사하기 위한 공간의 은유를 사용하곤 한다. 참고. 한스 페터 뒤르 외, 『신, 인간 그리고 과학』, 이상훈 옮김(서울: 시유시, 2000), pp. 308-311.

16 "단순한 선물들"(Simple Gifts)이라는 제목으로 알려진 퀘이커 찬양의 원래 가사는 다음과 같다. "Tis a gift to be simple 'tis a gift to be free / 'Tis a gift to come down where we ought to be / And when we get to the place that's right / We'll be in the valley of love and delight."

17 "옐로"는 소설의 화자와 정아가 공유하는 집을 배경 삼아 이야기를 교차하며 환대의 의미를 밝힌다. 여기서는 그중 정아 이야기에 집중했다. 환대의 소설로서 "옐로"에 관해서는 평론가 박혜경의 해설을 참고하라. 박혜경, "타자와의 동행," 최윤, 『동행: 최윤 소설집』(서울: 문학과지성사, 2020), pp. 338-363.

18 최윤, "옐로," 『동행』, p. 295.

19 최윤, "빛이 머무는 동안에," 『사슴아 사슴아: 최윤 산문집』(서울: 문학과지성사, 2023), p. 167.

20　Koenig,『환대의 신학』, p. 27. 누가복음에서 예수께서 레위, 죄인인 여인, 삭개오를 포용하셨을 때도 식탁에서 친교를 배경 삼아 회개가 일어났다(눅 5:27-39; 7:36-50; 19:1-10). 이 외에도 회개로 이끄는 환대 혹은 환대를 위한 회개라는 주제는 공관복음서와 바울서신에서 강조된다.

21　회개와 결부된 여러 신학적 문제를 분석하는 것은 이 책의 목적에도 맞지 않고 분량상으로도 제약이 있다. 이 문제에 관해서는 다음 글을 참고하라. 김진혁, "조직신학에 나타난 회개," 「그말씀」 385(2021.07): pp. 105-117.

22　참고. 파울 알트하우스,『교의학개론』, 윤성범 옮김(서울: 대한기독교서회, 1963), pp. 208-210.

23　나우웬의『마음에 들려오는 사랑의 소리』에 실린 발췌문을 다음에서 재인용하였다. 헨리 나웬,『헨리 나웬의 살며 춤추며』, 마이클 포드 엮음, 이현주 옮김(서울: 바오로딸, 2010), pp. 78-79. 인용문에서 신명은 '하나님'으로 바꾸었다.

24　Koenig,『환대의 신학』, p. 229.

25　하나님과 화해한 죄인이자 원수 개념을 통해 주체와 타자의 대립을 상대화하는 흥미로운 시도는 다음을 보라. 월리몬,『사랑 안에 두려움이 없고』, pp. 21-22.

26　하나님 나라에 들어갈 때도, 성령을 선물로 받을 때도, 주님의 만찬에 참여할 때도 자기 죄를 돌아보도록 요구받았다(막 1:15; 행 2:38; 고전 11:28). 참고. Koenig,『환대의 신학』, p. 147.

27　이사야서에서 주님의 날을 이야기할 때도, 복음서에서 천국이 묘사될 때도, 하나님이 베푸시는 만찬의 이미지가 사용된다(사 25:6; 마 22:2 등).

28　마태복음에서는 *basileia tou theou* 대신 *basileia ton ouranon*(바실레이아 톤 우라논)으로 번역되어 있다. 개역개정에서는 이를 '천국'으로, 표준새번역과 공동번역에서는 '하늘나라'로 번역하지만 그 의미는 상통한다.

29　하나님 나라가 내세적 의미가 국한되어 사용된다는 비판 외에도, *basileia tou theou*의 번역어인 하나님의 왕국(kingdom of God)이 전제 군주적이고 남성중심주의적 개념이라는 지적도 있다. 참고. 존 도미닉 크로산,『예수는 누구인가』, 한인철 옮김(서울: 한국기독교연구소, 1998), pp. 87-89.

30　'하나님의 통치'를 선호하는 학자들은 '나라'를 문자적이고 물리적인 의미로 이해하는 경향이 있다. 이로써 인간이 거룩한 공간과 맺는 관계가 불러내는 심오

하고 복잡한 의미를 놓칠 위험이 있다. 참고. Karen J. Wenell, "Kingdom, Not Kingly Rule: Assessing the Kingdom of God as Sacred Space," *Biblical Interpretation*, 25/2 (2017): pp. 206-233.

31 참고. Sverre Aalen, "'Reign' and 'House' in the Kingdom of God in the Gospels," *New Testament Studies* 8/3 (1962): pp. 215-240.

32 음식은 수많은 문화적 현상을 응축하여 하나의 영역 안에 일관성 있게 연합하고, 또 그와 관련한 여러 중요한 바를 다채롭게 이야기하도록 분산하는 프리즘 같은 역할을 한다. 다음을 보라. Carole Counihan, "The Social and Cultural Uses of Food," in *The Cambridge World History of Food*, ed. Kenneth F. Kiple and Kriemhild Coneè Ornelas (Cambridge: Cambridge University Press, 2000), pp. 1513-1522.

33 예수 그리스도의 하나님 나라 사역은 1세기 팔레스타인의 정치경제·역사·문화·종교적 맥락 속에서 상당히 복잡한 상징적 의미가 있다. 그런 의미에서 적대자와 그분의 갈등은 가르침의 내용보다는 상징들의 충돌에 의한 것이었다. N. T. 라이트에 따르면, 공동식사 외에도 율법 해석, 치유와 축귀, 성전 정화, 금식, 죄 용서 등에서 이러한 충돌을 관찰할 수 있다. 마커스 보그·N. T. 라이트, 『예수의 의미』, 김준우 옮김(서울: 한국기독교연구소, 2001), pp. 77-84.

34 보그·라이트, 『예수의 의미』, p. 83.

35 많은 학자가 성찬이 예수께서 제자들과 마지막으로 나누신 유월절 식사에서 비롯되었다고 본다. 이때 만찬은 곧 없어질 성전에 대한 대안으로 제시되고 있다. 보그·라이트, 『예수의 의미』, p. 84. 성전의 대안인 만큼 성찬을 이해할 때도 공간적 은유가 강조될 필요가 있다.

36 베드로의 설교와 요엘의 예언에서는 성령이 올 때 일어날 일을 '자녀/(부모), 젊은이/늙은이, 남종/여종'을 나누어 각각 설명한다(행 2:16-17; 욜 2:28). 이는 일반적으로 많이 사용하는 사회학적 범주이기도 한 만큼, 성령이 임하시면 사람들에게 익숙했던 사회적 구분의 전도가 일어난다고 할 수 있다.

37 다음 논문은 탈식민주의 이론을 통해 성찬이 혼종성과 제3의 공간을 구현함을 보여 준다. 안덕원, "탈식민주의 이론으로 바라보는 기독교 성찬: 혼종성(Hybridity)과 제3의 공간(The Third Space)으로 구현하는 프롤렙시스(Prolepsis)," 「복음

과 실천신학」 38(2016): pp. 146-178.

38 성찬에서 환대라는 주제는 세례받지 않은 사람도 성찬에 참여 가능하냐는 질문과 종종 결부된다. 고대교회에서는 세례받지 않은 사람은 성찬이 시작되면 교회 밖으로 나와야 했고, 전통적으로도 세례를 받아야 성찬을 받을 수 있다. 하지만 최근에는 세례가 성찬 참여의 조건이 되는지 논의가 일어나고 있다. 그 근거로 기독교 문명이 와해한 오늘날의 사회문화적 조건을 고려해야 한다, 말씀의 성례에는 모두가 환영받는데 성찬의 성례에는 일부가 배제되어야 할 이유가 불분명하다, 세례받은 자와 세례받지 못한 자 모두 죄와 투쟁 가운데 있으며 하나님의 은혜로 성찬에 참여한다, 청각과 인지력에 호소하는 말씀보다 오감 전체에 호소하는 성찬이 어떤 이가 하나님을 알아 가고 그분과 교제하는 데 더 강력한 매개가 될 수 있다 등이 거론된다. 참고. Peter Schmiechen, *Gift and Promise: An Evangelical Theology of the Lord's Supper* (Eugene: Pickwick, 2017), pp. 275-276.

39 인간의 본능적인 이기적 욕망을 죽이는 '자기 벗어 내기'의 윤리적 중요성에 관해서는 다음을 참고하라. Iris Murdoch, "On 'God' and 'Good'," in *The Sovereignty of Good* (Abingdon: Routledge, 2001), p. 60. 『선의 군림』(이숲).

40 Koenig, 『환대의 신학』, p. 153.

41 특히 초기 교회에서 주인과 손님의 지위에 관한 시험이 유독 '식사 자리'에서 일어났고, 식탁에서 교제를 방해하는 요소에 대한 반성과 뉘우침이 요구되었다(행 10:9-23; 15:28-29; 고전 11:17-34).

42 조지 헌싱어는 현대 개신교의 성찬 신학을 크게 상징적 기념설, 상징적 병행설, 상징적 수단설로 구분한다. 그에 따르면 그리스도께서 영적으로 성찬에 임재하신다는 주장은 개신교에서 상징적 기념설을 주장하는 사람들을 제외하고 많은 신학자가 지지한다. 조지 헌싱어, "주의 만찬," 김진혁·안덕원 옮김, 「횃불트리니티저널」 18/1(2015): pp. 155-157.

43 Agbonkhianmeghe E. Orobator, *Theology Brewed in an African Pot* (New York: Orbis, 2008), pp. 79-80. 이 기도문에서 그리스도는 '손님'이자 '해방자'로 불린다. 전자 호칭은 환대와 풍요의 주제, 후자는 부정의에 대한 저항과 자유의 선포와 연관된다. 이 기도문뿐만 아니라 아프리카 일부 지역에서 사용하는 예전문에 콜라(kola) 열매가 자주 언급된다. 콜라는 손님이 찾아오면 주인이 환영의 표시

로 베푸는 선물로 종교적 상징성이 깊은 토속 소재다. 참고. Ikechukwu Anthony Kanu, "The Igbo-African Kola Nut as a 'type' of Holy Communion: Towards the Management of Cultural Diversity," *Villanova Journal of Science, Technology and Management* 2/1 (2020): pp. 94-108.

44 미하엘 벨커, 『성찬식에서 무엇이 일어나는가?』, 임걸 옮김(서울: 한들출판사, 2000), pp. 99-101.

45 여기서는 성찬의 떡과 포도주가 실제 그리스도의 몸인지 논하는 본성 논쟁을 하지 않으려 한다. 그 이유를 알렉산더 슈메만의 짧은 논평으로 대신하겠다. "성찬의 목적은 떡과 포도주가 변하는 데 있는 것이 아니라, 우리의 음식과 생명이 되시고, 교회를 그리스도의 몸으로 나타내신 그리스도에게 참여하는 데 있기 때문이다." 알렉산더 슈메만, 『성찬: 하나님 나라의 성례』, 김아윳·주종훈 옮김(고양: 터치북스, 2021), p. 362

46 니콜라스 카바실라스, 『성찬예배 주해』, 조경진·박용범 옮김(서울: 정교회출판사, 2023), p. 177. 필자 강조. 인용문에서 신명은 '하나님'으로 바꾸었다.

47 러끌레르끄, "무보수의 찬양," pp. 62-63.

48 "축복," 『표준국어대사전』, https://stdict.korean.go.kr/search/searchResult.do?pageSize=10&searchKeyword=%EC%B6%95%EB%B3%B5(2025. 4. 2. 최종 접속).

49 엄기호, "당신이 누구든 누구를 만나든 '축복'하노라," 「한겨레21」(2024. 1. 3. 최종 수정), https://h21.hani.co.kr/arti/culture/culture_general/54888.html(2025. 4. 2. 최종 접속).

50 엄기호, "당신이 누구든 누구를 만나든 '축복'하노라."

51 보통 선교라면 공동체 밖을 대상으로 한다고 생각하지만, 다음 논문은 환대를 구심력을 가진 선교로 본다. Mortimer Arias, "Centripetal Mission or Evangelism by Hospitality," *Missiology* 10 (1982): pp. 69-81.

52 복음서의 대표 사례로 예수께서 아이들을 환대하고 축복하시는 장면, 부활하신 예수께서 제자들을 용납하고 축복하시는 장면 등이 있다.

53 볼프는 포옹의 드라마를 팔 벌리기, 기다리기, 팔 모으기, 다시 팔 벌리기의 네 단계로 나눈다. 즉, 환대는 타자의 타자성을 위해 그를 놓아 주는 데서 마무리된

다. 볼프, 『배제와 포용』, pp. 222-229.

54　참고. 클리퍼드 기어츠, 『문화의 해석』, 문옥표 옮김(서울: 까치, 1998), pp. 111-156.

55　그레고리오스, 『(성 요한 크리소스토모스의) 신성한 성찬 예배: 교회 교부들의 가르침에 따른 해설』, 박노양 옮김(서울: 정교회출판사, 2018), p. 388.

56　러끌레르끄, "무보수의 찬양," p. 59.

5장 환대와 사람

1　Benedictus Nursiae, *Regula Benedicti*, LIII.1.

2　로드니 스타크, 『기독교의 발흥: 사회과학자의 시선으로 탐색한 초기 기독교 성장의 요인』, 손현선 옮김(서울: 좋은씨앗, 2016), p. 17.

3　피터 브라운, 『고대 후기 로마제국의 가난과 리더십』, 서원모·이은혜 옮김(파주: 태학사, 2012), pp. 16-18; 참고. 폴, 『손대접』, p. 62.

4　참고. 남성현, "초기 비잔티움 제국과 그리스도교의 빈민을 위한 협력," 민유기 외, 『서양사 속 빈곤과 빈민: 연민과 통제를 넘어 사회적 연대로』(서울: 책과함께, 2016), pp. 19-51; 브라운, 『고대 후기 로마제국의 가난과 리더십』, pp. 97-150.

5　환대의 '장소' 변화와 결부된 환대의 의미에 관해서는 다음을 참고하라. 폴, 『손대접』, pp. 63-69.

6　3장에서 간략히 살펴봤듯, 중세 가톨릭교회와 16세기 개신교회는 선물의 상호성과 호혜성에 대한 다른 입장을 가졌다. 이 역시 종교개혁자의 중세 말기 환대 문화 비판과도 깊게 관련된 문제다.

7　참고. 박상봉, "종교개혁 시대의 신앙난민," 「신학정론」 42/2(2023): pp. 233-279; 안교성, "칼뱅의 난민사역과 한국교회에 대한 함의," 「한국교회사학회지」 45(2016): pp. 155-181.

8　다음 영역본에서 중역하였다. Jean-Jacques Rousseau, *The Social Contract*, trans. G. D. H. Cole (London: J. M. Dent, 1993), p. 308. 『사회계약론』(후마니타스).

9　Augustinus, *Confessiones*, IV.4.9; IV.14.22.

10　참고. 마르틴 부버, 『나와 너』, 표재명 옮김(서울: 문예출판사, 2001), pp. 9-12.

11　둘 사이의 대조는 다음과 같이 요약될 수도 있다. "경험으로서의 세계는 근원어

'나-그것'에 속한다. 근원어 '나-너'는 관계의 세계를 세운다." 부버, 『나와 너』, p. 12.

12 참고. 부버, 『나와 너』, pp. 16-18.
13 다음 서평을 참고하라. Adam Kirsch, "Modernity, Faith, and Martin Buber" (April 29, 2019), https://www.newyorker.com/magazine/2019/05/06/modernity-faith-and-martin-buber(2025. 4. 2. 최종 접속).
14 Martin Buber, *Meetings: Autobiographical Fragments*, ed. Maurice Friedman (London and New York: Routledge, 2002), p. 32.
15 Buber, *Meetings*, p. 32.
16 에마뉘엘 레비나스, 『전체성과 무한: 외재성에 대한 에세이』, 김도형·문성원·손영창 옮김(서울: 그린비, 2018), p. 88.
17 레비나스가 러시아어, 히브리어, 독일어, 프랑스어를 사용했던 만큼 그의 정체성을 하나로 꼬집어 소개하기 힘들다. 그의 삶과 사상에 관해서는 다음을 참고하라. 김동규, "해설," 에마뉘엘 레비나스, 『윤리와 무한: 필립 네모와의 대화』, 김동규 옮김(고양: 100, 2020), pp. 141-170.
18 '극단의 시대'는 세계대전부터 소련의 붕괴까지 20세기 역사를 다룬 영국 역사학자 에릭 홉스봄의 대표작 제목이기도 하다. Eric Hobsbawm, *The Age of Extremes: The Short Twentieth Century, 1914–1991* (London: Michael Johseph, 1994). 『극단의 시대』(까지).
19 특별히 레비나스가 국가박사학위논문으로 제출한 『전체성과 무한』(*Totalité et Infini*) 서문에 이러한 문제의식이 잘 드러난다. 레비나스, 『전체성과 무한』, pp. 6-21.
20 강영안, "해설: 레비나스의 철학," 엠마누엘 레비나스, 『시간과 타자』, 강영안 옮김(서울: 문예출판사, 1996), p. 135. 인용한 부분은 1996년 한국어판 해설이다. 『시간과 타자』 한국어판은 2024년에 개정판이 나왔는데, 이때는 한국에서 레비나스 연구가 어느 정도 진행된 상황을 고려해, 레비나스 철학 전반을 소개했던 기존 해설을 레비나스의 초기 철학과 『시간과 타자』에 초점을 맞춘 해설로 바꾸었다.
21 레비나스, 『전체성과 무한』, p. 285.

22 주체는 자신 앞의 대상을 지각할 때 현상 세계의 '전체성'을 배경 삼아 대상을 파악한다. 참고. 레비나스, 『전체성과 무한』, pp. 285-291; 『윤리와 무한』, p. 96.
23 그런 의미에서 얼굴의 최초 드러남은 '계시'라고도 불린다. 레비나스, 『전체성과 무한』, p. 291.
24 레비나스, 『윤리와 무한』, p. 94.
25 레비나스, 『전체성과 무한』, p. 291.
26 P. 도스토예프스키, 『까라마조프의 형제 (상)』, 김학수 옮김(서울: 범우사, 1986), pp. 417-418.
27 Richard Kearney and Emmanuel Lévinas, "Ethics of the Infinite," in *States of Mind: Dialogues with Contemporary Thinkers*, ed. Richard Kearney (New York: New York University Press, 1995), p. 193. 이 인용문의 중요성을 다음 글 덕분에 재발견하였다. 김동규, "해설," p. 99n3.
28 자크 데리다, 『아듀 레비나스』, 문성원 옮김(서울: 문예출판사, 2016), p. 17.
29 2025년 3월 21일 기준으로 '한국학술지인용색인'(https://www.kci.go.kr/kciportal/main.kci)에 '기독교신학' 분야로 등재된 학술지에 '레비나스'라는 주제어를 가진 72편의 논문이 검색된다.
30 강영안, "해설: 레비나스의 철학," p. 130.
31 레비나스의 환대 개념에 대한 비판은 다음에 압축적으로 소개되어 있다. 김애령, 『듣기의 윤리: 주체와 타자, 그리고 정의의 환대에 대하여』(서울: 봄날의박씨, 2022), pp. 186-189.
32 신학적 인간론은 계시로부터 인간 본성을 탐구한다는 점에서 인간을 탐구하는 타 학문과 구분된다. 이것이 계시로부터 보기에 일반적 관찰로는 파악하기 힘든 사람됨의 심층적 차원을 볼 수 있다는 것이지, 신학적 인간론만이 옳다는 결론으로 이해되어서는 안 된다. 참고. 칼 바르트, 『교회교의학 III/2』, 오영석·황정욱 옮김(서울: 대한기독교서회, 2017), pp. 33-71.
33 '전적 타락'이라고 알려진 칼뱅주의 교리에서도 이를 부정하지는 않는다. 창조 때 하나님이 부여하셨던 영광과 완전함이 첫 인류의 타락과 함께 소실된 결과, 인간의 지성과 감정과 의지 등 모든 영역이 하나님의 뜻을 알고 실행하기에 무능력해졌다. 하지만 이러한 타락 교리가 하나님의 형상이 파괴되었다고 말하거나

성령에 의한 회복의 가능성 자체를 부정하는 것은 아니다. 대중적 교리로서 '전적 타락'과 칼뱅과 그 후계자들이 가진 인간 타락에 대한 이해의 간격에 관해 다음을 참고하라. 리처드 멀러, 『칼빈과 개혁 전통』, 김병훈 옮김(서울: 지평서원, 2017), pp. 99-103.

34 Calvinus, *Institutio*, III.7.6. 다음 국역본에서 인용하였다. 존 칼빈, 『기독교 강요(중)』, 원광연 옮김(고양: 크리스찬다이제스트, 2003), pp. 211-212.

35 타락한 아담은 낙원에서 추방되고 이후 에덴 동쪽 편의 죄악이 커 갔다. 하나님은 세상을 만드셨음을 한탄하시고는(창 6:6), 세상을 홍수로 심판하셨다. 그리고 홍수에서 살아남은 사람들에게 앞으로 다른 사람의 피를 흘리게 하지 말라고 명령하셨다. 그 근거는 인간이 하나님의 형상으로 창조되었다는 사실이다(창 9:6). 즉, 아담이 타락했다고 하나님의 형상이 인간 안에서 사라진 것은 아니다.

36 하나님의 형상을 인간이 가진 물리적 모양으로 볼 수는 없다. 하지만 성경 곳곳에서 사람의 얼굴은 하나님 혹은 신적 영광과 결부되어 있다(창 33:10; 출 34:29-35; 행 6:15 등).

37 콘스탄틴 비르질 게오르규, 『25시에서 영원으로』, 박노양 옮김(서울: 정교회출판사, 2015), pp. 11-13. 인용문에서 신명은 '하나님'으로 바꾸었다.

38 참고. 한나 아렌트, 『사랑 개념과 성 아우구스티누스』, 조안나 스콧·주디스 스타크 편집, 서유경 옮김(서울: 텍스트, 2013), pp. 114-117; 레비나스, 『전체성과 무한』, pp. 428-432.

39 Augustinus, *De civitas Dei*, XIV.28.

40 미하엘 벨커, "낭만적 사랑, 언약적 사랑, 비움의 사랑," 존 폴킹혼 엮음, 『케노시스 창조이론』, 박동식 옮김(서울: 새물결플러스, 2015), p. 231.

41 *Ad Diognentum*, X.4.6. 인용문은 다음 영역본에서 중역하였다. "Epistle to Diognetus," trans. Roberts-Donaldson, https://www.earlychristianwritings.com/text/diognetus-lightfoot.html(2025. 4. 2. 최종 접속).

42 볼프는 익숙한 문화로부터 떠나는 것을 공간적 범주로 이해하지 않고, 오히려 그 일이 자기가 속한 문화 안에서 일어나기에 '떠남의 내재성'이라는 표현을 사용한다. 볼프, 『배제와 포용』, pp. 56-76, 특히 pp. 74-75를 보라.

43 이는 바울만이 아니라 신약성경의 인간 이해이기도 하다. 참고. 티슬턴, 『조직신

학』, p. 225.

44 다니엘라 C. 어거스틴, 『성령은 어떻게 공동선을 증진하는가?: 성령 안에서 인류와 세계의 참된 번영을 모색하기』, 김광남 옮김(서울: 새물결플러스, 2022), pp. 80-81.

45 이레나이우스의 유명한 유비적 표현을 빌리자면, 성부께서 자신의 두 손, 즉 성자와 성령을 통해 인간을 성자가 가진 완전한 모습으로 빚어내신다. 참고. Irenaeus, *Adversus Haereses*, V.6.1.

46 오리게네스 외에도 이레나이우스, 알렉산드리아의 클레멘스 등도 이러한 구분을 하였다.

47 Origenes, *De Principiis*, III.6.1. 다음 국역본에서 인용하였다. 오리게네스, 『원리론』, 이성효·이형우·최원오·하성수 옮김(서울: 아카넷, 2014), p. 720. 번역본에서는 형상을 '모상'으로, 모양을 '비슷함'으로 표현했기에, 인용하면서 개신교 성경의 용어에 맞게 바꿨다.

48 그 대신 두 단어가 함께 사용된 것은 인간이 하나님의 형상임을 강조하는 히브리어 특유의 수사학적 표현으로 이해한다. 참고. Calvinus, *Institutio*, I.15.3.

49 러시아 정교회의 키릴 교종은, 현대 학자들이 주장하듯 하나님의 형상과 모양의 구별이 없을 수도 있지만 성경에 두 단어가 사용된 것은 신적 생명을 추구하는 인간 본성의 두 측면을 가리키기 위함이라고 본다. 키릴 교종, 『자유와 책임: 인권과 인간 존엄성』, 강영광 옮김(서울: 대한기독교서회, 2016), pp. 188-189.

50 대표적 비판으로 다음 논문을 참고하라. Lynn White, Jr., "The Historical Roots of Our Ecologic Crisis," *Nature* 155/3767 (1967): pp. 1203-1207.

51 자연의 타자성과 이에 관한 철학적 논의는 다음을 참고하라. Simon A. Hailwood, "The Value of Nature's Otherness," *Environmental Values* 9/3 (2000): pp. 353-372; Anna Wienhues, "Respecting the Nonhuman Other: Individual Natural Otherness and the Case for Incommensurability of Moral Standing," *Environmental Values* 31/6 (2022): pp. 637-656.

52 알렉산더 슈메만, 『세상에 생명을 주는 예배』, 이종태 옮김(서울: 복있는사람, 2008), pp. 20-21.

53 Koenig, 『환대의 신학』, p. 103. '그리스도로 옷 입는다'가 중동의 환대 문화의 반

영일 수도 있겠지만, 세례 후 새로운 존재가 되었음을 표현하고자 새 옷을 입히던 초기 교회 풍습일 수도 있다. 참고. N. T. 라이트, 『갈라디아서 주석』, 김선용 옮김(서울: 복있는사람, 2023), p. 397. 개신교 칭의론에서는 '그리스도로 옷 입다'를 그리스도의 '의의 전가'를 설명하기 위해 사용하기도 한다.

54 일례로 칼뱅은 하나님의 형상으로서 누구나 존엄하게 대우받아야 한다고 주장하지만, 역설적이게도 성령으로 파괴된 하나님의 형상이 회복된 믿음의 사람과 그렇지 않은 사람은 구분해야 한다고 말한다. Calvinus, *Institutio*, III.7.6.

55 Vladimir Lossky, *Orthodox Theology: An Introduction*, trans. Ian and Ihita Kesarcodi-Watson (Crestwood, NY: St Vladimirs Seminary Press, 2001), p. 74. 『정교신학 개론』(지식을만드는지식).

6장 경계 넘기

1 도스토예프스키, 『까라마조프의 형제 (상)』, p. 404.

2 오비디우스의 격언 "나는 더 좋은 것을 알고 좋아하지만 더 나쁜 것을 따른다"(*Video meliora proboque deteriora sequor*)는 서양 문명에서 인간 본성의 모호성을 표현하고자 자주 인용된다. Ovidius, *Metamorphōsēs*, VII. 20-21.

3 Immanuel Kant, *Die Religion innerhalb der Grenzen der bloßen Vernunft*, VI29-30/B21-23. 여기서 허약성은 동기의 나약함, 불순성은 도덕적 의무를 수행하기 위한 다른 동기들의 필요, 악의성은 윤리적 순서의 전도를 각각 뜻한다. 참고. 임마누엘 칸트, 『이성의 한계 안에서의 종교』, 백종현 옮김(서울: 아카넷, 2011), pp. 193-199. 이 번역서에서 propensio는 성향이 아닌 성벽으로 번역되어 있다.

4 이에 대한 개략적이고 대중적인 안내로 다음 기사가 요약한 여러 연구 결과를 참고하라. Sebastian Ocklenburg, "The Neuroscience of Racism" (June 20, 2020), *Psychology Today*, https://www.psychologytoday.com/us/blog/the-asymmetric-brain/202006/the-neuroscience-racism(2025. 4. 2. 최종 접속).

5 아델라 코르티나, 『가난포비아: 거부와 혐오 사이, 민주주의를 위한 도전에 대하여』, 김유경 옮김(서울: 북하이브, 2021), p. 104.

6 이에 관한 대표적 대중서로 다음을 참고하라. 자밀 자키, 『공감은 지능이다: 신경과학이 밝힌 더 나은 삶을 사는 기술』, 정지인 옮김(파주: 심심, 2021); 브라이언

헤어·버네사 우즈, 『다정한 것이 살아남는다: 친화력으로 세상을 바꾸는 인류의 진화에 관하여』, 이민아 옮김(파주: 디플롯, 2021).

7 코르티나, 『가난포비아』, p. 107.

8 참고로, 폴은 공동체의 실천이 환대가 취약하고 오용되는 이유로 크게 제한된 자원, 공동체의 경계, 사익을 취하려는 유혹이라는 세 범주를 제시한다. 참고. 폴, 『손대접』, pp. 155-180.

9 초기 교회에서도 로마 제국 내 여러 곳에 거주하던 다양한 이방인들이 복음을 받아들였을 때, 그들이 익숙했던 '문화'를 어디까지 인정하며 교회로 환영할 것인가가 문제가 되었다. 사도행전과 바울의 서신으로 보아 원시 기독교는 이에 관한 적잖은 분쟁과 논란을 거쳐 형성되었다.

10 대표적 사례로 빅토르 위고의 『레 미제라블』을 들 수 있다. 미리엘 주교는 자신을 찾아온 낯선 이, 장발장에게 아무런 질문도 하지 않은 채 그를 환대한다. 깊은 밤 장발장은 노주교를 살해할까 생각했지만 그 얼굴을 보고는 마음이 약해져 결국 귀중한 보물만 훔쳐 도망친다. 이후 미리엘 주교는 경찰에 붙잡힌 장발장을 용서하고 자유를 선물한다. 이러한 환대와 용납의 경험은 장발장의 삶에 큰 영향을 끼치지만, 다른 한편으로 미리엘 주교는 생명을 잃을 정도로 위험을 감수해야 했다.

11 폴, 『손대접』, pp. 155-156.

12 대표적으로 종교개혁 당시 루터파가 작성한 아우구스부르크 신앙고백 7항에서는 교회를 이렇게 정의한다. 이러한 교회론은 칼뱅주의를 비롯해 다양한 교파의 개신교 신학에서 유사한 형태로 발견된다.

13 일례로 교황 요한 바오로 2세가 1997년 세계 이주민의 날에 발표한 메시지를 보라. 요한 바오로 2세는 이민 문제의 복잡성과 어려움을 인정하면서, 불법 이민자들에 대한 착취를 비난하고 근본 원인 해결을 위한 국제 협력을 촉구했다. 그리고 전 세계 가톨릭교인에게 교회는 모든 이민자의 존엄성과 권리를 옹호해야 하므로 그들의 법적 지위와 무관하게 지원과 환대를 제공해야 한다고 강조했다. Pope John Paul II, "Message of Pope John Paul II for World Migration Day, 1997," https://www.vatican.va/content/john-paul-ii/en/messages/migration/documents/hf_jp-ii_mes_26081996_world-migration-day.html(2025. 4. 2.

최종 접속).

14 다음 논문에서는, 미국에서 교회가 불법 이민자에게 머물 장소와 사회 서비스를 제공하는 것이 현행 이민법에 저촉되는 것 같아도 이민국이 교회로 들어와 이민자들을 체포해서는 안 된다고 주장한다. 교회는 사회 내에서 법으로 보호받지 못하는 사람들을 위한 피난처로서 역사적으로 중요한 기능을 해 왔다. 특히 교회가 오랜 기간 인도주의적 이유와 사회 정의를 위해 수행해 온 피난처로서의 역할은 미국의 수정 헌법 제1조에 의해 보호받을 수 있다. Valerie J. Munson, "On Holy Ground: Church Sanctuary in the Trump Era," *Southwestern Law Review* 47 (2017), pp. 47-60.

15 제2차 세계대전 당시 유대인들을 구하기 위한 노력은 교단, 국가, 언어를 초월해 여러 곳에서 일어났다. 다음을 보라. Eva Fogelman, *Conscience and Courage: Rescuers of Jews During the Holocaust* (New York: Anchor, Doubleday, 1994). 또한 다음 링크도 참고하라. https://www.premierchristianity.com/stories/5-christian-heroes-who-rescued-jews-from-the-holocaust/17141.article(2025. 4. 2. 최종 접속).

16 성경에 여러 믿음의 조상이 거짓말을 하는 사례가 있고, 세상을 살아가다 보면 선한 목적을 이루고자 거짓말을 하는 상황도 생긴다. 그런 만큼 기독교 역사에서 거짓말에 대한 절대 금지가 정착되는 데까지 시간이 꽤 걸렸다. 이때 아우구스티누스가 큰 역할을 했으며, 그 이전과 그 이후로 그의 엄격주의를 완화하려는 시도도 적지 않게 발견된다. 참고. 김진혁, "성서가 허용하는 거짓말, 성서가 금하는 거짓말,"「기독교사상」 793(2025), pp. 156-168; "아우구스티누스와 거짓말,"「기독교사상」 794(2025), pp. 145-155; "중세시대와 거짓말,"「기독교사상」 795(2025), pp. 129-140.

17 참고. 데리다, "자가-면역, 실재적이고 상징적인 자살," p. 233.

18 1장에 나오는 배제, 차별, 동화, 관용, 인정, 환대의 구분을 참고하라.

19 데리다, "자가-면역, 실재적이고 상징적인 자살," p. 234; 강남순,『철학자 예수: 종교로부터 예수 구하기』(김포: 행성B: 2024), pp. 194-195.

20 데리다, "자가-면역, 실재적이고 상징적인 자살," p. 235.

21 데리다, "환대의 발걸음," p. 113.

22 무조건적 환대의 필요성에 대한 호소력 있는 주장에도 불구하고, 데리다는 무조건적 환대와 조건적 환대를 동시에 진행하기를 강조한다. 즉, 데리다가 무조건적 환대만 주장했다고 본다면 그를 편향적으로 이해하는 것이다. 이는 데리다가 환대에 대한 논의를 전개하며 고대 그리스의 철학과 문학 자료들을 분석한 내용을 통해 명확해진다. 다음을 보라. 이상원, "환대의 정치적 긴장성: 데리다의 고대정치철학적 해석과 사유를 중심으로," 최진우 엮음, 『다양성의 시대, 환대를 말하다: 이론, 제도, 실천』, 한양대 평화연구소 문화정치 연구총서(서울: 박영사, 2018), pp. 73-108.

23 데리다, "환대의 발걸음," p. 117.

24 참고. 자크 데리다, 『법의 힘』, 진태원 옮김(서울: 문학과지성사, 2004), p. 199; "환대의 발걸음," p. 119.

25 김애령, 『듣기의 윤리』, p. 205.

26 참고. 강남순, 『철학자 예수』, pp. 220-223.

27 대표적으로 다음 글에서 언급된 환대와 관련한 성경 구절을 보라. 김혜령, "초대의 환대와 방문의 환대(2016. 9. 6)," 「웹진 〈제3시대〉」, https://minjungtheology.tistory.com/694(2025. 4. 2. 최종 접속); 강남순, 『철학자 예수』, pp. 205-234; 정경일, "너희도 나그네였다," pp. 22-25.

28 그런 의미에서 아직 도래하지 않은 절대적 환대의 이념과 눈 앞에 현존하는 타자에 함께 시선을 보내는 '이중적 보기'(double vision)가 필요하다고도 할 수 있다. 이중적 보기는 다원주의 사회 내에서 확대된 사고를 위해 자신에게 익숙한 관점뿐만 아니라 타자의 관점도 동시에 취할 것을 제안하고자 볼프가 사용한 표현이다. 참고. Miroslav Volf, *Exclusion and Embrace* (Nashville: Abingdon Press, 1996), pp. 212-213. 『배제와 포용』(IVP).

29 데리다, "환대의 발걸음," pp. 157-161.

30 이는 신학이 하나님의 말씀에 관한 학문이지만, 하나님의 말씀은 언제나 인간의 언어와 전통과 문화를 공유하는 공동체를 통해 우리에게 전달된다는 의미에서 내린 정의다. 교의학의 과제에 관한 다음 논의를 참고하라. 칼 바르트, 『교의학 개요』, 신준호 옮김(서울: 복있는사람, 2015), pp. 10-18.

31 참고. Benjamin Myers, *Christ the Stranger: The Theology of Rowan Williams* (Lon-

don: T&T Clark, 2012), pp. 21-28.
32 롯은 폭도들에게 손님 대신 두 딸을 내어놓겠다고 했지만, 천사들의 개입으로 딸들은 무사했다. 기브아 노인은 자기 딸과 손님으로 온 레위인의 첩을 내어놓겠다 했고, 결국 밖으로 내몰린 첩은 강간을 당하고 비참하게 죽는다. 이 끔찍한 사건은 곧 대규모 전쟁과 학살, 방화로 이어졌다(삿 20:1-48).
33 데리다, "환대의 발걸음," pp. 215-225.
34 특히 토머스 홉스 이후 근대 정치철학에서 폭력 개념은 사회의 구성과 역학을 설명하는 데 핵심 개념이 되었다. 다음을 참고하라. John Milbank, *Theology and Social Theory: Beyond Secular Reason*, 2nd ed. (Oxford: Blackwell, 2006), p. 4. 『신학과 사회이론』(새물결플러스).
35 김현경, 『사람 장소 환대』, p. 192.
36 참고. 리처드 니버, 『책임적 자아』, 정진홍 옮김(서울: 한국장로교출판사, 2001). pp. 81-82.
37 도스토예프스키, 『까라마조프의 형제 (상)』, p. 449. 필자 강조.
38 마르켈은 어머니에게 이렇게 이야기한다. "우린 누구나 남들에게 죄를 짓고 있는데 그중에서도 제가 제일 죄가 많아요.…우리는 누구나 정말 모든 사람, 모든 것에 대해서 죄가 있는 거예요." 도스토예프스키, 『까라마조프의 형제 (상)』, p. 403. 마르켈이 죽기 전 보였던 모습과 내뱉은 말은 조시마 장로의 회상을 통해 기록된다. 이 소설에서 마르켈이 느꼈던 모든 생명체에 대한 무한한 책임감은 조시마 장로에게 전달되고, 조시마 장로를 통해 카라마조프가의 막내 알료샤에게 전달된다.
39 도스토예프스키, 『까라마조프의 형제 (상)』, p. 406.
40 도스토예프스키, 『까라마조프의 형제 (상)』, p. 406.
41 여기서 논의되는 본회퍼의 책임 개념은 다음 책에 실린 본회퍼의 『윤리학』 서평을 요약·각색한 것이다. 김진혁, 『신학의 영토들: 서평으로 본 현대신학』(서울: 비아, 2023), pp. 384-401.
42 『윤리학』에 대한 본회퍼의 애정은 다음을 참고하라. 에버하르트 베트케, "제1판에서 5판에까지 부친 1948년 4월 9일 자 서문," 디트리히 본회퍼, 『윤리학』, 정현숙 옮김(서울: 복있는사람, 2022), p. 32.

43 본회퍼, 『윤리학』, p. 387.

44 본회퍼, 『윤리학』, p. 161.

45 본회퍼, 『윤리학』, p. 429.

46 본회퍼, 『윤리학』, p. 421.

47 본회퍼, 『윤리학』, p. 266.

48 본회퍼, 『윤리학』, p. 453.

49 본회퍼가 죄론에서 이룬 공헌은 죄를 책임과 연관 지었다는 데 있다. 이는 원죄를 죄의 기원과 인간 본성이라는 맥락에서 다루던 아우구스티누스 이후의 오랜 흐름을 넘어서고, 칭의와 성화 사이의 불균형을 이루는 루터교 전통에 대한 수정이기도 하다. 참고. Hyun Joo Kim, *Bearing Sin as Church Community: Bonhoeffer's Hamartiology* (London: T&T Clark, 2022), pp. 150-151.

50 거짓말의 허용 가능성에 관해 본회퍼가 수감 생활 중 남긴 "진실을 말한다는 것은 무엇을 의미하는가"라는 원고를 참고하라. 번역본은 복있는사람에서 출간한 본회퍼의 『윤리학』 부록에 실려 있다.

51 논의를 위해 극단적 사례를 들었지만, 본회퍼가 히틀러를 죽이려 했다는 통념적 해석은 비판적으로 검토되어야 한다. 그가 스파이로 활동했던 독일 정보 기관이 히틀러 암살 미수 사건과 강하게 연루되어 있었지만 그가 암살 자체를 지지하며 모의에 가담했다고 단정하기는 힘들다. 본회퍼에 대한 평화주의적 해석은 다음을 참고하라. Mark Thiessen Nation, *Discipleship in a World Full of Nazis: Recovering the True Legacy of Dietrich Bonhoeffer* (Eugene, OR: Cascade, 2022).

52 본회퍼, 『윤리학』, p. 451.

53 값싼 은혜와 값비싼 은혜는 다음을 참고하라. 디트리히 본회퍼, 『나를 따르라』, 김순현 옮김(서울: 복있는사람, 2016), pp. 29-36. 특히, 본회퍼의 히틀러 암살 모의 가담을 그의 신앙적 고민과 역사적 맥락에서 떼어 내고는, 이를 신앙적 이유로 폭력을 사용하거나 불법을 저질러도 되는 초법적 논거로 사용하는 사례가 국내외에 많다. 하지만 이 역시 하나님의 값비싼 은혜를 값싸게 만드는 일이다.

54 다음 설교문에서 "친구"를 부분 인용했다. 손성현, "부대낌의 빛", 「숨빛청파교회」(2024. 6. 2). https://www.youtube.com/watch?v=np4Qj_71dz8(2025. 4. 2. 최종 접속).

55 스탠리 하우어워스는 본회퍼의 시 "친구"가 폭력의 세계에서 교회가 우정이 가능하다는 것을 보여 주고 이를 실행한다는 의미에서 '대안 정치적' 성격을 가진다고 평가한다. Stanley Hauerwas, "'The Friend': Reflections on Friendship and Freedom," in *Who Am I: Bonhoeffer's Theology through His Poetry*, ed. Bern Wannenwetsch (London: T&T Clark, 2009), pp. 110-111.

나가는 말 환대의 문 열기

1 장희원, "혜주,"『우리의 환대: 장희원 소설집』(서울: 문학과지성사, 2022), pp. 108-109.
2 나우웬, 『상처 입은 치유자』, p. 120.
3 "착호유위이실 당기무유실지용"(鑿戶牖以爲室 當其無有室之用). 번역하면 다음과 같다. "문과 창을 뚫어서 방을 만드나 그 안이 비어 있어야 방으로서 쓸모가 있다." 老子,『新譯 道德經』, 盧台俊 譯解(서울: 홍신문화사, 1984), p. 55.
4 참고. 게오르그 짐멜, "다리와 문,"『짐멜의 모더니티 읽기』, 김덕영·윤미애 옮김 (서울: 새물결, 2005), pp. 266-267.
5 짐멜, "다리와 문," p. 268.
6 실제 기독교 세계관은 '세계를 보는 창'으로 비유되곤 한다. 참고. 신국원,『니고데모의 안경』(서울: IVP, 2005), pp. 18-20.
7 여기서는 다루지 않지만, 파커 파머는 인간이 자연적으로 꺼리는 긴장을 지탱하도록 하는 시각적 이미지를 양쪽으로 손을 편 형태인 십자가에서 찾아낸다. Parker Palmer, *The Company of Strangers: Christians & the Renewal of America's Public Life* (New York: The Crossroad Publishing Company, 1981), p. 131.
8 인간이 가진 고질적인 자기애(*amor sui*) 때문에 우리는 타자를 기쁨의 근원이 아닌 두려움의 대상으로 본다. 자기를 지키려는 본능은 타자를 지배하려는 욕망 (*libido dominadi*)으로, 이러한 욕망은 타자에 대한 유형무형의 폭력으로 이어진다. 하지만 하나님에 대한 사랑(*amor Dei*)과 이로부터 가능해진 '이웃을 자기 몸처럼 사랑'하는 것도 인류 역사를 관통하는 또 다른 주제다. 참고. Augustinus, *De civitas Dei*, XIV.28, XV.5 등.
9 히브리서 13:2에서 모티프를 딴 "Be not inhospitable to strangers lest they be

angels in disguise"는, 1919년에 문을 연 "셰익스피어 앤드 컴퍼니"(Shakespeare and Company)의 1층 리딩 라이브러리로 들어가는 좁은 문 위에 적혀 있다.

参고 문헌

강남순. 『철학자 예수: 종교로부터 예수 구하기』. 김포: 행성B, 2024.
게오르규, 콘스탄틴 비르질. 『25시에서 영원으로』. 박노양 옮김. 서울: 정교회출판사, 2015.
고형상. 『욕망, 기도, 비움: 새라 코클리의 생애와 신학』. 고양: 100, 2021.
그레고리오스. 『(성 요한 크리소스토모스의) 신성한 성찬 예배: 교회 교부들의 가르침에 따른 해설』. 박노양 옮김. 서울: 정교회출판사, 2018.
기어츠, 클리퍼드. 『문화의 해석』. 문옥표 옮김. 서울: 까치, 1998.
김근주. 『특강 이사야』. 서울: IVP, 2017.
김모세. "앙투안 드 생텍쥐페리의 작품을 통해 본 관계와 책임의 윤리학." 「외국문학연구」 56(2014): pp. 31-57.
김소연. "아시아 최초 '다인종·다문화 국가' 한국." 「매일경제」(2024. 8. 30). https://www.mk.co.kr/economy/view/2024/645944(2025. 4. 2. 최종 접속).
김아영. "초대의 글." 「이스마엘 우리의 형제」 16(2023/겨울): p. 5.
김애령. 『듣기의 윤리: 주체와 타자, 그리고 정의의 환대에 대하여』. 서울: 봄날의박씨, 2022.
김왕배. "도덕감정: 부채의식과 감사, 죄책감의 연대." 「사회와 이론」 23(2013): pp. 135-172.
김용규. 『파수꾼 타르쿱스키, 구원을 말하다: 새로운 위기의 신학을 위한 7가지 메시지』. 서울: IVP, 2023.
김진혁. "선물의 신학적·선교학적 의미: 무슬림 환대 사역을 위한 예비적 성찰." Muslim-Christian Encounter 18/1(2025), pp. 147-176.

_____. "성령과 함께하는 환대 (1)-(3)." 「이스마엘 우리의 형제」 16(2023/겨울): pp. 14-25, 38-51, 62-76.

_____. "성서가 허용하는 거짓말, 성서가 금하는 거짓말." 「기독교사상」 793(2025), pp. 156-168.

_____. 『신학의 영토들: 서평으로 본 현대신학』. 서울: 비아, 2023.

_____. "아우구스티누스와 거짓말." 「기독교사상」 794(2025), pp. 145-155.

_____. 『우리가 믿는 것들에 대하여: 사도신경에 담긴 그리스도교 신앙 해설』. 서울: 복있는사람, 2022.

_____. "조직신학에 나타난 회개." 「그말씀」 385(2021.07): pp. 105-117.

_____. "중세시대와 거짓말." 「기독교사상」 795(2025), pp. 129-140.

김혁. "세네카에서 '우리의 자리'." 루키우스 안나이우스 세네카. 『베풂의 즐거움』. 김혁·오명석·홍석준·안승택 옮김. 서울: 눌민, 2015.

김현경. 『사람, 장소, 환대』. 서울: 문학과지성사, 2015.

김혜령. "초대의 환대와 방문의 환대(2016. 9. 6)." 「웹진 〈제3시대〉」. https://minjungtheology.tistory.com/694(2025. 4. 2. 최종 접속).

김호경. 『예수의 식탁 이야기: 처진 어깨를 도닥거리는 위로와 초대』. 서울: 두란노, 2024.

나우웬, 헨리. 『상처 입은 치유자』. 최원준 옮김. 서울: 두란노, 1999.

_____. 『영적 발돋움』. 이상미 옮김. 서울: 두란노, 1998.

나웬, 헨리. 『헨리 나웬의 살며 춤추며』. 마이클 포드 엮음. 이현주 옮김. 서울: 바오로딸, 2010.

남성현. "초기 비잔티움 제국과 그리스도교의 빈민을 위한 협력." 민유기 외. 『서양사 속 빈곤과 빈민: 연민과 통제를 넘어 사회적 연대로』. 서울: 책과함께, 2016, pp. 19-51.

노자. 『新譯 道德經』. 盧台俊 譯解. 서울: 홍신문화사, 1984.

니그렌, 안더스. 『아가페와 에로스』. 고구경 옮김. 서울: 크리스챤다이제스트, 1998.

니버, 리처드. 『책임적 자아』. 정진홍 옮김. 서울: 한국장로교출판사, 2001.

덜레스, 에버리. 『교회의 모델』. 김기철 옮김. 서울: 조명문화사, 1992.

데리다, 자크. 『법의 힘』. 진태원 옮김. 서울: 문학과지성사, 2004.

_____. 『아듀 레비나스』. 문성원 옮김. 서울: 문예출판사, 2016.

데리다, 자크·안 뒤푸르망텔. 『환대에 대하여』. 이보경 옮김. 서울: 필로소픽, 2023.

도스토예프스키, P. 『까라마조프의 형제 (상)』. 김학수 옮김. 서울: 범우사, 1986.

뒤르, 한스 페터 외. 『신, 인간 그리고 과학』. 이상훈 옮김. 서울: 시유시, 2000.

라블레, 프랑수아. 『팡타그뤼엘 제3서』. 유석호 옮김. 파주: 한길사, 2006.

라이트, N. T. 『갈라디아서 주석』. 김선용 옮김. 서울: 복있는사람, 2023.

러끌레르끄, 자끄. 『무지의 찬양 무보수의 찬양』. 박인우 옮김. 왜관: 분도출판사, 1992.

러셀, 레티 M. 『공정한 환대』. 쉐논 클락슨·케이트 M. 오트 엮음. 여금현 옮김. 서울: 대한기독교서회, 2012.

레비나스, 에마뉘엘. 『윤리와 무한: 필립 네모와의 대화』. 김동규 옮김. 고양: 100, 2020.

_____. 『전체성과 무한: 외재성에 대한 에세이』. 김도형·문성원·손영창 옮김. 서울: 그린비, 2018.

레비나스, 엠마누엘. 『시간과 타자』. 강영안 옮김. 서울: 문예출판사, 1996.

뢰브, 마티나. 『공간사회학: 물질성·구조·행위의 상호작용』. 장유진 옮김. 공주: 제르미날, 2020.

리브스, 마이클. 『처음 읽는 신학자: 아우구스티누스에서 칼 바르트까지』. 장호준 옮김. 서울: 복있는사람, 2018.

멀러, 리처드. 『칼빈과 개혁 전통』. 김병훈 옮김. 서울: 지평서원, 2017.

모스, 마르셀. 『증여론』. 이상률 옮김. 서울: 한길사, 2002.

몰트만, 위르겐. 『창조 안에 계신 하느님: 생태학적 창조론』 개정판. 김균진 옮김. 서울: 한국신학연구소, 2002.

문성훈. 『인정의 시대』. 고양: 사월의책, 2014.

미쓰오, 미야타. 『국가와 종교: 유럽 정신사에서의 로마서 13장』. 양현혜 옮김. 서울: 삼인, 2004.

바르트, 칼. 『교의학 개요』. 신준호 옮김. 서울: 복있는사람, 2015.

_____. 『교회교의학 III/2』. 오영석·황정욱 옮김. 서울: 대한기독교서회, 2017.

_____. 『하나님의 인간성』. 신준호 옮김. 서울: 새물결플러스, 2017.

바클레이, 존 M. G. 『단숨에 읽는 바울: 바울의 역사와 유산에 관한 소고』. 김도현 옮김. 서울: 새물결플러스, 2018.

_____. 『바울과 선물: 사도 바울의 은혜 개념 연구』. 송일 옮김. 서울: 새물결플러스, 2019.

_____. 『바울과 은혜의 능력』. 김형태 옮김. 서울: 감은사, 2021.

박상봉. "종교개혁 시대의 신앙난민." 「신학정론」 42/2 (2023): pp. 233-279.

벨커, 미하엘. 『성찬식에서 무엇이 일어나는가?』. 임걸 옮김. 서울: 한들출판사, 2000.

보그, 마커스. 『미팅 지저스: 역사적 예수와 현대인의 신앙』. 구자명 옮김. 서울: 홍성사, 1995.

보그, 마커스·N. T. 라이트. 『예수의 의미』. 김준우 옮김. 서울: 한국기독교연구소, 2001.

보라도리, 지오반나. 『테러 시대의 철학: 하버마스, 데리다와의 대화』. 손철성·김은주·김준성 옮김. 서울: 문학과지성사, 2004.

보프, 레오나르도. 『삼위일체와 사회』. 이세형 옮김. 서울: 대한기독교서회, 2011.

본회퍼, 디트리히. 『윤리학』. 정현숙 옮김. 서울: 복있는사람, 2022.

볼테르. 『관용론』. 송기형·임미경 옮김. 서울: 한길사, 2001.

볼프, 미로슬라브. 『배제와 포용』. 박세혁 옮김. 서울: IVP, 2012.

_____. 『베풂과 용서: 값없이 주신 은혜의 선물』. 김순현 옮김. 서울: 복있는사람, 2008.

볼프, 미로슬라브·라이언 매커널리린츠. 『하나님의 집』. 백지윤 옮김. 서울: IVP, 2024.

부버, 마르틴. 『나와 너』. 표재명 옮김. 서울: 문예출판사, 2001.

브라운, 웬디. 『관용』. 이승철 옮김. 서울: 갈무리, 2010.

브라운, 피터. 『고대 후기 로마제국의 가난과 리더십』. 서원모·이은혜 옮김. 파주: 태학사, 2012.

브루그만, 월터. 『완전한 풍요: 돈 음식 몸 시간 장소 그리고 그리스도인』. 정성묵 옮김. 서울: 한국장로교출판사, 2021.

비엘레, 앙드레. 『칼빈의 사회적 휴머니즘: 칼빈의 경제신학』. 박성원 옮김. 서울: 대한기독교서회, 2003.

빌링스, 토드. 『칼뱅, 참여, 그리고 선물: 그리스도와 연합한 신자는 어떻게 살아야 하는가』. 송용원 옮김. 고양: 이레서원, 2021.

생텍쥐페리, 앙투안 드. 『어린 왕자』. 황현산 옮김. 파주: 열린책들, 2015.

세네카, 루키우스 안나이우스. 『베풂의 즐거움』. 김혁·오명석·홍석준·안승택 옮김. 서울: 눌민, 2015.

손성현. "부대낌의 빛". 「숨빛청파교회」(2024. 6. 2). https://www.youtube.com/watch?v=np4Qj_71dz8(2025. 4. 2. 최종 접속).

송민원. 『히브리어의 시간』. 서울: 복있는사람, 2024.

슈메만, 알렉산더. 『성찬: 하나님 나라의 성례』. 김아윤·주종훈 옮김. 고양: 터치북스, 2021.

_____. 『세상에 생명을 주는 예배』. 이종태 옮김. 서울: 복있는사람, 2008.

스타크, 로드니. 『기독교의 발흥: 사회과학자의 시선으로 탐색한 초기 기독교 성장의 요인』. 손현선 옮김. 서울: 좋은씨앗, 2016.

스터닐로에, 두미트루. 『태초에 사랑이 있었다: 삼위일체에 관하여』. 김인수 옮김. 서울: 비아, 2024.

신국원. 『니고데모의 안경』. 서울: IVP, 2005.

아렌트, 한나. 『사랑 개념과 성 아우구스티누스』. 조안나 스코트·주디스 스타크 편집. 서유경 옮김. 서울: 텍스트, 2013.

안교성. "칼뱅의 난민사역과 한국교회에 대한 함의." 「한국교회사학회지」 45(2016): pp. 155-181.

안덕원. "탈식민주의 이론으로 바라보는 기독교 성찬: 혼종성(Hybridity)과 제3의 공간(The Third Space)으로 구현하는 프롤렙시스(Prolepsis)." 「복음과 실천신학」 38(2016): pp. 146-178.

알트하우스, 파울. 『교의학개론』. 윤성범 옮김. 서울: 대한기독교서회, 1963.

양승훈·정혜민·권다영. 『환대산업 서비스』. 서울: 이프레스, 2018.

어거스틴, 다니엘라 C. 『성령은 어떻게 공동선을 증진하는가?: 성령 안에서 인류와 세계의 참된 번영을 모색하기』. 김광남 옮김. 서울: 새물결플러스, 2022.

엄기호. "당신이 누구든 누구를 만나든 '축복'하노라." 「한겨레21」(2024. 1. 3. 최종 수정). https://h21.hani.co.kr/arti/culture/culture_general/54888.html(2025. 4. 2. 최종 접속).

오리게네스. 『원리론』. 이성효·이형우·최원오·하성수 옮김. 서울: 아카넷, 2014.
오비디우스. 『라틴어 원전 번역 변신 이야기』 제2판. 천병희 옮김. 파주: 숲, 2017.
왕은철. 『환대예찬: 타자 윤리의 서사』. 서울: 현대문학, 2020.
우병훈. "루터의 소명론 및 직업윤리와 그 현대적 의의." 「한국개혁신학」 57(2018): pp. 72-132.
윌리몬, 윌리엄. 『사랑 안에 두려움이 없고』. 송동민 옮김. 서울: 죠이북스, 2024.
유스티누스. 『첫째 호교론, 둘째 호교론, 유대인 트리폰과의 대화』. 안소근 옮김. 왜관: 분도출판사, 2024.
자키, 자밀. 『공감은 지능이다: 신경과학이 밝힌 더 나은 삶을 사는 기술』. 정지인 옮김. 파주: 심심, 2021.
장희원. 『우리의 환대: 장희원 소설집』. 서울: 문학과지성사, 2022.
정경일. "너희도 나그네였다: 환대의 신학." 「인간과 평화」 4/1(2023): pp. 11-34.
정경호. "다음 세대를 위한 생명 살림의 신앙 삶: 아브라함과 사라의 환대의 밥상을 중심으로." 「성서마당」 103(2012): pp. 32-44.
정교회교부들. 『부와 가난: 부와 가난에 대한 거룩한 교부들의 설교』. 박노양 그레고리오스 옮김. 서울: 정교회출판사, 2018.
제먼 데이비스, 나탈리. 『선물의 역사: 16세기 프랑스의 선물 문화』. 김복민 옮김. 서울: 서해문집, 2004.
지프, 죠슈아 W. 『환대와 구원: 혐오·배제·탐욕·공포를 넘어 사랑의 종교로 나아가기』. 송일 옮김. 서울: 새물결플러스, 2019.
질송, 에티엔. 『철학자들의 신: 역사적 개관』. 김진혁 옮김. 파주: 100, 2023.
짐멜, 게오르그. 『짐멜의 모더니티 읽기』. 김덕영·윤미애 옮김. 서울: 새물결, 2005.
최병두. "이방인의 권리와 환대의 윤리: 칸트와 데리다 사상의 지리학적 함의." 「문화역사지리」 24/3(2012): pp. 16-36.
최원오. 『교부들의 사회교리』. 칠곡: 분도출판사, 2020.
최윤. 『동행: 최윤 소설집』. 서울: 문학과지성사, 2020.
_____. 『사슴아 사슴아: 최윤 산문집』. 서울: 문학과지성사, 2023.
최진우 엮음. 『다양성의 시대, 환대를 말하다: 이론, 제도, 실천』. 한양대 평화연구소 문화정치 연구총서. 서울: 박영사, 2020.

최진우 엮음.『환대: 평화의 조건, 공생의 길』. 한양대 평화연구소 문화정치 연구총서 2권. 서울: 박영사, 2020.

카바실라스, 니콜라스.『성찬예배 주해』. 조경진·박용범 옮김. 서울: 정교회출판사, 2023.

칸트, 임마누엘.『영원한 평화』. 백종현 옮김. 파주: 아카넷, 2013.

_____.『이성의 한계 안에서의 종교』. 백종현 옮김. 서울: 아카넷, 2011.

칼뱅, 장.『기독교 강요: 1541년 프랑스어 초판』. 김태웅 옮김(서울: 복있는사람, 2021).

칼빈, 존.『기독교 강요 (중)』. 원광연 옮김(고양: 크리스챤다이제스트, 2003).

코르티나, 아델라.『가난포비아: 거부와 혐오 사이, 민주주의를 위한 도전에 대하여』. 김유경 옮김. 서울: 북하이브, 2021.

Koenig, John.『환대의 신학』. 김기영 옮김. 서울: 한국장로교출판사, 2002.

크로산, 존 도미닉.『예수는 누구인가』. 한인철 옮김. 서울: 한국기독교연구소, 1998.

키릴 교종.『자유와 책임: 인권과 인간 존엄성』. 강영광 옮김. 서울: 대한기독교서회, 2016.

투안, 이-푸.『공간과 장소: 공간에 우리의 경험과 삶, 애착이 녹아들 때 그곳은 장소가 된다』. 윤영호·김미선 옮김. 서울: 사이, 2020.

티슬턴, 앤터니.『조직신학: 진리·성경·역사·해석』. 박규태 옮김. 서울: IVP, 2018.

폴킹혼, 존 엮음.『케노시스 창조이론』. 박동식 옮김. 서울: 새물결플러스, 2015.

프란치스코, 교황.『교황 프란치스코, 자비의 교회』. 줄리아노 비지니 엮음. 김정훈 옮김. 서울: 바오로딸, 2014.

하이드, 루이스.『선물: 대가 없이 주고받는 일은 왜 중요한가』. 전병근 옮김. 서울: 유유, 2020.

하트, 데이비드 벤틀리.『바다의 문들』. 차보람 옮김. 서울: 비아, 2021.

헌싱어, 조지. "주의 만찬." 김진혁·안덕원 옮김. 「횃불트리니티저널」 18/1 (2015): pp. 147-157.

헤어, 브라이언·버네사 우즈.『다정한 것이 살아남는다: 친화력으로 세상을 바꾸는 인류의 진화에 관하여』. 이민아 옮김. 파주: 디플롯, 2021.

호메로스.『오뒷세이아』 제2판. 천병희 옮김. 파주: 숲, 2015.

화이트, 데이비드.『위로』. 이상원 옮김. 서울: 로만, 2021.

Aalen, Sverre. "'Reign' and 'House' in the Kingdom of God in the Gospels." *New Testament Studies* 8/3 (1962): pp. 215-240.

Ad Diognentum. "Epistle to Diognetus." Trans. Roberts-Donaldson. https://www.earlychristianwritings.com/text/diognetus-lightfoot.html(2025. 4. 2. 최종 접속).

Arias, Mortimer. "Centripetal Mission or Evangelism by Hospitality." *Missiology* 10 (1982): pp. 69-81.

Arterbury, Andrew E. "The Custom of Hospitality in Antiquity and Its Importance for Interpreting Acts 9:43-11:18." Ph.D.diss., Baylor University, 2003.

Augustinus. *Confessiones*. 『고백록』(경세원).

_____. *De civitas Dei*. 『신국론』(분도출판사).

_____. *De Trinitate*. 『삼위일체론』(분도출판사).

Balthasar, Hans Urs von. *Engagement with God: The Drama of Christian Discipleship*. Trans. R. John Halliburton. San Francisco: Ignatius, 1975.

Barth, Karl. *Church Dogmatics* II/2. Ed. Thomas Torrance and Geoffrey Bromiley. Edinburgh: T & T Clark, 1957.

_____. *Ethics*. Ed. Dietrich Baum. Trans. Geoffrey W. Bromiley. Edinburgh: T & T Clark, 1981.

Benedictus Nursiae. *Regula Benedicti*.

Bird, Graeme D. "Hospitality." In *Cambridge Guide to Homer*. Ed. Corinne Ondine Pache. Cambridge: Cambridge University Press, 2020, pp. 159-160.

Brown, Raymond E. *The Gospel according to John: Introduction, Translation, and Notes*. Vol. 1. AB 29. Garden City: Doubleday, 1966. 『앵커바이블 요한복음 1』(기독교문서선교회).

Buber, Martin. *Meetings: Autobiographical Fragments*. Ed. Maurice Friedman. London and New York: Routledge, 2002.

Chapman, John. "Pope St. Clement I." *The Catholic Encyclopedia*. Vol. 4. New York: Robert Appleton Company, 1908. http://www.newadvent.org/cathen/04012c.htm(2025. 4. 2. 최종 접속).

Coakley, Sarah. "Kenosis and Subversion." In *Powers and Submission: Spirituality, Philosophy and Gender*. Oxford: Blackwell, 2002.

Cohen, Jeffrey M. "Abraham's Hospitality." *Jewish Bible Quarterly* 34/3 (2006): pp. 168-172.

Counihan, Carole. "The Social and Cultural Uses of Food." In *The Cambridge World History of Food*. Ed. Kenneth F. Kiple and Kriemhild Coneè Ornelas. Cambridge: Cambridge University Press, 2000, pp. 1513-1522.

Derrida, Jacques. *Given Time I. Counterfeit Money*. Trans. Peggy Kamuf. Chicago: University of Chicago Press, 1992.

_____. "The Principle of Hospitality." *Parallax* 11/1 (2005): pp. 6-9.

Fogelman, Eva. *Conscience and Courage: Rescuers of Jews During the Holocaust*. New York: Anchor, Doubleday, 1994.

Hailwood, Simon A. "The Value of Nature's Otherness." *Environmental Values* 9/3 (2000): pp. 353-372.

Hauerwas, Stanley. "'The Friend': Reflections on Friendship and Freedom." In *Who Am I: Bonhoeffer's Theology through His Poetry*. Ed. Bern Wannenwetsch. London: T&T Clark, 2009, pp. 91-113.

Hénaff, Marcel. *The Philosophers' Gift: Reexamining Reciprocity*. Trans. Jean-Louis Morhange. New York: Fordham University Press, 2019.

Hobsbawm, Eric. *The Age of Extremes: The Short Twentieth Century, 1914–1991*. London: Michael Johseph, 1994. 『극단의 시대』(까치).

Irenaeus. *Adversus Haereses*.

Jameson, Michael H. "Theoxenia." In *Cults and Rites in Ancient Greece: Essays on Religion and Society*. Cambridge: Cambridge University Press, 2014, pp. 145-178.

Jensen, Gordon A. "Luther and the Lord's Supper." In *The Oxford Handbook of Martin Luther's Theology*. Ed. Robert Kolb. Oxford: Oxford University Press, 2014, pp. 322-332.

Kant, Immanuel. *Die Religion innerhalb der Grenzen der bloßen Vernunft*.

_____. *Grundlegung zur Metaphysik der Sitten*.

Kanu, Ikechukwu Anthony. "The Igbo-African Kola Nut as a 'type' of Holy Communion: Towards the Management of Cultural Diversity." *Villanova Journal of Science, Technology and Management* 2/1 (2020): pp. 94-108.

Kearney, Richard and Emmanuel Lévinas. "Ethics of the Infinite." In *States of Mind: Dialogues with Contemporary Thinkers*. Ed. Richard Kearney. New York: New York University Press, 1995, pp. 177-199.

Kim, Hyun Joo. *Bearing Sin as Church Community: Bonhoeffer's Hamartiology*. London: T&T Clark, 2022.

Kirsch, Adam. "Modernity, Faith, and Martin Buber" (April 29, 2019). https://www.newyorker.com/magazine/2019/05/06/modernity-faith-and-martin-buber(2025. 4. 2. 최종 접속).

Koenig, John. "Hospitality." In *Anchor Bible Dictionary*. Vol. 3. Ed. David Noel Freedman. New York: Doubleday, 1992, p. 299.

Laffin, Michael Richard. *The Promise of Martin Luther's Political Theology: Freeing Luther from the Modern Political Narrative*. London: Bloomsbury T&T Clark, 2016.

Lossky, Vladimir. *Orthodox Theology: An Introduction*. Trans. Ian and Ihita Kesarcodi-Watson. Crestwood, NY: St Vladimirs Seminary Press, 2001. 『정교신학 개론』(지식을만드는지식).

Luther, Martin. "A Treatise Concerning the Blessed Sacrament of the Holy and True Body of Christ, and Concerning the Brotherhoods (1519)." In *Works of Martin Luther*. Vol. 2. Trans. J. J. Schindel and C. M. Jacobs. Philadelphia: A. J. Holman Co., 1916.

Luther, Martin. On Christian Freedom. Trans. Henrike Lähnemann. Taylors Edition. https://editions.mml.ox.ac.uk/editions/freiheit-1520/(2025. 4. 2. 최종 접속).

Manzinger, Robert L. "Kenosis as Creating Space: The Ethics of Emmanuel Levinace on Violence and the Other in Conversation with Sarah Coakley and Miroslav Volf." *American Baptist Quarterly* 35/2 (2016): pp. 121-129.

Marvin, Dwight Edwards. *The Antiquity of Proverbs: Fifty Familiar Proverbs and Folk

Sayings with Annotations and Lists. New York: G. P. Putnam's Sons, 1922.

Milbank, John. "Can a Gift be Given? Prolegomena to a Future Trinitarian Metaphysic." *Modern Theology* 11/1 (1995): pp. 119-161.

Milbank, John. *The Future of Love: Essays in Political Theology*. London: SCM Press, 2009.

_____. *Theology and Social Theory: Beyond Secular Reason*. 2nd ed. Oxford: Blackwell, 2006. 『신학과 사회이론』(새물결플러스).

Munson, Valerie J. "On Holy Ground: Church Sanctuary in the Trump Era." *Southwestern Law Review* 47 (2017): pp. 47-60.

Murdoch, Iris. *The Sovereignty of Good*. Abingdon: Routledge, 2001. 『선의 군림』(이숲).

Myers, Benjamin. *Christ the Stranger: The Theology of Rowan Williams*. London: T&T Clark, 2012.

Nation, Mark Thiessen. *Discipleship in a World Full of Nazis: Recovering the True Legacy of Dietrich Bonhoeffer*. Eugene, OR: Cascade, 2022.

Ocklenburg, Sebastian. "The Neuroscience of Racism" (June 20, 2020). *Psychology Today*. https://www.psychologytoday.com/us/blog/the-asymmetric-brain/202006/the-neuroscience-racism(2025. 4. 2. 최종 접속).

Orobator, Agbonkhianmeghe E. *Theology Brewed in an African Pot*. New York: Orbis, 2008.

Palmer, Parker. *The Company of Strangers: Christians & the Renewal of America's Public Life*. New York: The Crossroad Publishing Company, 1981.

Papanikos, Gregory T. "Philoxenia and Xenophobia in Ancient Greece." *Athens Journal of Mediterranean Studies* 6/3 (2020): pp. 237-246.

Pitre, Brant. *Jesus the Bridegroom: The Greatest Love Story Ever Told*. New York: Image, 2014.

Pohl, Christine D. *Making Room: Recovering Hospitality as a Christian Tradition*. Grand Rapids: William B. Eerdmans, 1999. 『손대접』(복있는사람).

Pope John Paul II. "Message of Pope John Paul II for World Migration Day, 1997." https://www.vatican.va/content/john-paul-ii/en/messages/migration/documents/hf_jp-ii_mes_26081996_world-migration-day.html(2025. 4. 2. 최종 접속).

Richard de Sancto Victoire. *De Trinitate*.

Rousseau, Jean-Jacques. *The Social Contract*. Trans. G. D. H. Cole. London: J. M. Dent, 1993. 『사회계약론』(후마니타스).

Sacks, Jonathan. "The Dignity of Difference: How to Avoid a Clash of Civilizations." *Sacred Heart University Review* 25/1 (2009): pp. 10-21.

Schmiechen, Peter. *Gift and Promise: An Evangelical Theology of the Lord's Supper*. Eugene: Pickwick, 2017.

Song, Seung-In. "Rethinking the Meaning of Water and Wine in John 2:1-11." 「신약논단」 27/3(2020): pp. 609-642.

Song, Yong Won. "The Holy Spirit as Gift in Augustine of Hippo." *Korean Journal of Christian Studies* 129 (2023): pp. 217-256.

Tanner, Kathryn. *Economy of Grace*. Minneapolis: Fortress Press, 2005.

Tomlinson, Heather. "5 Christian heroes who rescued Jews from the Holocaust." *Premier Christianity Magazine*. https://www.premierchristianity.com/stories/5-christian-heroes-who-rescued-jews-from-the-holocaust/17141.article(2025. 4. 2. 최종 접속).

Volf, Miroslav. *Exclusion and Embrace*. Nashville: Abingdon Press, 1996.

Wallace, Jennifer and Jennifer Feldman. *Scholarship Students in Elite South African Schools: The Gift of a Scholarship*. Singapore: Springer, 2022.

Wenell, Karen J. "Kingdom, Not Kingly Rule: Assessing the Kingdom of God as Sacred Space." *Biblical Interpretation* 25/2 (2017): pp. 206-233.

White, Jr., Lynn. "The Historical Roots of Our Ecologic Crisis." *Nature* 155/3767 (1967): pp. 1203-1207.

Wienhues, Anna. "Respecting the Nonhuman Other: Individual Natural Otherness and the Case for Incommensurability of Moral Standing." *Environmental Values* 31/6 (2022): pp. 637-656.

『표준국어대사전』. https://stdict.korean.go.kr(2025. 4. 2. 최종 접속).

「하이코리아」. https://www.hikorea.go.kr(2025. 4. 2. 최종 접속).

『한국민족문화대백과사전』. https://encykorea.aks.ac.kr(2025. 4. 2. 최종 접속).

Merriam-Webster Dictionary. https://www.merriam-webster.com(2025. 4. 2. 최종 접속).

주제 찾아보기

가족 25, 145, 146, 150, 154, 160, 174, 182, 205, 219
감사 46, 81, 93, 95, 100, 104, 105-107, 113, 118, 120, 123-126, 134, 136, 151, 152, 263, 264
경계(警戒) 13, 17, 24, 81, 138, 141, 143, 171, 201, 202, 203, 210, 215, 241
경계(境界) 45, 48, 50, 77, 89, 91, 133, 146, 148, 160, 171, 178, 191, 199-233, 238, 239, 240, 245, 254, 280
계몽 26
  계몽주의 27, 28
고대 그리스 25, 32, 35, 251, 252, 282
고대 로마 32, 45, 49, 50, 53, 59, 75, 95, 163-164, 192, 207, 259, 274, 280
공간 13, 17, 23, 24, 26, 27, 29, 31, 38, 57-91, 94, 95, 110, 129, 131, 133, 136, 137-138, 139, 141, 145, 147, 148, 152-158, 159-162, 165, 182, 183, 184, 188, 203, 204, 207, 208, 209, 212, 214, 217, 223, 228, 229, 236, 237, 238, 241, 243, 251, 256-257, 260, 261, 267, 269, 270, 271, 277

공감 54, 139, 202, 203, 217, 233, 279
공동체 22, 23, 25, 31, 38, 41, 53, 61, 66, 96, 100, 103, 105, 116, 119, 122, 128, 131, 135, 142, 145, 154, 155, 156, 204, 205, 208, 211, 216, 217, 218, 229, 237, 240, 280
관용 25-31, 166, 209, 214, 250, 251, 281
교제 15, 36, 49, 50, 51, 61, 70, 72, 77, 80, 82, 91, 131, 135, 136, 146, 150, 165, 184, 206, 240, 255, 266, 269, 272
교회 13, 14, 15, 16, 24, 27, 34, 35, 47, 48-51, 52, 59, 61, 67, 71, 72, 84-85, 102, 116, 120, 149, 151, 157, 158, 164-165, 166, 167, 190, 191, 196, 205, 206-207, 208, 216, 224, 237, 239, 240, 246, 255, 258, 260, 261, 267, 273, 280, 281, 284
  공동체 34, 44-48, 49, 50, 51, 67, 72, 84, 85, 115, 119, 121, 150, 190, 192, 206, 255, 273, 282. 또한 '공동체'를 보라.
  초기 교회 35, 57, 60, 89, 164, 207,

255, 265, 272, 279, 280
구원 38, 40, 41, 43, 44, 46, 51, 52, 58, 59, 60, 69, 71, 73, 77, 89, 113, 116, 117, 127, 130, 152, 158, 166, 185, 186, 187, 191-192, 195-196, 206, 218, 221, 231, 233, 244, 246, 247, 253, 255, 256, 260, 265
권리 26, 30, 39, 61, 63-66, 75, 76, 95, 126, 176, 183, 225, 257, 259, 262, 280
그리스도의 형상 16, 185-189, 190, 192, 199, 224
그리스-로마 34, 45, 114
근대 13, 26, 27, 28, 63, 98, 106, 166, 177, 178, 283
    근대성 26, 106
    근대화 28, 97, 99
근본악 201
기도 34, 47, 49, 50, 72, 84, 111, 157, 227, 261, 272
기쁨 40, 43, 46, 80, 81, 96, 100, 104, 105, 107, 109, 121, 129, 131, 133, 136, 137, 150, 162, 242, 269, 285
기적 42-43, 48, 68
길들임 73, 74, 86-87, 179

나-그것 168, 169, 170, 275
나-너 168-169, 171, 172, 177, 275
나그네 11-13, 32, 34, 35, 36, 37, 38-39, 41, 47, 51, 58, 61, 67, 78-79, 146, 147, 154, 156, 164, 165, 176, 206, 209, 215, 216, 219, 249, 252, 254, 260, 282
나치 223, 226
낙원 82, 192-193, 199, 277
난민 14, 22, 29, 30, 64, 66, 93, 166, 174, 180, 204, 205, 206, 210, 213, 249, 274

다문화(다문화주의) 13, 15, 22, 24, 27, 29, 66, 249
다원성 22, 233, 282
동화 25-31, 209, 240, 250, 251, 281

롯 38, 58, 78, 219, 220, 255, 256, 282
룻 38

마르켈 199, 222, 283
말씀(하나님의 말씀) 11, 36, 40, 42, 48, 49, 50, 58, 59, 70, 79, 80, 88, 90, 127, 146, 147, 152, 159, 160, 161, 180, 185, 186, 188, 206, 207, 208, 215, 216, 224, 225, 226, 237, 244, 245, 272, 282
매매 97, 98, 99, 101, 102, 105, 106, 107, 119, 128
머무름 17, 38, 61, 63, 66, 75, 81, 82, 86, 129, 133, 137, 142, 155, 157, 165, 159-162, 196, 197, 217, 251, 256, 257, 259, 281
문 23, 32, 38, 58, 71, 75, 77, 79, 147, 148, 211, 235-248, 285
믿음 35, 37, 38, 41, 52, 53-56, 58, 59-60, 111, 145, 147, 152, 154, 166, 171, 190, 191, 214, 227, 228, 232, 241, 244, 245, 255, 256, 263, 265, 266,

301

279, 281

방문 32, 63, 78, 93, 156, 160, 165, 174, 178-179, 209, 251, 282
배제 13, 24, 25-31, 46, 85, 88, 90, 115, 148, 160, 202, 207, 213, 236, 241, 250, 251, 253, 264, 272, 281
법 14, 22, 24, 26, 30, 53, 64, 66, 76, 77, 96, 99, 100, 101, 102, 106, 107, 128, 141, 178, 183, 193, 206-207, 210-211, 212-213, 226, 227, 229, 230, 251, 257, 259, 280, 281, 284. 또한 '율법'을 보라.
부활 44, 47, 48, 70, 71, 79, 82, 136, 195, 224, 273
비상응성 113-116, 117, 121, 264

사랑의 유비 79-80, 260
사람됨 29, 30, 65-66, 74, 86, 95, 153, 157, 169, 170, 179, 184, 189-194, 236, 238, 276
삼위일체 15, 16, 60, 67-73, 79-81, 82, 85, 119, 121, 135, 136, 184, 195, 196, 224, 235, 260, 261, 268, 269
상호 호혜성 106, 108-112, 116, 117-120, 123, 128, 129, 130, 131, 132, 134, 264, 265
선물 16, 17, 19, 31, 36, 60, 69, 80, 81, 82, 85, 87, 93-126, 127-129, 130-140, 141, 143, 144, 145, 148, 150, 151-152, 153, 155, 157, 158, 169, 182, 184, 195, 197, 209, 228, 236, 243, 250, 260, 262-267, 268, 269,

270, 273, 274, 280
증여 97, 98, 101, 110, 124, 129, 130, 262, 264, 265
성령 16, 17, 18, 34, 42, 47, 48-51, 67, 71, 72, 78-85, 113, 117, 119, 122, 127-162, 184, 185, 186, 190, 191, 192, 195-196, 197, 215, 216, 224, 227, 229, 242, 249, 260, 261, 267, 269, 270, 271, 277, 278, 279
사랑의 끈 80-81, 136
성찬 49, 119, 147-152, 266, 267, 271, 272, 273, 274
성화 71, 73, 102, 197, 260, 284
세례 50, 122, 190, 191, 272, 279
손님 17, 21, 22, 23, 24, 31, 32, 33, 35, 36, 39, 40, 43-44, 58, 60, 61, 63, 64, 67, 68, 73-78, 79, 81, 84, 86, 124, 133, 139, 149, 150, 159, 163, 165, 204, 205, 208, 209, 211, 217, 219, 236, 238, 239, 240, 243, 252, 256, 259, 260, 272, 282-283
순환성 97, 105, 110, 114, 120, 121, 128, 130, 134, 136, 268
승천 47, 48, 70, 71
식사 33, 43, 45, 46, 49, 50, 61, 144-152, 206, 254, 271, 272
식탁 37, 43, 45, 46, 47, 49-50, 61, 67, 90, 144-147, 148, 149, 150, 152, 254, 255, 270, 272
신경과학(신경생물학) 201-203, 279
신비 36, 37, 67, 69, 78, 79, 135, 150, 151, 152, 169, 170, 171, 175, 178, 179, 181, 182, 183, 192, 193, 200,

201, 223, 224, 245, 260
신화(myth) 25, 31, 32, 35, 128, 209
신화(theosis) 186, 195-198
십자가 44, 70, 82, 144, 148, 187, 191, 218, 224, 233, 285

아브라함 35-37, 38-39, 41, 45, 51, 58-59, 67, 78, 191, 218, 252, 253, 255
어린 왕자 73-75, 86, 255, 259
얼굴 40, 100, 121, 156, 160, 172-178, 181, 193, 209, 219, 221, 225, 262, 276, 277, 280
역사적 예수 16, 70, 220, 254
연회 40, 43, 44, 90, 253, 254
예배 39, 47, 62, 63, 84, 157, 158, 164, 206, 207, 215, 253
오순절 47, 48, 49, 79, 233
요정 124-126
욕망 53, 76, 78, 81, 82, 132, 139, 144, 169, 183, 188, 197, 242, 268, 272, 285
용서 16, 33, 45, 70, 117, 122, 222, 223, 225, 227, 271, 280
우정 61, 77, 85, 150, 172, 228-229, 240, 243, 284. 또한 '친구'를 보라.
유목민 17, 36, 41, 58
율법 11, 40, 45-46, 50, 136, 207, 216, 244, 245, 253, 254, 256, 271
  법전 39
은혜 13, 36, 39, 42, 60, 67, 69, 71, 73, 81, 82, 85, 86, 95-96, 104-105, 108-109, 112, 113-116, 117-122, 127, 128, 131, 134-135, 136, 137,

140, 141, 144, 148, 152, 154, 156, 159, 169, 184, 186, 195, 200, 215, 216, 220, 227, 228, 233, 235, 242, 253, 262, 264, 265, 266, 272, 284
음식 17, 22, 23, 31, 33, 36, 45, 47, 49, 50, 51, 61, 85, 90, 94, 129, 144, 145-146, 150, 154, 159, 161, 165, 204, 236, 271, 273
이방인 23, 24, 25, 29, 30, 31, 38, 39, 45, 50, 51, 63, 64, 75, 76, 77, 88-91, 114, 139, 140, 143, 166, 182, 192, 200, 201, 202, 205, 207, 209, 229, 247, 252, 257, 259, 280
이스라엘 38-41, 47-48, 51, 67, 90, 156, 215, 218, 253, 254
이웃 11-19, 54, 61, 102, 116, 117-118, 119, 133, 136, 139, 140, 166, 174, 182, 184, 189, 200, 206, 210, 215, 225, 235, 237, 244, 245, 246, 263, 265, 285
인정 17, 24, 25-31, 62, 65-66, 69, 74, 86, 94, 101, 103, 104, 110, 122, 136, 154, 171, 191, 209, 231, 250, 251, 257, 280, 281

자비 16, 28, 42, 47, 54-56, 60, 81, 82, 83, 88, 94, 95, 111, 112, 118, 120, 157, 189, 229, 231, 242, 245, 266
자유 29, 42, 48, 49, 68, 83, 84, 106, 117, 119, 120, 128, 137, 176, 177, 183, 184, 225, 227, 231, 242, 266, 272, 280
잔치 40, 41, 43, 44, 62, 90, 91, 146,

253, 254
장소 61-78, 93, 127, 137, 138, 144, 149, 150, 165, 218, 219, 224, 242, 256, 257, 261, 274, 281
　자리 17, 23, 36, 46, 47, 49, 60-67, 68, 70, 71, 73-82, 86, 149, 150, 159, 160, 162, 222, 231, 254, 256, 257, 260, 272
적환대 75, 259
정체성 12, 25, 26, 27, 28, 29, 38, 50, 65, 75, 173, 178, 179, 204, 208, 224, 237, 275
제노포비아 202, 203
제우스 32-34, 36, 252
제자 44-48, 49, 50, 51, 57, 60, 67, 70, 144, 147, 148, 151, 159-162, 195, 196, 227, 229, 255, 271, 273
조시마 장로 175, 221, 283
존엄 21, 28, 46, 60, 61, 63, 179, 180, 192, 199, 211, 236, 248, 279, 280
종결 욕구 241
종교개혁 71, 99, 112, 116, 119, 165-166, 180, 206, 232, 256, 274, 280
종말(론) 16, 43, 59, 70, 146, 186, 187, 190, 199, 242, 253, 254, 260
죄 15, 16, 46, 70, 73, 82, 85, 103, 114, 117, 120, 122, 138-140, 141-143, 146, 171, 175, 182, 183, 185, 186, 189, 191, 193, 197, 200, 201, 220, 221-223, 225-228, 231-234, 270, 271, 272, 277, 283, 284
　죄책 171, 223, 227
주인 17, 24, 31, 32, 36, 37, 40-41, 43, 45, 49, 61, 63, 68, 73-78, 79, 81, 84, 86, 90, 133, 137, 138, 146, 149, 165, 176, 204, 208, 217, 219, 236, 238, 240, 245-246, 252, 253, 254, 259, 260, 266, 272
지배하려는 욕망 183, 242, 285
진리 182-183, 224, 232, 239
집 17, 22-24, 31, 32-33, 45, 50, 58, 61, 62, 70, 75, 77-78, 88-91, 93-94, 127-162, 165, 191, 192, 209, 219, 221, 225, 235, 236-240, 256, 259, 267, 269

차별 13, 25-31, 39, 70, 72, 88, 146, 165, 202, 205, 213, 250, 251, 255, 281
　무차별 67, 114, 148
창(窓) 238-240, 285
창조 16, 22, 57, 68-71, 82, 115, 117, 118, 121, 127, 135, 136, 150-153, 163, 181-182, 185-189, 193, 248, 260, 265, 269, 276, 277
책임 86-87, 91, 125, 176-178, 193, 217, 220-228, 229, 233, 236, 245, 259, 283, 284
천사 21, 35, 38, 78, 243, 282
축복 37, 154-158, 180, 273
축제 43, 62, 254
친구 54, 68, 97, 182, 228, 228-229, 252, 284. 또한 '우정'을 보라.

케노시스(자기 비움) 183
콜라 열매 150, 272

타자 12, 13, 14, 16, 22, 24, 25-31, 39, 49, 50, 60, 70, 75, 77, 81, 85, 91, 95, 111, 120, 121, 141, 142, 143, 148, 156, 160, 161, 165, 167, 168, 170, 171, 172-178, 179, 181-184, 188, 193, 200, 203, 204, 207, 210-218, 220-228, 229, 231, 232, 237-240, 241, 242, 245-248, 251, 257, 261, 263, 269, 270, 273, 282, 285
   타자성 29, 141, 143, 171, 172, 173, 177, 182-183, 185-189, 190, 211, 251, 273, 278
   타자화 28, 141, 143

파송 84, 151, 157-158, 195-196
평화 27, 31, 63-64, 84, 136, 144, 148, 158, 166, 182, 212, 237, 257, 259, 284
포도주 32, 33, 40, 43-44, 49, 148, 150-152, 253, 254, 266, 273
포용 27, 42, 47, 79, 131, 137, 139-140, 143, 148, 152, 180, 204, 207, 209, 233, 251, 270
폭력 27, 29, 38, 45, 54, 58, 62, 72, 73, 76, 84, 86, 95, 99, 139, 142, 143, 156, 158, 166, 172, 179, 182, 183, 188, 194, 200, 205, 216, 217-220, 226, 228, 231, 233, 240, 242, 259, 261, 283, 284, 285

필레몬과 바우키스 32
하나님 나라 44, 48, 72, 144, 145, 149, 270, 271
하나님 형상 121, 135, 150, 163, 175, 178-184, 185-189
하나님의 집 142, 145, 146, 191
한계 22, 28, 45, 53, 64, 99, 103, 109, 120, 122, 194, 203, 204-208, 210, 212, 214, 231, 232, 233, 242
헤르메스 32, 252
혐오 13, 85, 88-91, 202, 233, 240, 252
화해 69, 70, 82, 140, 148, 187, 189, 218, 220, 223-224, 229, 233, 242, 270
환대 11-19, 21-56, 57-91, 93-96, 110, 122, 127-162, 163-198, 199-233, 235-248, 249-261, 262, 267, 269, 270-274, 276, 278, 280-283
   무조건적/절대적 69, 203, 208-220, 228, 229, 230, 254, 259, 260, 282
   조건적 209, 211, 214, 216, 259, 282
환대산업 22, 23-24
환대의 법 211-212
회개 121, 122, 140, 141, 143-144, 270
희망 13, 53-56, 85, 91, 111, 115, 122, 139, 158, 182, 194, 199, 241, 242, 248

인물 찾아보기

게오르규, 콘스탄틴 비르질 181, 277
고먼, 마이클 195-198
그레고리오스, 나지안조스의 62, 257
김애령 213, 276, 282
김현경 65-66, 257, 283

나우웬, 헨리 68, 83, 142, 236, 258, 261, 270, 285
나태주 19

데리다, 자크 55, 75, 76, 78, 110, 115, 120, 130-131, 177, 210-211, 213, 219, 221, 250, 256, 257, 259, 260, 264, 268, 276, 281, 282, 283
데이비스, 나탈리 제먼 98-99, 112, 262, 264, 265, 266, 267
도스토옙스키, 표도르 175, 221, 222, 276, 279, 283
두셀, 엔리케 26, 250

라블레, 프랑수아 111, 264
라이트, N. T. 146, 271, 279
러글레르끄, 자끄 71, 258, 273, 274
레비나스, 에마뉘엘 55, 172-177, 221, 259, 275, 276, 277
로스키, 블라디미르 192, 279
뢰브, 마티나 65, 257
루소, 장 자크 166, 274
루터, 마르틴 116, 117-122, 227, 232, 263, 265, 266, 267, 280, 284
리카르두스, 빅토르의 269

모스, 마르셀 97-98, 262, 264, 265, 268
몰트만, 위르겐 69, 258
밀뱅크, 존 130-133, 267, 268, 283

바르트, 칼 70, 258, 261, 268, 276, 282
바클레이, 존 M. G. 113, 115, 264, 265, 266
베네딕투스, 누르시아의 163, 274
벨커, 미하엘 183, 273, 277
본회퍼, 디트리히 159, 203, 223, 225-227, 228-229, 283, 284
볼테르 27, 250
볼프, 미로슬라브 70, 101, 102, 233, 258, 263, 267, 273-274, 277, 282
부버, 마르틴 168-172, 177, 259, 274, 275

불트만, 루돌프 91
브루그만, 월터 127, 267

색스, 조너선 11-12, 249
생텍쥐페리, 앙투안 드 73, 255, 259, 261
세네카, 루키우스 안나이우스 95, 103-105, 108, 112, 115, 128, 135, 262, 263, 264, 267
스타크, 로드니 163-164, 274, 277
스터닐로에, 두미트루 135, 268

아우구스티누스 53-54, 79-80, 121, 183, 242, 245-246, 258, 259, 260, 281, 284
암브로시우스 75, 245, 259
엄기호 155, 273
오리게네스 89, 187, 245, 278
오비디우스 32, 252, 279
윌리몬, 윌리엄 85, 261, 270
윌리엄스, 로완 159, 162
유스티누스 72, 258
이레나이우스 245, 278

장희원 285
정현종 178-179, 193

지프, 조슈아 50, 233, 253, 255, 256
짐멜, 게오르크 29, 106-107, 238, 251, 262, 263, 264, 285

최윤 138, 269

카바실라스, 니콜라스 151-152, 273
칸트, 임마누엘 63-65, 130, 131, 201, 257, 259, 279
칼뱅, 장 71, 99, 116, 180, 258, 265, 266, 274, 276-277, 279, 280
코르티나, 아델라 202-203, 279, 280
코클리, 새라 84, 261
크리소스토무스, 요한 21, 250
클레멘스 1세 57, 59, 256
클레멘스, 알렉산드리아의 278

폴, 크리스틴 37, 61, 252, 260, 262, 274, 280
프란치스코 교황 93-94, 262

하이드, 루이스 123-124, 134, 263, 268
호메로스 32, 251
화이트, 데이비드 93, 262
히에로니무스 53

환대의 신학

초판 발행 2025년 5월 20일
초판 2쇄 2025년 6월 30일

지은이 김진혁
펴낸이 정모세

편집 이성민 이혜영 심혜인 설요한 박예찬
디자인 한현아 서란나 | 마케팅 오인표 | 영업·제작 정성운 이은주 조수영
경영지원 이혜선 이은희 | 물류 박세율 정용탁 김대훈

펴낸곳 한국기독학생회출판부 | 등록번호 제2001-000198호(1978.6.1)
주소 04031 서울시 마포구 동교로 156-10
대표 전화 (02) 337-2257 | 팩스 (02) 337-2258
영업 전화 (02) 338-2282 | 팩스 080-915-1515
홈페이지 http://www.ivp.co.kr | 이메일 ivp@ivp.co.kr
ISBN 978-89-328-2347-8

ⓒ 김진혁 2025

책값은 뒤표지에 있습니다.
무단 전재와 복제를 금합니다.